Crimes Ambientais
e Bem Jurídico-Penal

(des)criminalização, redação típica e (in)ofensividade

335

Conselho Editorial
André Luís Callegari
Carlos Alberto Alvaro de Oliveira
Carlos Alberto Molinaro
Daniel Francisco Mitidiero
Darci Guimarães Ribeiro
Draiton Gonzaga de Souza
Elaine Harzheim Macedo
Eugênio Facchini Neto
Giovani Agostini Saavedra
Ingo Wolfgang Sarlet
Jose Luis Bolzan de Morais
José Maria Rosa Tesheiner
Leandro Paulsen
Lenio Luiz Streck
Paulo Antônio Caliendo Velloso da Silveira

F475c   Figueiredo, Guilherme Gouvêa de.
Crimes ambientais e bem jurídico-penal: (des)criminalização, redação típica e (in)ofensividade / Guilherme Gouvêa de Figueiredo. – 2. ed. rev. e atual. – Porto Alegre: Livraria do Advogado Editora, 2013.
218 p.; 23 cm.
Inclui bibliografia.
ISBN 978-85-7348-857-9

1. Crime contra o meio ambiente. 2. Direito penal. 3. Direito ambiental. I. Título.

CDU 349.6:343
CDD 345.0242

Índice para catálogo sistemático:
1. Crime ambiental: Direito penal   349.6:343

(Bibliotecária responsável: Sabrina Leal Araujo – CRB 10/1507)

Guilherme Gouvêa de Figueiredo

Crimes Ambientais e Bem Jurídico-Penal

(des)criminalização, redação típica e (in)ofensividade

2ª EDIÇÃO
revista e atualizada

livraria
DO ADVOGADO
editora

Porto Alegre, 2013

© Guilherme Gouvêa de Figueiredo, 2013

Primeira edição
Crimes Ambientais à Luz do Conceito de Bem Jurídico-Penal:
(des)criminalização, redação típica e (in)ofensividade
IBCCRIM – Instituto Brasileiro de Ciências Criminais,
2008, 274p. ISBN 978-85-99216-10-1 (Monografias; 47)

Capa, projeto gráfico e diagramação
Livraria do Advogado Editora

Revisão
Rosane Marques Borba

Direitos desta edição reservados por
Livraria do Advogado Editora Ltda.
Rua Riachuelo, 1300
90010-273 Porto Alegre RS
Fone/fax: 0800-51-7522
editora@livrariadoadvogado.com.br
www.doadvogado.com.br

Impresso no Brasil / Printed in Brazil

Aos Senhores José Cleônio de Figueiredo e Marlene Figueiredo, meus pais. O motivo de tanta gratidão, sabem bem eles qual é. Sabem também os Senhores que, quando as palavras apoucam, sobra sentimento.

Aos meus alunos e ex-alunos, por me ensinarem que a realização de uma vida vocacionada à investigação só é plena quando partilhada. O investigador, quando se aproxima do discente, sente no brilho dos olhos de seus alunos o amor, *partilhado*, à ciência.

Agradecimentos

Ao Senhor Professor Doutor José Francisco de Faria Costa, quem – pelo que é – dispensa os elogios mais corriqueiros, meu orientador, agradeço a cordialidade e afabilidade com que sempre me recebeu – e conduziu – pelo longo e árduo percurso desde a "fase escolar" até a redação e defesa da presente dissertação de mestrado em ciências jurídico-criminais pela Faculdade de Direito da Universidade de Coimbra, a cuja compreensão sobre as "coisas" do direito penal devo em muito o despertar do meu interesse pelos assuntos que se foram condensando na investigação que aqui se "encerra" e muito do que ainda está por vir.

Ao Senhor Professor Doutor Manuel da Costa Andrade agradeço os preciosos ensinamentos deixados durante o correr da cadeira de Direito Criminal por ele conduzida e a amizade e generosa disposição ao debate.

Aos Senhores Professores Doutores Anabela Miranda Rodrigues e Augusto Silva Dias, que constituíram, em 24 de maio de 2006, o júri das provas públicas a que foi apresentada e discutida a dissertação. Especialmente ao Senhor Professor Doutor Augusto Silva Dias agradeço as empenhadas e pertinentes palavras críticas e a profundidade da leitura que fez do trabalho. Ao Doutor Alberto Silva Franco, pela amizade e disponibilidade com que sempre me recebeu. Nobre penalista empenhado mecenas dos novos investigadores, fundador e condutor do mais prestigiado instituto dedicado aos estudos das ciências criminais no Brasil.

Dizem alguns que o nosso gosto por uma disciplina fica a dever à qualidade de quem a nos ministra. Se isso é verdade, não sei. Sei que meu interesse ainda tímido, como eu mesmo, pelas ciências criminais transformou-se numa vocação, assim como o interesse pela academia, quando passei a frequentar, no 5º ano do curso de Direito da Universidade Estadual Paulista, as aulas do Senhor Professor Doutor Fernando Andrade Fernandes. Ao Professor Fernando devo muito. Devo ter-me dado as primeiras lições de um direito penal que ainda não sabia existir; devo ter-me inclinado – até que tombasse! – para o brilhantismo e a profundidade teórica da doutrina penal portuguesa; devo a condução zelosa dos meus primeiros passos na vida acadêmica até a minha aprovação para o curso de mestrado em ciências jurídico-criminais, pela Faculdade de Direito da Universidade de Coimbra. Lembro-me com clareza do dia em nos despedíamos, ainda na euforia da minha aprovação, e eu o questionei: "Professor, que livros levo para Coimbra?"; e a resposta, simples, calou-me pela contundência: "Não leve nada! Vá lá buscar!". Devo ainda o exemplo, tão comum entre os europeus e tão raro entre nós, de dedicação plena à Universidade e à investigação. Coisas que levarei comigo para o resto da minha vida. Por tudo isso, muito obrigado, Professor Fernando!

Palavras de agradecimento devem ainda ser deixadas àqueles em que me apoiei, por diferentes motivos, pelo tempo em que me ative à investigação. Ao César Tavares, amigo entre os amigos, colega de estudos e discussões calorosas, sócio em uma vida de seriedade dedicada à investigação. À Tayara Talita Lemos, pelo carinho, apoio e dedicação pessoal em fazer-me encorajar nos momentos em que tudo se obscurecia. Aos caros Doutores Paulo Silva Fernandes, Fábio Roberto D'ávila, Paulo Vinícios Sporleder de Souza, pelas conversas sempre enriquecedoras, muitas das quais foram imprescindíveis para que este trabalho ganhasse corpo. Também a Antônio Milton de Barros, Euclides Celso Berardo, Oswaldo Trigueiro do Vale Filho, Rafael Campos de Figueiredo, Rafael Tomaz de Oliveira, Jair Osório de Menezes Filho e Carlos Anzoategui Neto, a todos agradeço a amizade. De todos e de cada um há uma parcela de contribuição para a edificação deste trabalho.

Passados alguns anos desde a primeira publicação do trabalho, não poderia deixar de prestar a devida homenagem àqueles outros que se somaram à minha vivência acadêmica, mais precisamente aos que hoje são parte de um novo projeto, iniciado a partir de minha aprovação no programa de doutorado da Universidade Federal de Minas Gerais (UFMG). À minha orientadora, Doutora Sheila Jorge Selim de Sales, agradeço a forma amável e solícita com que me recebeu e recebe, o rigor acadêmico e a vitalidade com que tem conduzido e impulsionado a gestação da minha pesquisa. Aos amigos João Paulo Medeiros Araújo, Maria Clara Santos, Pablo Leurquin, Adamo Dias Alves e Raoni Bielschowsky, pela rica convivência, a amizade, o apoio desmedido e gratuito, em todos os momentos.

Last but not least, a José Cleônio de Figueiredo e a Marlene Figueiredo, meus pais, e a meus queridos irmãos Andrea, Ana Claudia e Zeca, deixo meu carinhoso reconhecimento pelo inesgotável incentivo e a perseverança com que sempre me encorajaram a seguir adiante.

Prefácio

"Se o direito penal como *ultima ratio* foi um postulado fundamental desenvolvido no contexto do chamado direito penal clássico, nada mais coerente que o seja, em conta todos os problemas suscitados, em relação ao direito penal secundário".

Esta instigante frase, que encerra as reflexões propostas no estudo ora apresentado, bem representa uma fiel síntese daquilo que nele se contém, ao mesmo tempo que, em um sentido inverso, deliberado ou não, antecipa, em muito, as opções feitas no texto.

Com efeito, se para fins outros, a questão dos crimes ambientais é apontada como o "núcleo duro" da pesquisa, o seu verdadeiro conteúdo é muito mais amplo e rico. Trata-se da típica opção, matiz do verdadeiro trabalho científico, de se aprofundar verticalmente no entorno, de modo a se atingir a mais fiel visão possível do tema objeto de estudo.

Assim é que, voltando à frase inicialmente destacada, o texto se entretece a partir de uma, não declarada, análise sobre a legitimação do Direito Penal secundário, em relação tanto ao *se* quanto ao *como* da tutela buscada por meio das suas normas.

No que se refere ao *se* desta tutela, como não poderia deixar de ser, a discussão é feita no contexto dos objetos da proteção que nutrem o Direito Penal secundário: os bens jurídicos supraindividuais, porta de acesso e indicador principal para a discussão acerca de uma materialização do conceito de crime.

A esse respeito, o texto incorpora todas as dimensões que o problema suscita, iniciando por uma consideração evolutiva, passando pela verificação das concepções que procuram identificar o substrato que preenche de sentido o conceito de bem jurídico, para desaguar na questão de fundo, concernente à análise da valoração político-criminal e às projeções dogmáticas dos bens jurídicos supraindividuais.

Não sendo o caso de aqui nos atermos a uma mera descrição sumariada dos tópicos que compõem o texto, impõe-se uma referência provocadora a respeito desta relevante questão dos bens jurídicos prevalentes no âmbito do Direito Penal secundário.

Do que se trata é de se indagar se não estamos diante do advento de uma inversão de perspectiva, perigosa ou não, no sentido de se girar o ponto do foco do bem jurídico individual para o supraindividual. Ou seja, em razão mesmo do contexto de então, toda a política criminal e a respectiva dogmática típicas do período do Iluminismo eram centradas no bem jurídico individual; agora, na pós-modernidade, é o bem jurídico supraindividual que se toma por referência para a valoração político-criminal e para a estruturação dogmática respectiva. O risco de uma tal opção reside em se passar a adotar essa dogmática pressuposta para os bens jurídicos supraindividuais como critério padrão, apta a cobrir não só o seu âmbito próprio de alcance, como também aquele dos bens jurídicos individuais. O problema decorrente é o de que se essa opção resulta de uma constatação de que a valoração político-criminal e a dogmática inerente aos bens jurídicos individuais, com as respectivas categorias do dano e da causalidade, por exemplo, já não servem diante da realidade posta pelos bens jurídicos supraindividuais, será que o raciocínio inverso, do perigo de da imputação objetiva, se mostra apto a oferecer melhores rendimentos? Ou seja, será que a valoração político-criminal e a dogmática pressuposta por estes últimos, os bens jurídicos supraindividuais, revela-se apta a funcionar como padrão "adequado" para alcançar também os bens jurídicos individuais?

Quanto a esse aspecto, na linha, mais uma vez, da frase inicialmente citada, o estudo faz "a opção por um *antropocentrismo moderado*", que se revela como um antídoto eficaz frente ao risco da diluição de toda a dogmática jurídico-penal no amplo espectro dos bens jurídicos supraindividuais, favorecendo a identificação de um "suporte ontológico" que oferece a consistência necessária para a atividade de interpretação.

No que se refere ao *como* da mencionada tutela, já deixado transparecer na provocação anterior, o foco, inevitavelmente, se centra no angustiante problema da técnica de proteção na forma de crimes de perigo abstrato, em conexão direta com a questão do bem jurídico supraindividual, já evidenciada.

Também ou, principalmente, nesta perspectiva o estudo ora apresentado assume o risco de um mergulho vertical neste que é um dos temas mais candentes de toda a Ciência Jurídico-Penal, concretizando em um resultado que, não se pretendendo antecipar a satisfação dos leitores, é, no mínimo, de leitura obrigatória para uma melhor compreensão do assunto.

A esse respeito, o fio condutor do estudo consiste na "tarefa de se lograr uma compreensão dos crimes de perigo abstrato que se mantenha dentro dos limites que delimitam a intervenção penal", alinhando-se, também quanto a este aspecto, à frase inicialmente indicada.

Adotando a mesma técnica já utilizada em relação ao bem jurídico, igualmente o tema do perigo abstrato mereceu no texto uma abordagem, ainda que não esgotante, dada a própria efervescência que o caracteriza, certamente adequada e suficiente para uma ampla informação sobre o assunto, enriquecida com posições, assumidas e sustentadas, pelo próprio autor.

Ainda no intuito de não se traduzir esta apresentação em um mero detalhamento dos tópicos que compõem o estudo, uma palavra é devida no que se refere à categoria dos crimes de perigo abstrato.

Os crimes de perigo abstrato se compatibilizam, em uma medida expressiva, com uma tendência onibarcante de renormatização das categorias jurídico-penais, sendo exemplo marcante desta tendência a *Teoria da imputação objetiva*, cujos tentáculos são cada vez mais envolventes. Essa compatibilidade resulta, desde logo, da própria tentativa de renormatização do conceito de bem jurídico, ligando-o à ideia de função.

Neste sentido, de forma certeira, o estudo ora apresentado indica que a "fundamentação e compreensão dogmáticas dos crimes de perigo tem lugar com a determinação do bem jurídico protegido", estabelecendo, pois, a ligação entre os dois pontos nodais já indicados como sendo os que estruturam o texto.

O problema reside na inversão de perspectivas que isso pode gerar, na medida em que para acomodar satisfatoriamente os crimes de perigo abstrato se permite a alteração da compreensão do bem jurídico, dificultando ainda mais a identificação de certos limites materiais para a intervenção jurídico-penal, como bem denuncia o presente estudo.

Estendido, de forma esplêndida, o pano de fundo, a questão dos crimes ambientais é nele lançada e detidamente analisada, com particular ênfase na realidade do Ordenamento Jurídico brasileiro, sem prejuízo das valiosas referências ao direito estrangeiro.

Sobre este ponto, no que se refere tanto ao bem jurídico quanto à técnica de tutela, já apontados como os dois fatores que formam a espinha dorsal do estudo, a abordagem se preocupa em desenvolver uma concepção, por um lado, que cumpra com a "função de padrão de legitimidade" e com a "defesa do indivíduo face ao rigor punitivo do Estado", com isso dando o devido lastro teórico à proposição; por outro, buscando incorporar nessa concepção "uma densidade conceitual capaz de propiciar ao intérprete um 'suporte ontológico' para a interpretação teleológica do ilícito-típico", no que se enriquece de relevo prático-normativo.

Em função das duas virtudes por último anunciadas, o texto ora apresentado se revela essencial tanto para os "fazedores" teóricos como para os "fazedores" práticos do Direito Penal.

Prof. Dr. Fernando Andrade Fernandes

Nota à 2ª edição

O livro, que agora se revolve à estampa, é fruto da dissertação defendida em provas públicas como condição para obtenção do título de mestre em ciências jurídico-criminais pela Faculdade de Direito da Universidade de Coimbra.

Adaptada ao direito brasileiro, foi vencedora do 12º Concurso de Monografias jurídicas do Instituto Brasileiro de Ciências Criminais (IB-CRIM) e publicada por esta respeitável Instituição.

É estudo que, perfazendo toda a problemática que envolve o direito penal secundário, centra suas preocupações mais prementes na delimitação do bem jurídico protegido pela Lei 9.506/98, que cuidou de criminalizar infrações penais volvidas à tutela penal do meio ambiente. Assim, por mais que o trabalho tangencie questões fundamentais ao direito penal contemporâneo – tais como a expansão do sistema punitivo, a flexibilização das regras clássicas de imputação, a perda gradativa do potencial crítico do conceito de bem jurídico (mormente em relação a bens jurídicos supraindividuais) e o consequente fenômeno de administrativização do direito penal (que tem como uma de suas características mais marcantes o recurso indiscriminado ao modelo do perigo abstrato) –, as preocupações levantadas ao longo do texto têm como ponto fulcral a tentativa de delimitar um conceito de bem jurídico que sirva de padrão crítico e legitimador da tutela penal do meio ambiente.

Demonstra-se, destarte, por um lado, a necessidade de, *de lege ferenda*, serem descriminalizados grande parte dos crimes previstos pela Lei 9.506/98. Por outro lado, *de lege lata,* o texto avança na tentativa de, contrariando o modelo de perigo abstrato em sentido estrito e a forte dependência administrativa, oferecer uma alternativa que viabilize uma interpretação teleológica dos tipos penais vigentes, afastando assim a subsunção meramente formal das infrações ali previstas, baseadas num automatismo que é comum na *práxis* judicial em infrações desta sorte.

Para além de algumas alterações formais, gramaticais e de estilo, o trabalho mantém o texto original. Isto porque, – apesar de ulteriores contribuições doutrinárias, surgidas em terreno europeu, a não negligenciar a "crise" por que passa o conceito de bem jurídico e a categoria do merecimento de pena – no Brasil, é crescente, apesar de tardia, a tentativa por parte da doutrina, de, por um lado, estabelecer um modelo funcionalista que preze pela "penetração axiológica" de conceitos de política criminal na interpretação do sistema dogmático. E, entre tais conceitos, está, por óbvio, o de bem jurídico-penal.

Assim, cremos que, em linha de conta um certo "pragmatismo doutrinário", a obra serve não somente àqueles que, atidos ao universo acadêmico, procuram apreender com alguma maior minúcia a evolução histórica e, mais adiante, o conteúdo que se imprimiu à noção de bem jurídico ao longo das últimas décadas. Mas também serve aos que se ocupam da concreta aplicação do direito penal supraindividual em termos genéricos, e, mais precisamente, das incriminações previstas na Lei 9.506/98. Em suma, queremos crer, nas palavras de Fernando Andrade Fernandes, que "o texto ora apresentado se revela essencial tanto para os 'fazedores' teóricos como para os `fazedores´ práticos do direito penal.".

Fica, por fim, um agradecimento especial à Livraria do Advogado Editora, que, reconhecendo alguma relevância no trabalho, tornou possível a estampa de uma nova edição, agora voltada ao mercado e ao público em geral.

Guilherme Gouvêa de Figueiredo

Siglas e abreviaturas

ADPCP – Anuario de Derecho Penal y Ciências Penales
BMP – Boletim do Ministério Público
Cap. – Capítulo
CP – Código Penal
CRP – Constituição da República Portuguesa
DR – Diário da República
FDUC – Faculdade de Direito da Universidade de Coimbra
IDPEE – Instituto de Direito Penal Econômico e Europeu
Ind. Pen. – *L'Indice Penale*
PG – Parte Geral
RBCC – Revista Brasileira de Ciências Criminais
RDE – Revista de Direito e Economia
RDP – Revista de Derecho Penal
RIDPP – Rivista Italiana di Diritto e Procedura Penale
RintDP – Revue Internationale de Droit Pénale
Riv. trim. Dir. Pen. Econ. – Rivista Trimestrale di Diritto Penale Dell'economia
RLJ – Revista de Legislação e de Jurisprudência
RMP – Revista do Ministério Público
ROA – Revista da Ordem dos Advogados
RPCC – Revista Portuguesa de Ciência Criminal
StGB – *Strafgesetzbuch*
StPO – *Strafprozessordnung*
TC – Tribunal Constitucional

Sumário

Introdução..19

Parte I – **O conteúdo material do Direito Penal. A noção de bem jurídico (e seus predicados) Meio ambiente e bens jurídicos individuais e coletivos**..23

Capítulo I – A necessidade de se recorrer a um padrão crítico à intervenção penal. O conceito de bem jurídico-penal..23

1. Von Liszt e a "Ciência do Direito Penal Total". A conexão entre o jurídico e o político. Bases metodológicas para um sistema dogmático teleológico-racional..23
2. Uma primeira aproximação à definição material de crime: o conceito de bem jurídico de uma perspectiva histórica...30
3. O conceito material de crime e o sistema jurídico-constitucional. Expansão do direito penal e a função de tutela (subsidiária) de bens jurídico-penais.....47

Capítulo II – Conceito material de crime e bens jurídicos coletivos. O meio ambiente como bem jurídico-penal..84

1. O movimento de descriminalização e o direito administrativo sancionador. Expansão e administrativização do direito penal......................84
2. A tendência expansiva do direito penal e os bens jurídicos coletivos ou supraindividuais. Autonomia ou mera tutela antecipada de bens individuais? O direito penal entre o funcionalismo e o "pensamento europeu dos princípios tradicionais"..98
3. A dificuldade em se encontrar um substrato material claramente referenciável. Bens jurídicos coletivos como um conceito (a)crítico para a fundamentação e limitação da punibilidade. O sentido ambivalente do princípio da ofensividade e o recurso indiscriminado à figura típica dos crimes de perigo...113
4. Que bem jurídico protege o direito penal ambiental? O meio ambiente entre o antropocentrismo e o ecocentrismo...131

Parte II – **Técnicas de tutela no âmbito do Direito Penal do meio ambiente**........155

Capítulo I – A acessoriedade administrativa no âmbito do Direito Penal do meio ambiente..155

1. A necessidade de se recorrer a ulteriores mediações e integrações normativas de tipo extrapenal. O recurso à normação penal em branco (a ser preenchida por prescrições administrativas) como uma consequência indispensável da natureza do bem jurídico "ambiente".........155
2. Diferentes modelos e graus de conexão entre o direito penal e o direito administrativo. Problemas relacionados à dependência do direito penal a *atos* concretamente praticados pela Administração...................................160
3. Que modelo de *acessoriedade administrativa* consagra a Lei 9.0605? Alguns apontamentos conclusivos..173

Capítulo II – Os crimes ambientais como ilícitos baseados na desobediência
ao Direito Administrativo e o princípio *nullum crimen sine iniuria* 177

1. O risco de se estar dispensando proteção, não a verdadeiros bens jurídico-penais, mas a "funções de controlo ou gestão por parte da administração" 177

2. Os crimes ambientais como ilícitos de mera desobediência. A exigência de estruturas típicas de perigo e dificuldade em se radicar o núcleo do desvalor do resultado em um dano ou até mesmo em um perigo de dano a ser concretamente produzido...180

3. Crimes de perigo abstrato como mecanismo técnico mais adequado em matéria ambiental?..186

Conclusões finais – Os crimes ambientais como crimes de perigo abstrato Fundamentos para uma interpretação coerente com o "paradigma da ofensividade"..199

1. (ponto de partida) Perigo abstrato e bem jurídico-penal. A necessidade de critérios materiais de desvalor e delimitação do bem jurídico. Implicações dogmáticas da opção por um *antropocentrismo moderado*.........................199

2. (ponto de chegada) A indispensabilidade da realização de uma ação idônea, mediante um juízo *ex ante*, para ofender o equilíbrio dos sistemas naturais..202

Bibliografia..213

Introdução

A problemática que envolve a noção de bem jurídico é extremamente ampla. Tão ampla quanto os enfoques possíveis e as múltiplas linhas de aproximação a partir dos quais o conceito se permite ser tratado.

Assim, levando em conta a impossibilidade de, num trabalho desse porte, querer-se abarcar todos os pontos de relevo dogmático e político criminal em torno da doutrina do bem jurídico, o que aqui se pretende, com maior rigor, é trazer à discussão e dilucidar alguns pontos nevrálgicos do que se vem debatendo em relação à concepção de bens jurídicos supraindividuais. Mas, ainda assim, o tema seria excessivamente amplo. Portanto, mesmo que tenhamos, perfunctoriamente, que perpassar por toda a doutrina do bem jurídico e tratar com alguma maior minúcia do debate suscitado em torno da concepção e proteção pelo direito penal de bens jurídicos coletivos, as nossas preocupações mais instantes estarão centradas na concepção do *bem jurídico protegido pelo direito penal ambiental*. E isso com um propósito ainda mais específico: buscar compatibilizar a definição mais pertinente de "meio ambiente", para fins jurídico-penais, com a redação típica de alguns dos tipos legais de crime que pretendem tutelar o referido *bem jurídico,* tentando, para além do mais, avançar algumas soluções no plano dogmático para dois problemas específicos, que caracterizam o direito penal secundário de um modo e geral, e que se fazem presentes com grande acuidade nos crimes ambientais: a acessoriedade em relação ao direito administrativo e a construção de figuras típicas de perigo abstrato.

O papel da noção de bem jurídico vem ganhando densidade e força heurística ao passo que desponta um novo paradigma nas ciências penais, no qual a política criminal ganha um novo estatuto que lhe confere capacidade transistemática. Nessa linha, o bem jurídico passa a interferir, como padrão político-criminal, servindo não só de apoio ao legislador para a reforma da legislação em vigor, mas sobretudo como base para a interpretação e aplicação dos ilícitos-típicos vigentes.

Mas esse nem sempre foi o papel desempenhado pelo conceito. Desde as origens iluministas do conceito material de crime até que incorporasse os seus contornos atuais – sintetizados na noção de *bem jurídico-penal* (ou bem jurídico dotado de dignidade penal) –, o bem jurídico passou por uma longa e plurívoca evolução em que sobram pontos de descontinuidade. Portanto, será o nosso primeiro propósito o de sintonizar o leitor com a evolução histórica do conceito, destacando, mesmo que a traço largo, os conteúdos que se lhe foram imprimindo ao longo dos tempos até que atingisse o seu estatuto atual.

Percorrido este caminho inicial é que estaremos em condições de abordar o tema do bem jurídico tal como surgido no contexto do movimento de reforma penal que, entre os anos sessenta e setenta, procurou condensar um referente conceitual capaz de purificar o direito penal e circunscrever o seu campo de atuação a limites materiais extrasistemáticos, de acordo com as diretrizes axiológicas do Estado Democrático de Direito. Veremos que, entre todas as formulações surgidas desde então com esse mesmo interesse comum – de dotar o direito penal de um padrão teórico para aferir a legitimidade das incriminações –, prevalece um ponto de convergência: só se consideram bens jurídico-penais aqueles bens ou valores de alguma forma indispensáveis ao livre desenvolvimento da pessoa, ou seja, um bem jurídico torna-se digno de tutela penal se e à medida que for essencial à existência da pessoa e à sua vivência comunitária. Entretanto, não obstante este consenso, haveremos de explicitar que a doutrina do bem jurídico segue na busca por critérios de concreção, já que o conceito permanece ainda excessivamente vago e impreciso para cumprir satisfatoriamente com sua função. Paralelamente, depois de termos discorrido sobre as mais expressivas construções que visam a concretizar um conceito material de crime que de fato sirva como parâmetro político-criminal – nomeadamente as concepções de cunho sociológico-funcionalista e aquelas outras que veem na Constituição o instrumento teórico que presta como elemento de delimitação, conferindo ao bem jurídico maior sentido crítico e operativo – haverá de se ter presente o que é que se espera deste mesmo conceito de bem jurídico, no contexto de um Estado Material de Direito e de um sistema jurídico-penal que preza a interpretação teleológica e a penetração axiológica. De fato, o bem jurídico, com o desenho que atualmente se lhe imprime, serviu (e deve ainda servir) como um interlocutor privilegiado no discurso da descriminalização e mantém-se como uma categoria extrajurídica, que vale de padrão crítico também para o sistema normativo vigente. Para que o legislador intervenha legitimamente na esfera de liberdade dos cidadãos é indispensável que criminalize somente valores *dignos de tutela penal* (bens jurídico-penais) contra ataques particularmente graves e, além do mais, quando não se puder atingir as mesmas finalidades preventivas por instrumentos de política social menos drásticos que o direito penal (*carência de tutela penal*).

Mas tudo o que até aqui se afirmou não passará de uma narrativa periférica cujo objetivo fundamental será criar as bases para daí nos aprofundarmos no tema que de fato interessa e que podemos sintetizar na seguinte indagação: até que ponto a doutrina do bem jurídico mantém o seu vigor conceitual e crítico-sistemático no âmbito dos chamados bens jurídicos supraindividuais? Com efeito, em decorrência do fruir social, emergem novos e renovados interesses, de feição coletiva, cuja proteção desperta o chamamento do direito penal. Seremos, pois, obrigados a verificar se, e em que medida, esta *corrida para o direito penal* – da qual é exemplo o direito penal ambiental –, própria tempos atuais, é compatível com os padrões de legitimidade há pouco delineados, nomeadamente com a categoria da dignidade penal à qual o conceito de bem jurídico empresta conteúdo. Não nos estenderemos, portanto, a perscrutar a compatibilidade do direito penal do meio ambiente com a categoria político-criminal da carência de tutela penal, uma vez que tal indagação ultrapassaria em muito os limites da presente investigação. O que aqui se pretende é dar alguma resposta ao fenômeno de expansão do direito penal em uma de suas consequências mais prementes: a *desmaterialização* do conceito de bem jurídico e a gradativa perda de sua função como consequência da proeminência de uma racionalidade eminentemente funcional. A partir do fenômeno da *administrativização do direito penal*, este passa a orientar-se por critérios de legitimação distintos que o aproximam do *direito administrativo sancionador*. Assim, dentre os pontos de problematização que haveremos de percorrer, estará necessariamente o que envolve os critérios de distinção entre os ilícitos penais e os administrativos. O propósito aqui será o de identificar até que ponto o atenuar das barreiras de distinção entre os dois ramos do direito (direito penal e direito administrativo de cunho sancionador) deve implicar necessariamente um enfraquecimento dos limites materiais que legitimam a intervenção penal.

Assumindo como indispensável a necessidade de o direito penal estar vinculado a padrões rígidos de legitimidade é que nos voltaremos diretamente para o cerne das nossas preocupações. Em outras palavras, depois de demonstrado que o direito penal deve manter-se rigorosamente preso a um programa político-criminal que só avalia a punição de comportamentos contrários a *bens jurídicos dignos de tutela penal*, haverá de se dilucidar até onde é defensável que ele intervenha quando o objetivo essencial for a contenção dos novos riscos oriundos do desenvolvimento tecnológico ou a proteção de qualquer outro interesse de feição coletiva. Eis onde o estudo ganha dimensão e atualidade. Vivemos em um tempo de "novos riscos" em que o direito penal é convocado a agir. Mas deve ele agir? E, se a resposta a essa última indagação for positiva, perguntaremos: como deve ele intervir? Especificando o campo problemático dos bens jurídicos, o estudo avança, num primeiro momento, desenvolvendo algumas das mais expressivas teorizações acerca da compreensão dos bens jurídicos coletivos, nomeadamente a doutrina da chamada Escola de Frankfurt – que defende a restrição da intervenção penal ao seu âmbito clássico de tutela de interesses individuais, com a consequente descriminalização de grande parte do direito penal secundário – e as outras contribuições que fogem do caráter antropocêntrico extremado de Frankfurt e apostam na elevação de determinados bens ou valores sociais à categoria de autônomos bens jurídicos. Em segundo lugar, depois de, num julgamento ainda prematuro, acolhermos a autonomia dos bens jurídicos supraindividuais, haveremos de discernir os mais impressivos obstáculos que permeiam a assunção de novos objetos merecedores de punição. Momento em que não só serão descritos os já notórios problemas de desmaterialização e imprecisão – e aqui já com uma especial abertura para o bem jurídico "meio ambiente" –, como também nos aprofundaremos em algumas das consequências dogmáticas da proteção penal de bens jurídicos coletivos.

Nesse ponto, estaremos suficientemente apetrechados para focalizar a investigação no essencial: a compreensão do meio ambiente como um bem jurídico-penal autônomo e o reflexo da concepção a que chegaremos para a interpretação e aplicação dos tipos criminais vindos a lume com a Lei 9.506/98. É nesse objetivo de fundo que ganha em precisão conforme se for avançando nas especificidades dogmáticas, que se deve vislumbrar a humilde contribuição do presente estudo. Poderemos então refletir se, no âmbito do direito penal do meio ambiente, uma mais pertinaz concretização do bem jurídico oferece condições para o conceito continuar cumprindo com a sua função de padrão de legitimidade, nomeadamente em casos, como o que aqui se investiga, de antecipação da intervenção penal e de forte dependência administrativa.

Parte I
O conteúdo material do Direito Penal
A noção de bem jurídico (e seus predicados)
Meio ambiente e bens jurídicos individuais e coletivos

Capítulo I – A necessidade de se recorrer a um padrão crítico à intervenção penal. O conceito de bem jurídico-penal

1. Von Liszt e a "Ciência do Direito Penal Total". A conexão entre o jurídico e o político. Bases metodológicas para um sistema dogmático teleológico-racional

É certo que, quanto à legitimação[1] do direito de um modo geral, e do Direito Penal especificamente, afigura-se inequívoco o abandono a uma ordem preexistente, deificada ou idealmente concebida, predominante nas sociedades primitivas ou pré-modernas. Na sociedade secularizada e pluralista de hoje, "o problema passou a ser mais de *poiese* – de ação – do que de contemplação".[2] O Direito Penal afasta-se do dado à contemplação, do preexistente, e busca sua legitimação no criado.[3] E nessa mudança de rumo, operada no campo das ciências jurídico-criminais, ganha relevo fundamental a política criminal. Essa deixa de cumprir posição auxiliar e passa a assumir uma postura transistemática, apta a definir a direção e os limites da punibilidade. No contexto de uma *ciência global do direito penal*, valendo-se das investigações empreendidas pela criminologia, a política criminal transformou-

---
[1] Sobre a problemática atinente à legitimação, veja-se FARIA COSTA. *O perigo*, p. 25 e ss.
[2] Cf. FIGUEIREDO DIAS. *O novo CPP*, p. 26
[3] Conforme salienta E. Voeling, "A ordem do *criado* contrapõe-se, assim, claramente, à ordem do recebido, dominado por simbolizações 'compactas' e onde não sobra espaço para um ponto de vista transcendente ou um distanciamento crítico", *apud* COSTA ANDRADE. *Consenso e oportunidade*, p.324.

se em "padrão crítico tanto do direito constituído, como do direito a constituir, dos seus limites e da sua legitimação".[4]

1.1 – Já há mais de uma centena de anos, Von Liszt propôs um novo estatuto para a política criminal. A partir do que designava "ciência conjunta do Direito Penal" (*gesamte Strafrechtswissenschaft*), passava (a política criminal) a constituir uma disciplina autônoma, cujo tom serviria – de um jeito alheio ao método então preponderante no estudo dogmático e sistemático do crime – para legitimar e impor limites à intervenção punitiva do Estado, como um meio de reforçar a conexão da ciência jurídica (em sentido estrito) com a política.

Todavia, as ideias de Liszt, mesmo promissoras e dotadas de uma intencionalidade e percepção pródigas para a época em que estavam circunscritas, foram apenas um passo no caminho prosseguido pela política criminal, até que atingisse o estatuto que hoje possui. O que se explica, de certo modo, pela mundividência própria daquela altura e, em sentido mais direto, pela concepção de Estado (Estado de Direito formal,[5] de entono liberal) então preponderante.

Em uma expressão já paradigmática e recorrente, Liszt relegava à política criminal uma posição secundária, firmando "o direito penal como barreira intransponível da política criminal".[6] Queria com essa formulação responder às críticas partidas dos autores (como Karl Binding) ainda apegados ao dogma irrestrito da legalidade e à metódica de raiz positivista.[7] Foi essa visão das coisas que levou Liszt, em uma outra formulação não menos emblemática, a assegurar ao Direito Penal (em sentido estrito, como compreensão dogmática e sistemática) o papel de "'Carta magna do delinquente' e baluarte do cidadão contra o 'Leviatan do Estado'".[8]

A política criminal, apesar de dotada de muito maior relevo na concepção de Liszt, ficava restrita à função de servir como um padrão crítico para o legislador; como um instrumento dotado de valorações que, com o auxílio da criminologia, tinha como papel específico a re-

---

[4] Cf. FIGUEIREDO DIAS. *Questões Fundamentais*, p. 42 e ss.

[5] Falamos assim de um Estado "subordinado a esquemas estritos de legalidade, mas alheio à valoração das conexões de sentido, dos fundamentos axiológicos e das intenções de justiça material inseridos nos conteúdos definidos através daqueles esquemas" (cf. FIGUEIREDO DIAS. *Os novos rumos da política criminal*, p.8).

[6] Cf. ROXIN. *Derecho Penal PG*, § 7 nm. 68. Proposição essa que vem sendo objecto das mais divergentes interpretações (cf. Figueiredo Dias, *Questões Fundamentais*, p. 28)

[7] Cf. ROXIN. *Política criminal y sistema de derecho penal*, p. 25.

[8] Cf. ROXIN. *Derecho Penal PG*, § 7 nm. 68.

forma do direito legislado. Ou seja, atuava apenas *de jure constituendo*, mantendo numa posição privilegiada (hierarquicamente superior), a dogmática jurídico-penal. A política criminal, na clara síntese de Figueiredo Dias, "não detinha competência para influenciar, de qualquer forma, a compreensão, a sistematização e, em definitivo, a aplicação das normas jurídico-penais, não se encontrava titulada para agir ao nível *de jure constituto*".[9] Fechadas estavam as portas, em obediência aos rígidos quadros jurídico-políticos e metodológicos do Estado Liberal, a uma direta interferência dos valores político-criminais no sistema dogmático. Em termos metodológicos, não se vislumbrava ainda qualquer chance para o "pensamento problemático", dada a absoluta preeminência, o lugar cimeiro, para não dizer exclusivo, conferidos ao "pensamento sistemático".

Ora, se inegáveis (e irrenunciáveis) são as vantagens do método sistemático,[10] são, por outro lado, perversos os efeitos de uma tal metódica levada a cabo cegamente, sem ter em conta os fins últimos e imanentes ao próprio sistema. Como "perigos do pensamento sistemático" Roxin[11] elenca: o risco de se abdicar da justiça no caso concreto quando se persegue a solução do "caso" a partir somente de "deduções do contexto sistemático" em que está envolto. Também uma "dificuldade ulterior da dogmática vinculada ao sistema consiste em que o ponto de partida sistemático certamente simplifica e facilita a aplicação do direito; mas, ao mesmo tempo, reduz as possibilidades de resolver o problema e desse modo pode impedir a visão de concepções melhores". Para além disso, o apego cego ao sistema pode dar lugar a "concepções sistemáticas não legitimáveis político-criminalmente" e ao recurso a conceitos demasiadamente abstratos.

1.2 – Devemos, assim, "partir da tese de que um moderno sistema jurídico-penal deve estar estruturado teleologicamente, ou seja, construído atendendo a finalidades valorativas".[12] Por lógica decorrência, como disciplina apta a apontar quais devem ser aquelas finalidades está, incontestavelmente, a política criminal. Se antes, por força dos pressupostos políticos e metodológicos próprios do Estado de Direito Liberal (formal e individualista), a política criminal ocupava apenas um lugar auxiliar e secundário – noutros termos: não detinha competência para interferir na *aplicação* das normas jurídico-penais –, agora,

---

[9] Cf. FIGUEIREDO DIAS. *Questões Fundamentais*, p. 28.
[10] Sobre as vantagens do pensamento sistemático, veja-se ROXIN. *Derecho Penal PG*, § 7 nm. 30 e ss.
[11] Cf. ROXIN. *Derecho Penal PG*, § 7 nm. 36 e ss.
[12] Cf. ROXIN. *Derecho Penal PG*, § 7 nm. 51.

no contexto de um Estado de Direito Material, aquela maneira de se compreenderem as relações entre direito penal e política criminal não mais pode persistir.

Por Estado de Direito material entende-se um Estado que, para além de se resumir a um mero "Estado de legalidade", objetiva, como fim último e verdadeiro, a "justiça material".[13] Assim, "a importância fundamental que têm as garantias formais contidas no conceito de Estado de direito não deve fazer esquecer o segundo elemento fundamental do Estado de direito: o vínculo jurídico do poder estatal com a ideia da justiça material".[14] É sobretudo apegado a esta finalidade de justiça material, a partir dela, que se vê justificado o princípio formal de legalidade,[15] pois qualquer Estado, por mais autoritário ou ilegítimo que seja, está apto a obedecer integralmente aos mandamentos formais de legalidade.

Assumida a frutuosidade desse entendimento, a estabelecer entre o direito penal e a política criminal uma relação mais próxima, de autêntica "unidade funcional", levanta-se aqui, com particular premência, o problema metodológico (já acima referido e deixado em suspenso). Ou, o que é o mesmo, resta saber quais são os limites que o pensamento sistemático, no contexto do Estado de Direito material (social e democrático) contemporâneo, imprime ao "pensamento do problema". Se, por conseguinte, os valores político-criminais devem dar fundamento ao sistema e ao modo de interpretar as categorias que o compõem, não se corre o risco de se abandonar uma série de garantias próprias do Estado de Direito (*v. g.* o princípio da legalidade jurídico-penal) em nome dos postulados político-criminais de inocuização do criminoso e luta desmedida contra o crime?

Em resposta a essa indagação, começa-se por afirmar que, apesar de a "tensão entre a luta preventiva contra o crime e a salvaguarda liberal da liberdade" constituir um problema de grande atualidade, ela não implica, claramente, a contraposição entre política criminal e direito penal. O próprio princípio *nullum crimem sine lege* constitui, ele mesmo,

---

[13] Cf. RUDOLPHI. *Bien jurídico*, p. 338.

[14] Cf. RUDOLPHI. *Bien jurídico*, p. 338

[15] Neste sentido, também o entendimento de Figueiredo Dias, corroborando a virtualidade de um Estado de Direito material, "de cariz social e democrático", como "um Estado que mantém incólume a sua ligação ao Direito, e mesmo a um esquema rígido de legalidade, bem como o seu respeito e o seu propósito de garantia dos direitos e liberdades fundamentais das pessoas; mas que se move, dentro daquele esquema, por considerações axiológicas de justiça na promoção e realização de todas as condições – sociais, culturais e econômicas – de livre desenvolvimento da personalidade de cada homem" (Cf. FIGUEIREDO DIAS. *Os novos rumos da política criminal*, p. 10).

uma exigência político-criminal.[16] Assim, não se vê razão alguma naqueles que, da perspectiva do direito penal como um sistema concatenado de garantias próprias do Estado de Direito (formal), argumentam contra um sistema teleologicamente orientado.

Também se poderia vislumbrar uma contraposição entre o pensamento sistemático e o político criminal quando se considera como objeto próprio da dogmática o Direito posto (a interpretação e aplicação do Direito tal como é) e, por outro lado, se se tem por objeto preciso da política criminal o Direito tal como deveria ser (como disciplina dirigida estritamente à reforma do sistema). Mas, mesmo certeira em um certo sentido, essa contraposição não deixa de ser exagerada[17] porque o direito, tal como é, deixa, para além de sua dimensão apriorística, margens para uma "penetração axiológica".[18]

1.3 – Ora, todo esse debate acabado de referir, impulsionado pelo ensaio programático de Roxin *Kriminalpolitk und strafrechtssystem* (1970), deu luz e consolidou – tudo leva a crer de modo definitivo – um novo paradigma a dar vazão à afirmação de Lackner de que "qualquer projeto de sistema jurídico-penal só pode aspirar à legitimação se e na medida em que se estruturar em termos teleológicos e, por isso, orientar as suas decisões para a função do direito penal na sociedade moderna".[19]

Efetivamente, são já quase inabarcáveis os estudos a reconhecer as benesses de um sistema dogmático político-criminalmente ancorado e a confessar a adesão a uma nova atitude metodológica, que se convencionou designar de *racional-final ou teleológica (funcional)*[20] e que, na formulação de Schünemann, objetiva "restabelecer a conexão direta entre as pedras do sistema penal e a respectiva função",[21] ou, agora com Figueiredo Dias, permitir à "política criminal não somente reforçar a

---

[16] Cf. ROXIN. *Derecho Penal PG*, § 7 nm. 68. Assim também: Figueiredo Dias, *Questões Fundamentais*, p. 36.

[17] Cf. ROXIN. *Derecho Penal PG*, § 7 nm. 69.

[18] Cf. FIGUEIREDO DIAS. *Questões Fundamentais*, p. 35. Contudo, ante o que fica dito, não é preciso muito para se assumir – esmo nos valendo de um método teleológico político-criminal (reconhecidamente rico em vantagens e promissor para o futuro da dogmática) – a indispensabilidade do "pensamento sistemático". Assim, pois, devemos concordar com Roxin quando afirma que "o sistema é um elemento irrenunciável de um direito penal próprio do Estado de direito". O *status* privilegiado que agora se outorga ao "pensamento problemático" não implica, de forma nenhuma, negligenciar ou sequer minimizar o papel irrecusável pertencente ao "pensamento do sistema" (Cf. Roxin, *Derecho Penal PG*, § 7 nm. 50).

[19] *Apud* COSTA ANDRADE. *RPCC 2 (1992)*, p. 173.

[20] Cf. ROXIN. *Derecho Penal PG*, § 7 nm. 23.

[21] *Apud* COSTA ANDRADE. *RPCC 2 (1992)*, p. 173.

sua posição, já adquirida, de *autonomia*, mas ganhar uma posição de *domínio* e mesmo de *transcendência* face à própria dogmática";[22] "tornando-se trans-sistemática e competente para definir os limites últimos do punível, ao mesmo tempo que entre ela e a dogmática jurídico-penal se estabelece uma autêntica relação de *unidade funcional*".[23] Tudo isso a emprestar sentido e substância à expressão de Roxin de que o direito penal há de ser "a forma através da qual as proposições político-criminais se vazam no *modus* da validade jurídica".

É claro que qualquer proposta metodológica[24] levada a cabo nesses termos deve dilucidar e tornar claro o que se quer dizer com política criminal – em quais proposições de fins e valores se baseia – e de que modo o sistema se deixa "penetrar" pelo seu conteúdo teleológico.[25]

Frequentemente, a política criminal moderna tem-se orientado ao "consequencialismo",[26] adotando como referência considerações pragmáticas voltadas para a realização de uma qualquer finalidade. Assim, por exemplo, quando se imprime ao sistema, como função única e premente, a realização de finalidades preventivas (gerais ou especiais, positivas ou negativas). Esse modo de ver as coisas, quando empreendido de maneira irrestrita (sem limites), acaba por converter o direito penal em um instrumento de "engenharia social"[27] e, por isso, não pode deixar de ser condenado. Noutros termos, essa "racionalidade final" (*Kweckrationalität*) é perniciosa quando, ao excluir qualquer outra forma de teleologia que não seja compatível com seus "fins instrumentais de controlo",[28] descuida dos valores imanentes ao horizonte jurídico-político e social coevo.

Portanto, os que aqui estão (devem estar!) em primeiro plano são os *valores* que legitimam e dão sustentação à intervenção penal e à racionalidade que lhes é peculiar (*Wertrationalität*). Não se pode conceber um sistema dogmático jurídico-penal que se permita, deliberadamente, orientar somente por considerações instrumentais. Não se pode abdicar, em nome de qualquer *tecnologia*, dos aspectos valorativos "nucle-

---

[22] Cf. FIGUEIREDO DIAS. *Questões Fundamentais*, p. 40 e ss.

[23] Cf. FIGUEIREDO DIAS. *Os novos rumos da política criminal*, p. 11.

[24] Lembre-se que este método teleológico – que abandona de todo a referência exclusiva aos aspectos "ônticos", imprimindo à dogmática uma tarefa obrigada a ter em conta a "missão do Direito Penal" – é seguido também, de um modo peculiar, por autores como Jakobs ou Schmidhäuser.

[25] Cf. SILVA SÁNCHEZ. *La evolucion de la política criminal*, p. 99.

[26] Cf. SILVA SÁNCHEZ. *La evolucion de la política criminal*, p. 99.

[27] Assim CASTANHEIRA NEVES. *Estudos Ferrer Correia* (1990), p. 9, *apud* FIGUEIREDO DIAS. *Questões Fundamentais*, p. 37.

[28] Cf. SILVA SÁNCHEZ. *La evolucion de la política criminal*, p. 100.

armente determinantes no direito como sistema axiológico".[29] Desse modo, da contraposição entre a *Wertrationalitat* e a *Zweckrationalitat* deve resultar um modelo teleológico, respaldado pelo paradigma penal dos tempos atuais, que se traduza numa "unidade axiológico-funcional".[30]

A conciliação entre uma racionalidade funcional e uma outra axiológica faz-se indispensável, também, em homenagem à própria concepção de Estado de Direito (social e democrático). Em respeito aos valores e ao étimo jurídico-político que se cristalizam na concepção de Estado, não pode o sistema jurídico-penal, em nome da luta desmesurada contra o crime (e o criminoso), sobrepor-se a valores irrenunciáveis, como a liberdade e dignidade da pessoa humana.

1.4 – De sorte que, em um aspecto que interessa mais à nossa investigação, uma teleologia que se queira fazer valer "para o presente e futuro próximo e para um Estado de Direito material, de cariz social e democrático, deve exigir do direito penal que só intervenha com seus meios próprios de atuação ali, onde se verifiquem lesões insuportáveis das condições comunitárias essenciais de livre realização e desenvolvimento da personalidade de cada homem".[31] Se, por um lado, uma dogmática orientada político-criminalmente deve estar atenta às proposições e postulados da moderna teoria dos fins da pena (essa mesma já limitada por considerações de valor, por outro, "não pode desatender-se que a racionalidade funcional está aqui preordenada à salvaguarda e proteção de bens jurídicos fundamentais".[32]

Estamos diante do problema de se determinar o "quê" da punibilidade, o conteúdo (material) do comportamento criminal; problema esse que, ao longo dos tempos e progressivamente, vem despertando a atenção dos estudiosos a ponto de ser uma referência constante na maioria dos manuais e trabalhos científicos sobre o direito penal. Ao fim e ao cabo, é a própria questão da função e legitimidade da intervenção penal que está em jogo.

---

[29] Cf. CASTANHEIRA NEVES. *Estudos Ferrer Correia* (1990), p. 9, apud COSTA ANDRADE. *RPCC 2 (1992)*, p. 181.

[30] Cf. FIGUEIREDO DIAS. *Questões Fundamentais*, p. 38. É este também o caminho prosseguido por Costa Andrade quando, logo após descrever o novo paradigma penal prevalecente, a cujos postulados fundamentais concede a força de verdadeiros "princípios axiomáticos", afirma que, "pelo menos nos termos do paradigma desenhado, a indispensável racionalidade está inteiramente 'colonizada' pela densidade axiológica própria da *Wertrationalität*" (cf. Costa Andrade, *RPCC 2 (1992)*, p. 182).

[31] Cf. FIGUEIREDO DIAS. *Os novos rumos da política criminal*, p. 13.

[32] Cf. COSTA ANDRADE. *RPCC 2 (1992)*, p. 181

Em busca desse propósito e dele resultado, parece hoje relativamente estabilizado na doutrina ser o conceito material de crime constituído, na sua essência, pela noção de *bem jurídico-penal* (ou bem jurídico dotado de *dignidade penal*). O bem jurídico passa então a fazer parte do discurso jurídico-penal como um elemento fulcral, como "contraponto valorativo à funcionalização"[33] e parte inarredável daquele empenho de trazer as proposições axiomáticas próprias da política criminal para dentro do sistema. O que não quer significar, como se deixará notar na exposição que segue, um encontro de opiniões quando se fizer necessária uma maior precisão dos conceitos e do programa político-criminal correspondente. Para esse sentido converge a polêmica e atualíssima questão sobre a idoneidade dos bens jurídicos supraindividuais para cumprir, satisfatoriamente, com a indispensável *função crítica*[34] que daquele conceito se exige.[35]

2. Uma primeira aproximação à definição material de crime: o conceito de bem jurídico de uma perspectiva histórica

Conforme ficou dito, parece já pacífico o papel fundamental que desempenha o bem jurídico como elemento crítico e legitimador da intervenção punitiva. Todavia, esse conteúdo fundamental, transistemático, que hoje o conceito possui, referência inescapável a todos os que têm uma preocupação em atender a critérios não eminentemente formais para a compreensão do sistema, é produto de uma longa e plurívoca evolução. Conforme a respeito salienta Costa Andrade, "a impressão que a história do bem jurídico deixa é a de um processo em espiral ao longo do qual se sucederam fenômenos de revolução no sentido etimológico (*revolutio*) de retorno ao que se julgava já irrepetivelmente abandonado. Não menos vincada é a impressão de extrema liquidez e mimetismo do conceito, capaz de assumir os conteúdos e desempenhar os papéis aparentemente mais irreconciliáveis e antinômicos".[36]

2.1 – Mesmo não se tendo recorrido, durante o iluminismo, ao termo "bem jurídico", que só surge no séc. XIX, "houve uma linha direta que conduziu das ideias liberais do iluminismo ao conceito de bem

---

[33] Cf. SILVA SÁNCHEZ. *La evolucion de la política criminal*, p. 108.
[34] Sobre a ainda incipiente acolhida desta temática pela doutrina brasileira, vide notas 115 e 116.
[35] Cf. *infra*, Cap. II, 2.
[36] Cf. COSTA ANDRADE. *A nova lei dos crimes contra a economia*, p. 391.

jurídico".[37] Não é de surpreender, portanto, apesar de comumente se atribuir a Birnbaum a paternidade do conceito, podermos já encontrar no movimento iluminista – mais propriamente a partir do chamado "iluminismo criminal", a que se vinculam nomes como os de Beccaria, Feuerbach ou Hummel – uma preocupação em legitimar o direito penal impondo limites materiais ao poder punitivo estatal.[38] Faziam isso, naturalmente, tendo como fundo argumentativo toda a teorização peculiar àquele momento historicamente situado.

Assim se perspectivou o intento de Feuerbach de um conceito material de crime. Dizia ele: "quem ultrapassa as fronteiras da liberdade legal, comete a violação de um direito, uma ofensa (lesão). Quem viola a liberdade garantida pelo contrato estadual e protegida pelas leis penais comete um crime. Em sentido amplo, crime é, assim, a ofensa sancionada por uma lei penal, uma ação que contraria o direito de outrem".[39] Nota-se, portanto, da sua concepção do crime assentada na *violação dos direitos subjetivos do indivíduo ou do Estado*, a influência direta do racionalismo (nomeadamente da ideia de contrato social) ou do individualismo liberal, ambas correntes próprias daquele ambiente e de grande repercussão no pensamento jurídico coevo.

Parece, do mesmo modo, inegável o débito de Feuerbach para com o criticismo de Kant ao fundamentar e legitimar o Direito (penal) a partir da ideia de liberdade. Nessa linha, leciona Costa Andrade:[40] "também Feuerbach parte do dogma de que ao Estado cabe exclusivamente a tarefa de assegurar o livre exercício da liberdade de cada um, no respeito pela liberdade dos outros". E ainda: "é à influência de Kant que devem imputar-se dois importantes desenvolvimentos do pensamento de Feuerbach: a separação entre direito e moral, por um lado; e a denegação da legitimidade de prossecução, através do direito penal, de quaisquer finalidades transcendentes, de étimo religioso ou mesmo do horizonte do *Wohlfahrt*".[41] De sorte que se opunha, claramente, ao direito penal teocrático e, do mesmo modo, àquele decorrente das tentativas de legitimação feitas da perspectiva do despotismo esclare-

---

[37] Cf. SINA. *Dogmengeschichte des strafrechtlichen Begriffs*, "Rechtsgut", p. 89 *Apud* Roxin, *Problemas fundamentais*, p. 61.

[38] Cf. ROXIN. *Problemas fundamentais*, p. 60.

[39] *Apud* COSTA ANDRADE. *Consentimento*, p. 43.

[40] Cf. COSTA ANDRADE. *Consentimento*, p. 44 e ss.

[41] O que não quer significar uma coincidência absoluta entre a linha argumentativa desse autor e a de Kant. De fato, em razão do nítido cariz individualista e subjetivista que Feuerbach confere à sua teorização, acaba por afastar-se de Kant. "Enquanto este último propendia para uma hipostasiação tendencialmente objetivista do direito, para Feuerbach o *Naturrecht* é a ciência dos direitos e não dos deveres" (cf. COSTA ANDRADE *Consentimento*, p. 48). Sobre o assunto, veja-se ANABELA RODRIGUES. *Medida da pena*, p. 168 e ss.

cido.[42] Toda punição só é legítima quando quer proteger os direitos subjetivos (atentatórios à liberdade) do cidadão ou do Estado – e isso vale mesmo para o direito penal de polícia. Assim, também, não tinham lugar as representações que pretendiam fundamentar o direito de punir como derivação de uma qualquer regra moral. Como acentua Bloch, "na medida em que o direito aparece como capacidade jurídica subjetiva, dispensa-o de ter de fazer a prova da dignidade moral da pessoa juridicamente capaz. Ao Estado não cabe formular juízos sobre a moral (...)".[43]

Também não se deixa de notar, nesse autor, a adoção de uma postura crítica, que se materializa na busca de afastamento e reconstrução das concepções próprias do *Ancient Régime*. Tal preocupação transcendente, herdada do ideário iluminista, arranca de sua definição de crime como violação de um direito subjetivo:[44] o Estado só deve intervir para salvaguardar a liberdade do cidadão (o livre exercício dos seus direitos subjetivos), e nunca para promover a cultura ou a moral.

No mesmo sentido, a afastar da esfera do penalmente legítimo todas aquelas ações que digam respeito somente ao plano da moralidade, está o iluminista Hommel. Segundo este, "o jurista e o político que pensa por si mesmo não deve deixar-se influenciar, através de práticas morais e palavras sonantes, pelo erro de procurar a magnitude do crime em algo que não seja única e exclusivamente o dano que do mesmo resulta para a sociedade".[45] Parece, no entanto, que, enquanto autores da sorte de Hummel ou Beccaria[46] dão à noção de *dano social* um entono objetivo e autônomo, Feuerbach acaba por escapar a esse entendimento

---

[42] Num e noutro sentido, as construções de Carpzov, por um lado, e de Globig/Hustler, por outro. Para um maior esclarecimento do assunto, veja-se COSTA ANDRADE. *Consentimento*, nota 15.

[43] *Apud* COSTA ANDRADE. *Consentimento*, p. 45.

[44] Como refere SINA, "para além do seu decisivo conteúdo *sistemático-funcional* de sentido liberal (...), a elevação do direito subjetivo à categoria de objeto do crime (em nome da teoria do contrato social, orientada contra a filosofia do estado totalitário) não era, de forma alguma, privada de significado. *Nos direitos subjetivos eram protegidas esferas concretizadas de liberdade pessoal.* Definir o direito subjetivo como essencial do crime era já uma expressão do pensamento liberal. O conceito de direito subjetivo tinha também, de forma *imanente-objectiva*, um conteúdo liberal" (*apud* COSTA ANDRADE. *Consentimento*, p. 49).

[45] *Apud* ROXIN. *Problemas fundamentais*, p. 60.

[46] A mesma preocupação crítica se apreende da obra de Beccaria, para quem o direito penal só poderia intervir pela "necessidade de defender o depósito da saúde pública das usurpações particulares" (cf. FERREIRA DA CUNHA. *Constituição e crime*, p. 30). Como defensor das ideias de Beccaria em Portugal está Melo Freire. Da mesma forma, "o seu conceito de delito obedece a este pensamento iluminista, relacionando-o, assim, necessariamente, com a criação de um dano para a sociedade ou para os indivíduos" (cf. FERREIRA DA CUNHA. *Constituição e crime*, p. 31). Também Figueiredo Dias atribui a Beccaria o mérito de ter sido o primeiro a autonomizar o conceito material face ao conceito formal de crime (cf. FIGUEIREDO DIAS. *Questões Fundamentais*, p.55).

com sua concepção idealista e individualista extremada do crime como violação de um direito subjetivo.[47]

Menos digno de aplauso é o fato de esses pressupostos à intervenção punitiva, mesmo assumidos como bondosos, não possuírem densidade suficiente para, a partir daí, oferecer limites contra uma ulterior instrumentalização do indivíduo. Noutros termos, apesar de o pensamento penal iluminista procurar impor limites materiais ao direito penal, elegendo a proteção do indivíduo e da sociedade como fim único e legítimo, a busca em atingir essa finalidade acaba por ser perversa quando desmedida e carente de limites mais precisos.

Chamando a atenção para os riscos de uma tal percepção estão as construções de Kant e Hegel. Em um tempo já dominado por "considerações racionais de utilidade", Kant, reagindo contra um direito penal vocacionado unicamente para ideais preventivos, afirma a dignidade humana como valor irrenunciável e não sobreponível pelo puro utilitarismo. Na sua concepção, "a pena jurídica (*poena forensis*) (...) não pode ser aplicada apenas como um meio para obter um bem para o delinquente ou para a sociedade, mas deve ser sempre aplicada porque o delinquente cometeu um crime; e isto porque o homem não pode nunca ser tratado como um puro meio para a realização de objetivos de outros e ser confundido entre as coisas objeto dos direitos reais".[48] Analogamente e na mesma direção, encontramos o pensamento de Hegel. Em censura a Feuerbach, porque este acabava por tratar o indivíduo "como um cão, que se ameaça com um pau",[49] Hegel concebe o crime como uma "violação da vontade livre", que nega a existência do direito. Dessa maneira de entender o crime, reflete a pena, como *negação da negação*, como justa compensação pelo mal do cometimento do crime. Segundo Hegel, a pena traduz-se nesta "ligação necessária que faz com que o crime, como vontade em si negativa, implique a sua pró-

---

[47] Sobre esta distinção e as críticas dirigidas a Feuerbach em virtude do seu individualismo extremado, cf. COSTA ANDRADE. *Consentimento*, p. 50.

[48] *Methaphysik der Sitten*, p. 158 s. *apud* ANABELA RODRIGUES. *Medida da pena*, p. 163. O pensamento de Kant, aqui sintetizado, vindo à luz em finais de setecentos, iria exercer enorme influência nas construções dos séculos XIX e XX. Vale ressaltar, por outro lado, que esta afirmação de Kant não vale apenas para pena: todo o direito penal vê-se afetado. Contrapondo-se ao eudemonismo do Iluminismo (Eb. Schmidt), Kant desacredita todo "projeto de um direito penal fundado na sua utilidade". Todavia, e seguindo ainda Anabela Rodrigues, "Kant não consegue fazer parar o processo de formação de um direito penal fundado na utilidade; consegue, no entanto que o direito penal 'final' não seja apresentado como um direito justo. Um direito penal apenas preventivo tem possibilidades de se manter de facto, já que corresponde a uma concepção política iluminista capaz de lhe dar lastro; mas a partir de Kant um tal direito ficará vulnerável à objecção de que está em contraste com a dignidade da pessoa e, assim, ainda que ordenado à realização de uma finalidade, perderá a legitimidade" (cf. ANABELA RODRIGUES. *Medida da pena*, p. 164).

[49] *Apud* ANABELA RODRIGUES. *Medida da pena*, p. 166.

pria negação, que aparece como pena. É a identidade interior que na existência exterior se reflete no entendimento como igualdade".[50] Opunham-se ambos, portanto, ao "edemonismo do Iluminismo" (Eb. Schmidt), que, em uma atitude de pouca deferência à dignidade humana, reduziam tudo à defesa social.[51] Se, de uma banda, o iluminismo penal procurava intervir somente para a tutela daquelas liberdades e direitos subjetivos do indivíduo ou do Estado; de outra, o utilitarismo, que daí se deduzia, carecia de limites éticos aptos a, de um jeito capaz de obviar a instrumentalização individual, graduar a responsabilidade penal.[52]

No entanto – já em tom de síntese –, o pensamento penal demarcado pelas fronteiras do Iluminismo, mesmo levando em consideração as antinomias que lhe eram congênitas, oferece já um contributo inegável para a procura de um conteúdo material para o conceito de crime. Seja como for – com relevo para a ideia *direito subjetivo* ou de *dano social* –, é a partir daqui que se chama a atenção para a vantagem de se recorrer a critérios materiais para a delimitação do *jus puniendi*.

Mesmo este intento legitimador tendo sido logrado de forma ainda muito vaga e antinômica, não é de estranhar que a maioria dos autores que hoje se pronunciam em sua defesa – seja com base em uma noção de *danosidade social*, seja recorrendo ao conceito *bem jurídico* – fazem-no sustentando o retorno a "uma velha ideia iluminista".[53]

---

[50] *Apud* ANABELA RODRIGUES. *Medida da pena*, p. 167.

[51] Mesmo os estudos iniciais de Feuerbach estando insertos e ancorados no criticismo kantiano – já que, do mesmo modo que Kant, Feuerbach quer dar "um fundamento crítico e Kantiano à ciência do direito natural" (cf. ANABELA RODRIGUES. *Medida da pena*, nt. 41, p. 168) –, ele acaba por se afastar de Kant quanto ao fundamento da punição. É que, enquanto "para Kant, o imperativo categórico da justiça penal explica o fundamento da punição; para Feuerbach, a referência ao imperativo categórico explica como deve aplicar-se a lei para que tenha o máximo efeito final" (NAUCKE. *Einfluss*, p. 40 e 41 *apud* Anabela Rodrigues, *Medida da pena*, p. 169). Não é de admirar que as formulações de Kant, paradoxalmente, serviram aos juristas do séc. XIX que fundamentavam a pena com base no proveito (utilidade) que dela se poderia obter para a defesa da sociedade.

[52] Chamando a atenção para os perigos de uma tal concepção – na qual "a ideia de defesa social, de dano social, pode ser 'um pau de dois bicos', operando como limite, mas podendo também favorecer a instrumentalização do indivíduo se não for acompanhada de outras precauções" (p. 36) – cf. FERREIRA DA CUNHA. *Constituição e crime*, p. 34 e s.

[53] A frase é de Roxin (*Problemas fundamentais*, p. 60), quem menciona ter sido Herbert Jäger, no pós-guerra, "o primeiro autor a destacar novamente a *função liberal* do conceito de bem jurídico" (*Problemas fundamentais*, nota 44, p. 61 – o grifo é nosso). Do mesmo modo, Rudolphi, para quem o "conceito liberal de bem jurídico tem como antecedente a teoria do objeto do delito própria da ciência penal do iluminismo..." (cf. RUDOLPHI. H. *Bien jurídico*, p. 333). Veja-se também, no mesmo sentido, entre tantos outros, Amelung. Particularmente crítico da doutrina do bem jurídico, como vinda a lume em Birnbaum mas não só, Amelung sustenta uma recusa, por parte da doutrina da lesão do bem jurídico do positivismo, em "ancorar a doutrina do objeto do crime numa teoria das condições de convivência humana, como antes o tinham feito os iluministas" (AMELUNG. *Rechtsguterschutz*, p. 49, *apud* COSTA ANDRADE. *Consentimento*, p. 96). Como alternativa Amelung propõe, como veremos, um "retorno" ao pensamento iluminista – aqui mediado pela noção transjurídica de *danosidade social*.

2.2 – Mas é somente em um momento posterior, a partir do artigo *über das Erfordernis einer Rechtsverletzung zum Begriff des Verbrechens* (1834) de Birnbaum, que se inicia a porosa e intermitente história do conceito de bem jurídico. História que, como já deixamos assinalado, longe ser linear e dotada de uma univocidade de sentido, emprestou ao conceito os mais variados conteúdos.

Partindo dessa última afirmação, fácil é constatar que com Birnbaum ainda não existe uma expressão acabada do que se viria a entender, com contornos minimamente delineados, por bem jurídico. A obra de Birnbaum, ao contrário, porque vinda a lume em um período de confluência entre múltiplas escolas do pensamento firmadas até a primeira metade do século XIX, apresenta a ambivalência e "equivocidade que constitui a marca de todo o pensamento situado em períodos de viragem: do mesmo passo que antecipam e anunciam o advento de realidades novas, apresentam ainda os estigmas do ambiente em que veem à luz do dia".[54] Assim, se é a partir desse autor que o direito penal recebe a influência do positivismo ou do historicismo, não deixa, paradoxalmente, de refletir ainda influências patentes do Iluminismo e jusracionalismo ou do hegelianismo.

A sublinhar essa equivocidade inerente ao pensamento de Birnbaum, é digna de menção a divergência histórico-doutrinal entre os autores, quando se procura saber até onde a construção de Birnbaum é herdada do ideário iluminista, sendo não mais que uma "evolução" dos seus postulados fundamentais, ou se dessa perspectiva destoa substancialmente.

No primeiro sentido estão os que, como Sina ou Schaffstein, asseveram a existência de uma continuidade entre a doutrina do bem jurídico, tal como anunciada em Birnbaum, e o conceito material de crime do iluminismo. De modo que, segundo essa interpretação, o bem jurídico não seria mais que "uma continuação da vertente sistemática e liberal do movimento filosófico-iluminístico no sentido da determinação de um conceito material de crime".[55]

Por outro lado, há quem assegure, na esteira de Amelung, que com Birnbaum se inicia um novo paradigma, em sentido oposto àque-

---

[54] Cf. COSTA ANDRADE. *Consentimento*, p. 52.

[55] Cf. SINA. *Dogmengeschichte des strafrechtlichen Begriffs, "Rechtsgut"*, p. 3, *apud* COSTA ANDRADE. *A nova lei dos crimes contra a economia*, p. 392. A corroborar, também, está Hassemer, para quem "o pensamento da violação do direito e o pensamento do bem jurídico não implicam do ponto de vista político-criminal, resultados alternativos, constituindo antes diferentes formulações da mesma realidade político-criminal" (*apud*, FERREIRA DA CUNHA. *Constituição e crime*, nota 69, p. 43).

la posição iluminista,[56] dando expressão e sentido ao positivismo que viria a ter em Binding o seu mais enérgico defensor. Afirma Amelung que, "com a doutrina do *bem jurídico*, Birnbaum antecipa e consuma já a ruptura com representações jusracionalistas e iluministatas e, sobretudo, com as concepções filosóficas e sociológicas subjacentes e relativas à polaridade entre o indivíduo e o sistema social".[57] O bem jurídico seria não mais uma noção crítica, transistemática, apta a impor limites à intervenção penal – como fora a conceituação do crime como lesão de direitos subjetivos –; mas sim um conceito cujo surgimento teria servido, opostamente, para fundamentar a elevação dos valores relacionados à religião e à moral a objetos do crime. Isso em oposição manifesta ao movimento de descriminalização iluminista que prometia expurgar do direito penal as condutas que somente atentassem contra a moral ou a religião, mesmo que convertendo algumas delas em ilícitos de polícia.[58]

---

[56] Figueiredo Dias parece tender ao mesmo posicionamento de Amelung, quando diz ser pouco certa a afirmação daqueles que pretendem vislumbrar uma conexão histórica entre a noção de bem jurídico "com os propósitos funcionais que animavam o direito penal iluminista, nomeadamente o de reduzir a mancha da punibilidade às condutas que se apresentassem feridas de *danosidade social*" (cf. FIGUEIREDO DIAS. *Questões Fundamentais*, p.63).

[57] Cf. COSTA ANDRADE. *Consentimento*, p. 54. Conforme, a respeito, refere Maria Ferreira da Cunha, "para os autores que valorizam as discrepâncias entre o conceito de crime do iluminismo e o início da teoria do bem jurídico, (...) no fundo, o pensamento de Birnbaum teria operado mais do que uma viragem, uma verdadeira ruptura com os postulados anteriores: ao pensamento individualista contrapõe-se a referência sistêmico-social e a uma referência espiritual, uma outra, empírico-naturalista; ao jusnaturalismo e jusracionalismo, o positivismo e, assim, a uma função crítica do direito existente, uma função legitimadora das leis" (cf. FERREIRA DA CUNHA. *Constituição e crime*, p. 44).

[58] Como já deixamos sublinhado, a doutrina de Feuerbach representou uma limitação e restrição considerável do âmbito do penalmente legítimo. Essa restrição ocorre também em relação ao ilícito de polícia, que passa a ser definido "por referência aos direitos originários do cidadão ou do Estado, excluindo-se toda a relevância às intenções eudemonistas e moralistas". Todavia, no plano dos fatos, esse intento de Feuerbach *não foi irrestritamente confirmado*, já que sobram, no seu labor legislativo, "soluções de compromisso, como o demonstra o tratamento reservado aos crimes contra a religião e aos crimes sexuais". Assim "no Código de 1813 (que apenas contém crimes) não há qualquer lugar para a heresia, blasfêmia, incredulidade, sodomia, prostituição, etc. Mas continua a incriminar-se o adultério, a bigamia e o incesto (...). Por seu turno, remetia para o Direito Penal de Polícia – para que projectava uma legislação autónoma – infracções como sodomia, heresia, prostituição, concubinato, formação de seitas, etc." (cf. COSTA ANDRADE. *Contributo para o conceito de contra-ordenação*, p. 84). Todavia, "o século XIX assistiu ao progressivo apagamento do Direito Penal de Polícia, tanto no plano legislativo quanto no plano doutrinal", de forma que o direito penal passa a adoptar um carácter unitário, como instrumento de protecção de bens jurídicos. "Deste modo – como sublinha Mattes – estabelece-se um ponto de referência comum a todo o direito penal, e o Direito Penal de Polícia insere-se no contexto do direito penal ao serviço da protecção de bens jurídicos" (*apud* COSTA ANDRADE. *Contributo para o conceito de contra-ordenação*, p. 85). Assim, o conceito dogmático de bem jurídico introduzido por Birnbaum, "assumido em termos positivistas, (...) veio permitir uma construção unitária da infração e retirar o suporte doutrinal à teoria do Direito Penal de Polícia". É nesse contexto que vem Birnbaum a pronunciar-se contra os propósitos, do sector da doutrina de Feuerbach e seus discípulos, de arremessar para o Direito Penal de Polícia os crimes contra os costumes e contra a religião. Nesse mesmo sentido, os autores representativos da escola histórica como Mittermaier. Na verdade, "o

Ora, tudo isso não quer significar mais do que a comprovação da ambiguidade em que estava imerso o pensamento de Birnbaum. A corroborar, diz-nos Moos: "Birnbaum pôde figurar ainda como *jus* naturalista, mas ao mesmo tempo orientar-se já para as novas tendências. Segundo estas, a lei penal já não deveria possibilitar apenas a livre coexistência dos indivíduos, mas servir também, de forma imediata, fins *sociais*. Na medida em que, seguindo este novo caminho, procurou formular o conceito de bem jurídico indutivamente a partir da lei – como produto de um processo de desenvolvimento social – Birnbaum deu já expressão ao pensamento teleológico-social (...) Birnbaum aparece deste modo, já como precursor do utilitarismo social de que a seu tempo Ihering viria a ser o principal representante".[59] É também essa ambiguidade que explica a homenagem que presta o autor ao historicismo (de Mittemaier), mas sem abandonar, de todo, a vertente *jus* racionalista. O que acaba por traduzir-se, noutro plano, na tentativa de composição entre "uma postura trans-sistemática e crítica, cara aos penalistas iluministas, e a atitude metodológica inversa, própria do positivismo legal".[60]

Dessa feita, partindo da constatação de que em Birnbaum ainda não se encontra uma expressão acabada de um novo paradigma – como querem aqueles que, de um jeito necessariamente redutor, pretendem descortinar a realidade plurifacetada em que seu pensamento está circunscrito –, o nosso objetivo primacial resume-se em sublinhar, a traço largo, os aspectos mais salientes do seu feito. Para além daquelas leituras reducionistas, que pretendem filiar as raízes de sua obra nesta ou naquela vertente do pensamento, o que importa aqui é ressaltar os aspectos mais proeminentes do seu labor – aqueles que mais interessam por serem inovadores e terem contribuído, de alguma forma, para a consolidação de um novo modo de compreender o crime.

Nesse empenho, um primeiro ponto a ser referido prende-se com a maneira empreendida por Birnbaum para definir os bens merecedores de proteção penal. É "bem", em sentido jurídico-penal, todo "bem material, pertencente a um particular ou à coletividade, pela sua natu-

---

século XIX assistiu ao progressivo apagamento do Direito Penal de Polícia, tanto no plano legislativo como no plano doutrinal. Os poucos continuadores da teorização de Feuerbach (v. g. Köstlin e Luden) foram sendo silenciados por um número cada vez maior de opositores e críticos" (cf., desenvolvidamente, COSTA ANDRADE. *Contributo para o conceito de contra-ordenação*, p. 79 e s.) Veja-se também FERREIRA DA CUNHA. *Constituição e crime*, p. 43 e s.

[59] Cf. MOOS. *Der Verbrechensbegriff*, p. 214/5, *apud* COSTA ANDRADE. *Consentimento*, p. 52.

[60] Cf. COSTA ANDRADE. *Consentimento*, p. 53. Isto porque, se de uma banda aponta o caráter transitório e historicamente mutável dos objetos de tutela penal, de outra "não deixa de considerar como 'inquestionável' serem 'os bens (...) em parte dados ao homem pela natureza e, noutra parte, o resultado do seu desenvolvimento social'" (cf. COSTA ANDRADE. *Consentimento*, p. 53).

reza susceptível de violação, e ao qual o Estado atribui tutela". Sendo assim, de uma tal compreensão parece já relevar, com alguma clareza, a dimensão empírico-naturalística em contraposição à dimensão "espiritual", que antes vigorava: "ao conceito de 'direito subjetivo', ao Direito Penal centrado nos 'homens e suas relações', num 'momento espiritual', sucede-se uma concepção que coloca os 'bens materiais' em lugar de primazia".[61] Portanto, com Birnbaum passa a tomar acento o caráter *concreto* e *objetivo* dos "bens" que o direito penal visa tutelar. Se antes eram as pessoas e suas relações (a sua intersubjetividade) o que correspondia ao conteúdo (material) do crime, agora se privilegia[62] o mundo exterior e objetivado em "coisas" concretas.

Acresce que, de um modo também inovador, em Birnbaum ganha uma particular relevância a referência sistêmico-social. A importância concedida ao sistema social é notória, desde logo, quando afirma que a lei penal não objetiva, apenas, assegurar a livre coexistência individual, dos cidadãos individualmente considerados, mas também (e imediatamente) servir a interesses sociais que transcendem o plano eminentemente individual. Ora, é a exclusiva relevância conferida ao sistema social, para a qual Birnbaum caminha (mas não chega), que viria a constituir, em Binding, uma expressão acabada – encabeçada, de resto, pela noção de *bem jurídico*. Falamos, contudo, de preeminência e, não de exclusividade, já que não se deixa aqui de prestar a devida homenagem à vertente individual-pessoal, o que o singulariza "numa posição entre Feuerbach e Binding". Elucidativa dessa preocupação em equilibrar a referência sistêmico-social com a individual é a distinção operada por Birnbaum, entre bens individuais e coletivos.[63]

Por tudo isso, em nosso juízo, seria desarrazoado não registrar que, a partir de Birnbaum, se dá um grande passo rumo à consagração teórica e doutrinal da noção de bem jurídico e de um novo paradigma na concepção do crime que esse conceito inaugura. Mesmo tendo-se em conta todas as incongruências de sua obra – *v.g.* o conflito entre individualismo e referência sistêmico-social, entre jusnaturalismo e positivismo/historicismo, entre uma preocupação crítica e uma outra vocacionada para a legitimação do direito positivo –, não se nega o fato de ter adiantado muitas das proposições fundamentais

---

[61] Cf. MARIA FERREIRA DA CUNHA. *Constituição e crime*, p. 46.

[62] Todavia, como não podia deixar de ser, também aqui o labor de Birnbaum não escapa da equivocidade. Isso porque, "por um lado pretende acentuar o caráter concreto, paupável, dos objetos carecidos de tutela penal (visão naturalista dos bens), mas por outro, faz referência a bens imateriais como a honra, e até, aos 'bons costumes' e 'valores religiosos'" (cf. FERREIRA DA CUNHA. *Constituição e crime*, p. 47).

[63] Cf. COSTA ANDRADE. *Consentimento*, p. 53.

que viriam, ao seu tempo, a ser declamadas na afirmação de um novo modo de se perspectivar a infração criminal. De resto, importa reter de seu labor a formulação de "um novo conceito de objeto e, por isso, um novo conceito de lesão. Ambos concebidos como 'realidades do mundo exterior' e definidos, por princípio, à margem da intersubjetividade".[64] O mesmo vale para a influência positivista, que já se faz notar em sua teorização.

2.3 – Ora, se é a mundividência positivista que propicia o ambiente ideal para o aparecimento do conceito de bem jurídico, o momento determinante para a sua consolidação viria a ocorrer somente a partir da segunda metade do século XIX. Isso porquanto é nessa altura que se dá o triunfo do pensamento positivista; pensamento esse que, por sua vez, conhece, na doutrina penal, os seus maiores expoentes em Karl Binding e Franz Von Liszt.

Embalada pelas conquistas sem precedentes no âmbito das ciências naturais, essa "febre" positivista deixa-se repercutir não só no específico modo de se entender o direito e seu método, mas, do mesmo modo, cristaliza-se nos mais diferentes sectores do conhecimento até atingir foros de ideologia. O que acaba por ser, ao fim e ao cabo, uma manifestação inequívoca do afastamento daquela dimensão "cosmologizada" do mundo – da referência a uma ordem preexistente, a uma "verdade" metafísica e ideal –, própria do pensamento jusnaturalista.

Como Faria Costa acentua, no plano do direito, "a referência da ordem jurídica humana (...) à 'ordem natural' vai permitir, precisamente, que a legitimidade do ordenamento jurídico humano se postule, se não como verdade indiscutível, pelo menos como elemento probatório que beneficia da presunção *iuris tantum*. O que logo nos deixa perceber o vício lógico de um tal procedimento".[65] Com aquela pretensão de verdade, tão cara aos teóricos do direito natural, deixava-se escapar a real complexidade dos processos sociais, à qual o direito deveria responder satisfatoriamente. Assim, confrontada com a multiplicidade de alternativas para *como* agir e com a necessidade de dar resposta aos concretos problemas sociais, a sociedade acaba por "emancipar a sua problemática do velho *nomos* do mundo e reformulá-la em termos de problemas carecidos de decisão e dela susceptíveis".[66] Se o direito natural prendia-se,

---

[64] Cf. COSTA ANDRADE. *Consentimento*, p. 55.

[65] Cf. FARIA COSTA. *O perigo*, p. 51.

[66] Cf. LUHMANN. *Legitimation*, p. 147. E ainda: "as seguranças supostamente exteriores, ancoradas no ambiente, têm de ser substituídas por seguranças interiores, imanentes ao sistema". *Idem, apud* COSTA ANDRADE. *Consentimento*, p. 35.

para legitimar a sua dimensão crítica, a uma transcendência metafísica e "estática" – que se consubstanciava no conceito de natureza –, agora o direito desprende-se de qualquer transcendentalismo referido ao passado e busca legitimar-se por si mesmo.

Aproximando-nos mais do que interessa, essa maneira de se compreender o Direito e o método respectivo, descrente dos valores metafísicos e transjurídicos, acaba por implicar um quase que abandono da questão dos fins do Estado. Numa formulação mais impressiva: o Estado passa a valer como um "fim em si mesmo".

Era o tempo do Estado de Direito formal. Um Estado que, por ser legítimo "em si mesmo", não obedece senão à legalidade formal, aos processos estabelecidos pela lei, quedando-se alheio a quaisquer outras limitações de índole material, o que, para além disso e sobretudo, não poderia deixar de trazer implicações também (e precisamente) no plano jurídico-penal. Assim as coisas, a intervenção punitiva do Estado passa a carecer de qualquer limite material. Abandonado o compromisso com as teorizações iluministas, passa a ser digno de punição qualquer comportamento que o legislador assim entenda. Na elucidativa formulação de Figueiredo Dias: "à pergunta sobre o que seja *materialmente* o crime se poderá assim responder (...) que ele será *tudo aquilo que o legislador considerar como tal*".[67]

É exatamente nesse sentido que caminha Binding quando define o bem jurídico[68] como "tudo aquilo que, aos olhos do legislador, tem valor como condição para uma vida saudável dos cidadãos".[69] Com efeito, em Binding, adepto do mais puro positivismo, o bem jurídico tem uma função claramente intrassistemática. Não cumpre ao jurista a eleição de quais valores devem ser criminalizados, pelo contrário, a ele (jurista) só cabe tomar como um "dado" aqueles bens que o legislador autonomamente elegeu.[70] Para Binding, "*é bem jurídico* tudo aquilo o que não constitui em si um direito, mas, apesar disso, tem, aos olhos do legislador, valor como condição de uma vida sã na comunidade jurídica, em cuja manutenção íntegra e sem perturbações ela (a comunidade jurídi-

---

[67] Cf. FIGUEIREDO DIAS. *Questões Fundamentais*, p. 54.

[68] Digno de menção é o facto de ter sido Binding o primeiro a utilizar o termo "bem jurídico" (Rechtsgut) e ter-lhe atribuído sentido e conteúdo dogmático. Como afirma Armin Kaufmann, foi Binding quem conferiu ao bem jurídico "o direito de cidadania na dogmática jurídico-penal" (cf. KAUFMANN. *Lebendiges*, p. 9, apud COSTA ANDRADE. *Consentimento*, p. 65).

[69] Cf. Binding, *Die Normen*, II, p. 353, apud COSTA ANDRADE. *A nova lei dos crimes contra a economia*, p. 392.

[70] Dizia ele, numa formulação bastante impressiva, que "o jurista humilha indignamente o direito quando considera que a sua existência carece de outra justificação para além da que logra a vontade geral de regulamentação da vida comunitária, assente no reconhecimento livre da respectiva necessidade" (cf. BINDING. *Die Normen*, II, p. 369, apud COSTA ANDRADE. *Consentimento*, p. 66).

ca) tem, segundo o seu juízo, interesse e em cuja salvaguarda perante toda a lesão ou perigo indesejado, o legislador se empenha através de normas".[71] De sorte que, do mesmo modo, da sua noção de objeto do crime já sugerida decorre, no plano normativo, a harmonia absoluta entre norma e bem jurídico: "fundamento e medida da existência do bem jurídico, a norma consome sem resíduos a valência jurídica e mesmo político-criminal desse último. Noutros termos, a norma constitui a única e definitiva fonte de revelação do bem-jurídico".[72] Fica, pois, consubstanciada, com esse autor, nomeadamente na sua maneira de distinguir o que deve ou não constituir o crime, a expressão daquela mundivisão positivista, segundo a qual é legítimo tudo o que preenche a forma jurídica, independentemente do conteúdo.

Em um segundo momento, tudo isso leva a que o Estado ou a sociedade passem a ser a referência única no que concerne aos interesses que o bem jurídico incorpora. Se tudo o que entender o legislador como valioso pode passar a objeto de tutela penal, independentemente de qualquer limitação transcendente, óbvio é que "os bens assumem todos um valor social (*sozial-Wert*). A sua lesão terá de obedecer a uma ponderação, não apenas deste ou daquele, mas de toda a comunidade viva. É só por isso que eles gozam de uma tutela social (*sozial-Schutz*). Nada, pois, mais errado do que introduzir aqui uma perspectiva individualista e pretender traçar uma linha divisória rígida entre os bens do indivíduo, por um lado, e os da sociedade e do Estado, por outro".[73] Notório é, portanto, o desprezo aos referentes individuais e a consequente exaltação, sem precedentes e em postura diametralmente oposta à de Feuerbach, da referência sistêmico-social do bem jurídico.

Acresce que, em terceiro lugar, veem-se alargados os referentes materiais ao objeto do crime, que passam a abranger "sectores" da realidade que não digam respeito, de forma imediata, às condições vitais de convivência social. Assim, não sendo unicamente aqueles comportamentos que abalam o fruir social a assumir relevância para o direito penal – que fica aberto e outorga significado jurídico a "todas as ações que se projetam no mundo exterior (*Aussenwelt*)" (Amelung) –, o bem jurídico assume uma maior dimensão, passando a compreender uma multiplicidade de parcelas da realidade.[74]

---

[71] Cf. BINDING. *Die Normen*, I, p. 53/4, *apud* COSTA ANDRADE. *Consentimento*, p. 65.

[72] Cf. COSTA ANDRADE. *Consentimento*, p. 67.

[73] Cf. BINDING. *Die Normen*, I, p. 340/1, *apud* COSTA ANDRADE. *Consentimento*, p. 68.

[74] Passam, assim, a compor o rol dos referentes materiais do objeto do crime "realidades tão heterogéneas como *pessoas, coisas, estados, animais*, a *família*, as *instituições político-administrativas*, a *moral sexual*, a *religião*" (cf. COSTA ANDRADE. *Consentimento*, p. 63).

De qualquer modo, enfim, de tudo isso podemos concluir que, na construção normativista e positivista de Binding, já é possível falar-se da consagração doutrinal do bem jurídico. É a partir daqui que o bem jurídico (como objeto do crime) ganha, na expressão de Kaufmann, "o direito de cidadania na dogmática jurídico-penal", o mesmo valendo para a noção de danosidade social, para a qual a lesão do bem jurídico empresta suporte e sentido.

2.4 – Diferentes são as coisas quando nos debruçamos na obra do também positivista Liszt. Mesmo sendo inequivocamente enquadrado, juntamente com Binding, entre os doutrinadores que se deixaram render aos enunciados fundamentais do positivismo, seria absolutamente redutor um tal enquadramento levado a cabo sem alçar as profundas divergências entre o positivismo *naturalístico-sociológico* de Liszt e aquele *formal-normológico* de Binding.

Diferença essa que, de resto, se faz presente já no relevo político-criminal que absorve a sua construção do bem jurídico. Por outras palavras: com Liszt, o bem jurídico assume uma posição crítica e transistemática – o que se explica, em boa medida, pela já referida preocupação desse autor em dotar a política-criminal de um estatuto autônomo e promissor. Podemos então afirmar – de um jeito um tanto simplista, mas particularmente impressivo – que, se é com Binding que o bem jurídico assume "cidadania" dogmática, é, por seu turno, com Liszt que o conceito passa a fazer parte, como um momento privilegiado, de um novo discurso (crítico) político-criminal. Daí não custa admitir, na esteira de Rudolphi, que, "depois que o direito subjetivo foi abandonado como objeto de proteção apareceu a intenção de von Liszt, liberal, dirigida ao Estado todo poderoso, de encontrar uma determinação essencial geral do crime, sobretudo na teoria do bem jurídico".[75]

Em conformidade, é de acordo com essa vertente crítica que em Liszt se deixa notar que devemos procurar a sua concepção de bem jurídico. Nas palavras do autor, "a designação do conceito de bem jurídico como um conceito limite (...) deve acentuar, fortemente, a conexão interna da ciência jurídica com a política, a necessidade constante de fomento e fecundação recíproca; deve resguardar-se contra um tratamento puramente formalístico do direito, isto é, exclusivamente lógico-jurídico".[76]

---

[75] Cf. RUDOLPHI. *Bien jurídico*, p. 334.
[76] Cf. V. LISZT. *ZStW 8*, p. 140, *apud* BUSTOS RAMIRES. *Política criminal e injusto*, p. 38.

Compreende-se, portanto, que, em Liszt é outro o *ethos* político, empenhado que está na busca de um "conceito limite"[77] de crime. Busca, vale dizer, que se empreende de um modo alternativo àquele próprio dos penalistas iluministas, já que procura conceber um conceito material e crítico à atividade legiferante não apoiado em uma ideia metafísica e transcendente, mas sim às "circunstâncias sociais concretas da comunidade estatal"[78] – o que não deixa de ser, de resto, fruto da "razão positivista", que manda Liszt propender, não para o mundo ideal e *a priori* dos iluministas, mas para a realidade social.

Nesses termos, é na realidade social que estão os "interesses vitais" que, reconhecidos pelo ordenamento jurídico, são chamados de bens jurídicos. Não se resumem, como postulava Binding, em *bens-do-direito*; são antes bens da vida (do homem e da sociedade).[79] Para sustentar a sua teoria, Liszt recorre à tese de que, sendo o direito o produto da vontade humana, a finalidade última de todo o direito não pode deixar de ser a tutela dos interesses vitais que constituem o produto daquela vontade criadora do direito.[80] "Esses interesses humanos, que Liszt chama de bens jurídicos quando são protegidos juridicamente, não são para ele um produto da ordem jurídica, mas da vida e, portanto, estão dados a ela previamente".[81] Fundamental, assim, na construção de Liszt, é a definição do bem jurídico como "interesse juridicamente protegido".

Daí pouco resta para se poder afirmar a valência conferida por Liszt à vertente individualista dos bens jurídicos. Partindo-se da definição dos bens jurídicos como "interesses juridicamente protegidos" – mas que já existiam anteriormente à ordem jurídica e frutos da complexidade própria do mundo exterior (ao normativo) –, é natural que se deva ter em conta essa complexidade no momento da interpretação dos singulares preceitos penais. Assim, o direito, ao tutelar determinados "interesses" que considera valiosos, não reduz nem homogeneíza a complexidade e diversidade que lhes é inata (e pré-jurídica), devendo, antes, ser, em respeito a esta heterogeneidade, compreendidos os sin-

---

[77] Por "conceito limite" quer Liszt compreender "um conceito que se translada do campo de uma ciência ao campo de outra; um conceito ao qual se remete a primeira, sem que possa determiná-lo ou fundamentá-lo, já que não pertence mais a ela, mas, sim, a outro campo de saber; mas, um conceito que, ao mesmo tempo e, justamente por isso, estabelece a união entre aqueles ramos do saber, mostra suas profundas conexões, garante sua recíproca fecundação" (cf. V. LISZT. *ZStW* 8*,*p. 139, *apud* BUSTOS RAMIRES. *Política criminal e injusto*, p. 38).
[78] Cf. RUDOLPHI. *Bien jurídico*, p. 334.
[79] Cf. COSTA ANDRADE. *Consentimento*, p. 66.
[80] Cf. RUDOLPHI. *Bien jurídico*, p. 334.
[81] Cf. RUDOLPHI. *Bien jurídico*, p. 334.

gulares bens jurídicos. Eis por que – e nada mais resta para podermos afirmá-lo –, ao lado dos bens jurídicos supraindividuais, concede Liszt toda a autonomia àqueles bens que, presos ao interesse do indivíduo, continuam a está-lo posteriormente à proteção jurídica. Desse modo, se para Binding *"o bem jurídico é sempre bem jurídico da totalidade*, por mais individual que possa aparentemente ser", para Liszt, em posição distinta, nada se opõe a um tratamento dual que reparta os bens jurídicos entre individuais e supraindividuais.[82]

Por outro lado, porque se concebe como um conceito pré-jurídico que vai buscar a sua substância para fora da ordem jurídica "posta", o bem jurídico, aqui, não se encontra circunscrito à norma penal, mas, pelo contrário, é ele que empresta legitimidade à norma. Como sublinha Costa Andrade, "o que fundamentalmente está em causa, na construção de Liszt, é a problematização da própria legitimidade da norma penal. Uma questão cuja resposta só poderá, segundo o Autor, encontrar-se a partir da dimensão teleológica da norma, do seu *fim*, isto é, numa sede exterior à própria norma".[83] Uma vez que a noção de bem jurídico, como um "conceito limite", sujeita o legislador a só incriminar aqueles interesses existentes antes e independentemente da lei, na mesma linha, aquilo que resulta socialmente danoso para o interesse em questão é colhido de um modo independente do direito positivo. Diferentemente de Binding, Liszt aposta numa relação de tensão e possível incompatibilidade entre norma e bem jurídico.[84] Já que os interesses que o direito quer proteger existem previamente à proteção dispensada pela norma, o que é socialmente danoso não se aufere necessariamente em consequência da infração à norma. Noutros termos, o que é *formalmente* ilícito nem sempre o é *materialmente*, ou, segundo o próprio Liszt: "o conceito material antissocial do ilícito é independente da sua correta valoração por parte do legislador. A norma jurídica encontra-o, não o cria".[85]

Contudo, parece também líquido que, como obstáculo à sua atitude metodológica – traduzida no empenho de construir um edifício

---

[82] Cf. FERREIRA DA CUNHA. *Constituição e crime*, p. 57/8. Neste sentido, afirma Liszt: "todos os bens jurídicos são interesses vitais do indivíduo ou da comunidade. A ordem jurídica não cria o interesse, cria-o a vida; mas a protecção jurídica eleva o interesse vital a bem jurídico" (cf. von Liszt, *Tratado*, p. 6, apud FERREIRA DA CUNHA. *Constituição e crime*, p. 53).

[83] Cf. COSTA ANDRADE. *Consentimento*, p. 66.

[84] Numa outra passagem do seu *Tratado*, deixa claras a independência e mútua importância dos conceitos de *norma* e *bem jurídico*: "As normas da ordem jurídica (...) são a muralha de defesa dos bens jurídicos. A protecção jurídica que presta a ordem do Direito aos interesses da vida é a *protecção pelas normas* (*Normenschutz*): 'bem jurídico' e 'norma' são conceitos fundamentais do Direito" (cf. VON LISZT. *Tratado*, p. 7, apud FERREIRA DA CUNHA. *Constituição e crime*, p. 54).

[85] Cf. COSTA ANDRADE. *Consentimento*, p. 67.

crítico e transjurídico apto a servir como um limite ao legislador e também ao interprete –, encontra a barreira representada pelo positivismo e a expressão mais formal do ideário liberal. De fato, os esforços de Liszt em encontrar um limite material ao crime acabavam por se render, na prática, a uma abordagem formal (ou formalizante) do bem jurídico. Verifica-se, portanto, a par da diversa atitude política e metodológica, uma certa aproximação a Binding[86] no que tange aos resultados práticos da sua doutrina. É que, mesmo sendo inequívoco o seu empenho em encontrar um conceito material de crime, acabava por ser o legislador a dar a palavra final sobre quais deveriam ser o "bens" dignos de tutela penal.[87] Também o conteúdo da danosidade social, que, para Liszt, era auferido "à margem do direito positivo", deixava-se, por fim, render a um tratamento formalístico, "a ponto de o primado reconhecido à vertente sociológica ou naturalística, e, por essa via, à ilicitude material, dever na prática e em caso de conflito, ceder o passo à ilicitude formal".[88]

2.5 – Que a concepção de Liszt de uma noção de bem jurídico transjurídico e crítico, mesmo que carente ainda de uma maior densidade e frutuosidade, era já um passo inovador, e também pouco aceito, ao menos assumidamente, no percurso histórico-doutrinal do conceito, viria a comprovar a sua ulterior evolução. Diz-se isso porquanto, a partir da segunda década do século XX, ganha força e enorme acolhimento o cognominado conceito metodológico (ou teleológico) de bem jurídico – o que, num certo sentido, ocorre graças ao cepticismo frente a um conceito de bem jurídico dotado de conteúdo material.[89]

Foi exatamente a demonstrar a ineficiência de um tal conceito que, em 1919, viria a lume o estudo de Honig sobre o consentimento do ofendido (*Die Einwilligung des Verletzten*). Segundo ele, as conceituações do bem jurídico até a altura existentes não respondiam satisfatoriamente à exigência que "a dogmática da ciência do direito requer para seus conceitos fundamentais, a exigência de que o conceito expresso em palavras determine de forma unitária e exaustiva a essência

---

[86] Sobre os "pontos de contacto" entre ambos veja-se COSTA ANDRADE. *Consentimento*, p. 70 e s.

[87] Cf. FERREIRA DA CUNHA. *Constituição e crime,* p. 59. De fato, mesmo sendo os interesses ou bens anteriores ao direito positivo, eles só ganham a designação de *bens jurídicos* depois de juridicamente protegidos.

[88] Cf. COSTA ANDRADE. *Consentimento*, p. 71.

[89] Nesse sentido as considerações de Rudolphi, quem pondera ter sido em oposição à ciência penal do século XIX – "dominada pelo esforço de elaborar conceitualmente o conteúdo material ao qual corresponda todo crime" – que surge, no início do século XX, o conceito teleológico de bem jurídico de Honig (cf. RUDOLPHI. *Bien jurídico*, p. 330).

dos fatos vitais que abrangem tais expressões".⁹⁰ É com esse intuito que o autor propõe o seu conceito metodológico de bem jurídico, com nítido entono normativista.

De sorte que, valendo-se do pensamento neokantiano – que compreende o direito como intermédio entre os mundos do ser o de dever ser –, reage contra a exacerbação do positivismo, que se recusava a vislumbrar a teleologia imanente ao horizonte jurídico.⁹¹ Não se interessa em ofertar uma noção de bem jurídico unívoca, válida para qualquer espécie de incriminação, porquanto assim seria impossível atestar a lesão ou exposição a perigo de um bem jurídico concebido em termos tão genéricos. Nessa linha, afirma Honig: "como é intenção de toda prescrição jurídica que ameaça uma pena prevenir a lesão ou exposição a perigo de um valor significativo para a vida jurídica, o conceito de objeto de proteção é só aquela síntese categorial com a qual o pensamento jurídico intenta captar o sentido e o fim das prescrições penais singulares".⁹²

Passa então o objeto de proteção a constituir não mais um conceito exterior ao direito, mas parte das construções e conceitos imanentes à ordem jurídica positiva, cuja função reside, essencialmente, em interpretar e aclarar o sentido das prescrições jurídicas. Segundo a formulação de Rudolphi, "o objeto de proteção não existe como tal, só irrompe à vida quando vemos nos valores da comunidade os objectos que constituem o fim objetivo das prescrições penais".⁹³

Do que fica dito, consegue-se já apreender o que de mais essencial há nessa compreensão do objeto do crime enunciada por Honig – e desenvolvida, posteriormente, por autores como Hegler, Schwinge, Grünhut etc., e, em Portugal, por Eduardo Correia –, que se revela na concepção dos bens jurídicos como "meras fórmulas interpretativas dos tipos legais de crime"⁹⁴ e que, assim, faz dos mesmos uma "categoria omnicompreensiva à qual se reconduzem os elementos relevantes da fatualidade típica, inclusive as modalidades de ação e as atitudes pes-

---

⁹⁰ Cf. HONIG. *Die Einwilligung*, p. 83/84, apud Rudolphi, *Bien jurídico*, p. 330.

⁹¹ Cf. FIGUEIREDO DIAS. *Questões Fundamentais*, p. 64.

⁹² Cf. HONIG. *Die Einwilligung*, p. 94, apud Rudolphi, *Bien jurídico*, p. 331/332.

⁹³ Cf. RUDOLPHI. *Bien jurídico*, p. 332. De maneira similar, refere Ferreira da Cunha ter-se operado, a partir de Honig, uma "espiritualização e normativização do conceito de bem jurídico", que acaba por se libertar ,"por um lado, da sua matriz empírico-naturalista – como 'objecto do mundo exterior', de natureza material, apreensível pelos sentidos – e, por outro, da sua potencialidade crítica, delimitadora, transistemática" (cf. FERREIRA DA CUNHA. *Constituição e crime*, p. 64). Assim também Costa Andrade, *A nova lei dos crimes contra a economia*, p. 393.

⁹⁴ Cf. FIGUEIREDO DIAS. *Questões Fundamentais*, p. 64.

soais do agente",[95] uma mera "abreviatura do pensamento teleológico" (Grünhut),[96] ou ainda, com Honig, "um produto da reflexão especificamente jurídica" – "o fim reconhecido pelo legislador nas prescrições penais na sua formulação mais breve".[97]

No entanto, mesmo a partir de uma perspectiva extremamente espiritualizada e normativista, Honig não negava chance de os resultados daquela interpretação mediatizada pelo bem jurídico poderem ser levados em conta dogmaticamente. Isso não ocorre, todavia, com os autores que se seguiram (como Schwinge e Grünhut) e que vieram a conferir ao bem jurídico um caráter progressivamente "vazio", "de tal forma que ele vai perdendo toda a autonomia face à própria norma e, assim, qualquer potencialidade dogmática".[98]

Ora, assim perspectivado, como mera expressão da *ratio legis*, o bem jurídico abandonava seu conteúdo material, transformando-se num "conceito apto a receber qualquer conteúdo" (Rudolphi). Se essa compreensão teve o mérito inegável de chamar a atenção para as vantagens da interpretação teleológica e o consequente significado para a interpretação dos tipos penais, teve, de outra banda, o demérito de afastar-se, por completo, daquela vertente crítica e transistemática adiantada por Liszt. Com uma tal compreensão, não se podia manter uma conexão com qualquer teleologia político-criminal, perdendo, assim, o conceito de bem jurídico, a função de padrão crítico – não só do direito constituído, de forma a alçar o núcleo material do ilícito, mas também das normas a constituir.

3. O conceito material de crime e o sistema jurídico-constitucional. Expansão do direito penal e a função de tutela (subsidiária) de bens jurídico-penais

Esse quadro descrito só se altera significativamente após o segundo grande conflito mundial, a partir de quando parece, já definitivamente, ganhar o conceito um relevo crítico e transistetemático, em sintonia com o legado iluminista.[99]

---

[95] Cf. COSTA ANDRADE. *A nova lei dos crimes contra a economia*, p. 392.

[96] *Apud* FIGUEIREDO DIAS. *Questões Fundamentais*, p. 64.

[97] Cf. HONIG, *Die Einwilligung, apud* Costa Andrade, *A nova lei dos crimes contra a economia*, p. 393.

[98] Cf. FERREIRA DA CUNHA. *Constituição e crime*, p. 66.

[99] Desse modo, "reagindo contra uma concepção que, como vimos, acabou por colocar o bem jurídico ao serviço do poder, sente-se a necessidade de lhe conferir um sentido limitador do poder punitivo, crítico e transistemático, um sentido garantístico. Não era outra a intencionalidade do

É assim que, "no período entre o fim dos anos sessenta e início dos setenta, emergem no seio da doutrina alemã posições unidas por um intento semelhante: edificar um conceito 'material' de bem jurídico sobre a base de critérios verdadeiramente aptos a vincular as escolhas de criminalização do legislador ordinário".[100] Só essa concepção se conformava com as exigências, tão prementes naquela altura, de "purificar" o direito penal e moldá-lo consoante as diretrizes político-ideológicas do Estado Democrático de Direito. Por outro lado, uma tal compreensão vinha sendo reclamada "à medida que o movimento de reforma penal dos países da Europa continental ganhava ritmo e se atualizava a consciência de que a substituição dos velhos ordenamentos penais, codificados no século anterior, implicava a adesão a toda uma outra construção da realidade social".[101]

Foi, portanto, nesse contexto, que autores da sorte de Jäger ou Roxin vislumbraram a edificação de uma noção de bem jurídico que servisse de parâmetro ao legislador para a reforma da parte especial. Segundo o primeiro, a exigência de criminalização de um determinado comportamento, em uma sociedade organizada que agrupa pessoas com distintas maneiras de pensar e agir, só poderia ser levada a cabo a partir de um critério estrito de racionalidade. Um tal critério se traduziria "na defesa frente a ataques a valores compreendidos na mesma medida por todos, excluindo-se, portanto, aqueles de cunho religioso ou que sejam fruto de convicções morais ou ideológicas de uma parcela da sociedade".[102] De forma que, "de seu ponto de vista, a tarefa do direito penal não é impedir modos de conduta que sejam meramente reprováveis em sentido moral, mas impedir aqueles comportamentos que sejam lesivos à comunidade, é dizer, que lesem ou exponham a perigo determinado estado social valioso, em outras palavras, um bem jurídico".[103]

---

conceito material de crime do período liberal. Assim, o pensamento de juristas (como Hommel, Beccaria e Liszt, entre outros), que ao longo dos tempos foram defendendo um conceito de bem jurídico com função fundamentadora e limitadora do poder criminalizador, vai assumir de novo significado. De resto, a redobrada atenção que a teoria do bem jurídico suscitou a partir dos anos sessenta (fins dos anos cinquenta) na Alemanha e em Portugal e a partir dos anos setenta em Itália, teve por finalidade a busca de um conceito metapositivo, capaz de orientar ou mesmo vincular o legislador nas reformas penais que se sentiam como urgentes". (Cf. FERREIRA DA CUNHA. *Constituição e crime*, p. 71/72). Sobre a tímida repercussão, ainda hoje, dessa nova orientação entre os penalistas brasileiros, ver notas 114 e 115.

[100] Cf. FIANDACA. *Il bene giuridico*, p. 45.

[101] Cf. COSTA ANDRADE. *A nova lei dos crimes contra a economia*, p. 393/394; cf. também Ferreira da Cunha, *Constituição e crime*, p. 72 e ss.

[102] Na síntese de RUDOLPHI. *Bien jurídico*, p. 335.

[103] Cf. RUDOLPHI. *Bien jurídico*, p. 335. Assim, "o conceito de bem jurídico serve a Jäger, como a outros autores, para conceituar aquelas circunstâncias sociais valiosas, que podem ser protegi-

Em sentido próximo posicionou-se Roxin.[104] Na síntese procedida por Fiandaca, as reflexões de Roxin se articularam, primeiramente, pela determinação das finalidades da pena, em consonância com a "função das esferas de atividade que hoje competem ao Estado"; em segundo lugar, pela afirmação de alguns dos princípios que norteiam o atual Estado Democrático de Direito e cumprem a função de limitar o âmbito da intervenção penal, que deveria restringir-se a assegurar as condições indispensáveis de uma convivência pacífica entre os homens.[105] Com efeito, é na concepção de Estado e nas finalidades por esse assumidas que Roxin vai edificar sua proposta. Assim, "sendo o atual Estado, um Estado de direito, fundado na soberania popular, não estará legitimado a prosseguir finalidades divinas ou transcendentes e, participando cada indivíduo na própria soberania estadual, também não será legítimo 'corrigir moralmente por meio da autoridade pessoas adultas, mesmo que se entenda serem incultas ou moralmente imaturas'".[106]

De resto, desse impulso de restrição do âmbito do penalmente tutelável, animou-se o paradigmático "Alternativ Entwurf eines StGB von 1966".[107] Projeto de código penal alemão, alternativo ao governamental, que propunha uma ampla reformulação do sistema e, quanto ao que nos interessa mais diretamente, a descriminalização daqueles comportamentos meramente contrários a uma certa concepção moral. Daí surgiu a exigência de reforma da parte especial, nomeadamente dos crimes sexuais e contra a religião, em consonância com a conhecida necessidade "de que as ações que não afetam os direitos de ninguém e que se desenrolam entre pessoas adultas em privado (homossexualidade simples, sodomia, rufianismo, etc.), não cabem na esfera de atuação do legislador penal".[108] Nas reformas penais que se seguiram, diretamente influenciadas pelo Projeto Alternativo, o legislador germânico interveio de forma particularmente contundente; "abrogando,

---

das pelas normas jurídico-penais e que são suscetíveis de lesão por uma conduta humana. Dessa maneira se forma ao mesmo tempo a base para a exigência político-jurídica, com a qual o direito penal se limita à protecção de bens jurídicos" (*Bien jurídico*, p. 335).

[104] Cf. ROXIN. *Problemas fundamentais*, p. 59 e ss.; do mesmo Autor: *Derecho Penal PG*, § 2, p. 51 e ss.

[105] Cf. FIANDACA. *Il bene giuridico*, p. 46/47.

[106] Cf. FERREIRA DA CUNHA. *Constituição e crime*, p. 144. "Portanto, um conceito de bem jurídico vinculante político-criminalmente só se pode derivar das finalidades, plasmadas na Lei Fundamental, de nosso Estado de Direito baseado na liberdade do indivíduo, através dos quais se demarcam seus limites e a potestade punitiva do Estado" (cf. Roxin, *Derecho Penal PG*, § 2, p. 56/57). Daí decorre a tese de que, em direito penal, "não se trata de censura moral a uma conduta, mas apenas a sua qualidade de fator perturbador da ordem pacífica externa – cujos elementos de garantia se denominam bens jurídicos – que pode acarretar a imposição de penas estatais" (Cf. Roxin, *Problemas fundamentais*, p. 59/60).

[107] Sobre o Projecto, desenvolvidamente, cf. ROXIN. *Problemas fundamentais*, p. 53 e ss.

[108] Cf. ROXIN. *Problemas fundamentais*, p. 60.

por exemplo, com o 1° StRG de 1969, os delitos de adultério, de homossexualidade 'simples', isto é, entre maiores do sexo masculino (*maschi maggiorenni*) e sem abuso das relações de dependência, e também a prática da bestialidade. Sucessivamente, seguindo esta linha de princípio, move-se o 4° StRG, de 23 de novembro de 1973, aludindo ao direito penal sexual (...)".[109]

Em Portugal, o CP de 1982 é claro exemplo dessa vertente descriminalizadora e, consequentemente, da afirmação do princípio da tutela exclusiva de bens jurídico-penais como conquista irrenunciável da moderna política criminal.[110] A apontar esse caminho, foi implementada a reforma dos crimes sexuais,[111] com a descriminalização do adultério, das práticas homossexuais entre adultos, da prostituição e do incesto e a substituição do título "crimes contra a honestidade" por "crimes sexuais". Também expressiva foi a opção pela não punição dos chamados estados de pré-delinquência, como a mendicidade, a vadiagem e a rufiania. De forma ainda mais convincente, o legislador português foi mais longe, ao preceituar, no novo art. 40, n° 1 (introduzido pela reforma de 1995), que "a aplicação de penas e de medidas de segurança visa a proteção de bens jurídicos e a reintegração do agente na sociedade". Dispositivo esse que se inspira no já referido Projeto Alternativo alemão, nomeadamente nos §§ 2° e 55.[112]

De qualquer modo, importa deixar claro que toda essa transformação político-legislativa descrita fez-se influenciar pelas reivindicações de um certo setor doutrinário mais consciente das benesses de um programa político-criminal autorrestritivo, apto a impor limites "materiais", e não apenas formais, à intervenção punitiva do Estado. Nesse sentido, de resto, despontaram as considerações de Figueiredo Dias a favor de uma renovada compreensão da noção de bens jurídicos.[113]

---

[109] Cf. PALAZZO. *Valores constitucionais e direito penal*, p. 90. "Tudo isso revela – na visão de Palazzo – a preocupação de substituir o objetivo genérico de protecção da *moralidade sexual*, por assim dizer, difusa, por bens jurídicos específicos que pretendam, de fato, preservar as condições de existência da sociedade ou os intangíveis valores da personalidade" (*Valores constitucionais e direito penal*, p. 90).

[110] Elucidativo, nesse sentido, o preâmbulo do Código Penal Português vigente: "O Código assume-se deliberadamente como ordenamento jurídico-penal de uma sociedade aberta e de um Estado democraticamente legitimado. Optou conscientemente pela maximização das áreas de tolerância em relação a condutas ou a formas de vida que relevando de particulares mundividências morais e culturais não põem directamente em causa os bens jurídico-penais nem desencadeiam intoleráveis danos sociais".

[111] Sobre o assunto, veja-se Figueiredo Dias, *Direito Penal II*, p. 80 e ss.

[112] Cf. COSTA ANDRADE. *RPCC 2 (1992)*, p. 182; veja-se também, ROXIN. *Problemas fundamentais*, p. 49 e ss.

[113] Nas suas palavras: "Num Estado de Direito material deve caber ao direito penal uma função exclusiva de protecção dos bens fundamentais da comunidade, das condições sociais básicas ne-

Em conclusão, parece hoje um ponto já pacífico entre os doutrinadores, nomeadamente os europeus, a validez e o proveito de um retorno às concepções liberais sobre a noção (material) de crime, tendo por interlocutor o conceito de bem jurídico. "Esse conceito – diz-nos Rudolphi – não somente oferece os critérios materiais para o legislador, na sanção de normas penais, como demarca a linha a ser seguida na interpretação dos tipos penais existentes. Ao mesmo tempo, recupera a sua utilidade em outros âmbitos dogmáticos".[114]

Não obstante, no Brasil é ainda pouco aprofundado e difuso o pensamento que confere ao bem jurídico as funções atrás delimitadas,[115] sendo *não poucos os doutrinadores que ainda se atêm a uma concepção próxima á de Honig*, relegando ao conceito uma função não mais que intrasistemática e voltada exclusivamente à delimitação do conteúdo proibitivo dos tipos penais, sem, portanto, servir como interlocutor no discurso da descriminalização ou como suporte para uma interpretação teleológica dos tipos penais, em sintonia com o princípio da ofensividade.[116]

3.1 – Se, conforme foi afirmado, é já praticamente unânime, nos dias atuais, a edificação de uma noção de bem jurídico como padrão crítico, não poucas divergências surgem no momento de se concretizar o conceito, identificar os singulares bens jurídicos protegidos pelas incriminações contidas na parte especial ou de imprimir sentido às respectivas lesões.[117]

---

cessárias à livre realização da personalidade de cada homem e cuja violação constitui o crime" (cf. FIGUEIREDO DIAS. *Direito Penal e Estado-de-Direito Material*, p. 43). Assim, "função do direito penal só pode ser a protecção de bens jurídicos, não a decisão de controvérsias morais, o reforço de normas morais ou, em suma, a tutela de qualquer moral" (cf. FIGUEIREDO DIAS. *ROA (1983)*, p. 15). Veja-se também, do mesmo Autor: *Consciência da Ilicitude em Direito Penal*, p. 78 e ss.

[114] Cf. RUDOLPHI, *BIEN JURÍDICO*. p. 347.

[115] Entretanto, merece a mais honesta referência o trabalho de jovens penalistas que sobre o assunto já se debruçam. Por aí, inegável destaque tem a obra de fôlego de PAULO VINICIUS SPORLEDER DE SOUZA: *Bem Jurídico-Penal e Engenharia Genética Humana*, RT, 2004, p. 23 1 325 Na mesma linha, D'AVILA, FABIO ROBERTO, *Ofensividade e Crimes Omissivos Próprios*, Studia Juridica, Coimbra Editora, 2005. Entre os clássicos, PRADO, LUIS REGIS, *Bem Jurídico-penal e Constituição*, RT, 1996; e de forma ainda tímida veja-se, por todos, BITENCOURT, CEZAR ROBERTO, *Tratado de Direito Penal*, Vol. 1, 8. ed. São Paulo: Sariva, p. 19, Saraiva, 8ª edição.

[116] Cf., por todos, JESUS, Damásio E. de. *Direito Penal*, Saraiva, vol 1 2002., posição quase declarada neste sentido encontramos quando o Autor descreve o princípio da insignificância, sem qualquer referência ao conceito de bem jurídico, p. 10. Em contrapartida, não só apologista do conceito transistemático de bem jurídico, mas sobretudo atrelado a uma peculiar preocupação de cingir o direito penal exclusivamente à proteção de comportamentos de fato ofensivos a bens jurídicos, veja-se D'AVILA, Fabio Roberto. *Ofensividade e Crimes Omissivos Próprios*, Studia Juridica, Coimbra Editora, 2005, *passim*.

[117] Cf. COSTA ANDRADE. *A nova lei dos crimes contra a economia*, p. 394.

Contudo, mesmo levando-se em consideração as diferentes propostas teórico-conceituais empreendidas no intuito de oferecer um conceito dotado de intencionalidade crítica, é possível encontrar em todas pontos de comunhão, que convergem para a *essencialidade* dos interesses protegidos pelo direito penal.[118] Só se consideram bens jurídico-penais aqueles bens ou valores de alguma forma indispensáveis ao livre desenvolvimento da pessoa, ou seja, um bem jurídico torna-se digno de tutela penal se e à medida que for essencial à existência da pessoa e à sua vivência comunitária.

Nesse sentido, por exemplo, pronuncia-se Roxin pela indispensabilidade de uma "perturbação da ordem pacífica externa – cujos elementos de garantia se denominam bens jurídicos –" para se poder falar em uma intervenção legítima na esfera de liberdade dos indivíduos.[119] Analogamente, de acordo com Mir Puig, "somente as proibições a mandamentos fundamentais da vida social merecem adotar o caráter de normas penais. Somente as infrações a tais normas merecem ser consideradas 'crimes'". Assim – continua –, "reclamar uma particular 'importância social' para os bens jurídico-penais significa, pois, postular a autonomia da valoração jurídico-penal daqueles bens".[120] Já, na formulação de Costa Andrade, por bens jurídicos fundamentais devemos compreender somente aqueles bens "indispensáveis ao livre desenvolvimento ético da pessoa e à subsistência e funcionamento da sociedade democraticamente organizada".[121]

Mas, não obstante o consenso existente quanto à indispensável importância social dos valores dignos de proteção penal, várias têm sido as tentativas de dotar o conceito de precisão e fecundidade. Por consequência, várias serão as implicações em sede dogmática e político-legislativa. Não se pode negar, contudo, que o labor doutrinário de seguir procurando critérios de concreção, aptos a conferir à noção de bem jurídico contornos mais bem definidos, é de aplaudir. Com efeito, sendo certo que qualquer concepção material de crime deve partir do requisito da essencialidade, não menos certo é que uma tal conceituação não basta, devendo-se recorrer a ulteriores elementos de delimita-

---

[118] Portanto, se a divergência ocorre é porque não existem soluções pacíficas para a determinação, com um mínimo de clareza e limpidez, do que é que de fato deve-se considerar *essencial*, e, por consequência, digno de tutela penal. Veremos logo mais que a questão ganha em polêmica e atualidade no âmbito de bens jurídicos supraindividuais como o "meio ambiente".

[119] Cf. ROXIN. *Problemas fundamentais*, p. 60.

[120] Cf. MIR PUIG, *Bien jurídico y bien jurídico-penal*, p. 209. "E significa erigir em critério básico de dita valoração o de que tais bens possam considerar-se *fundamentais para a vida social*" (*Bien jurídico y bien jurídico-penal*, p. 209).

[121] Cf. COSTA ANDRADE, *RPCC 2 (1992)*, p. 178.

ção. A concordância existente quanto à importância social do interesse a proteger pouco serve, quando não se recorre a outras instâncias mediadoras, para se poder constatar "quando um determinado interesse é fundamental para a vida social e quando não é".[122]

Tenhamos em conta, a título exemplificativo, a definição, operada por Figueiredo Dias, dos bens jurídicos como "expressão de um interesse, da pessoa ou da comunidade, na manutenção ou integridade de um certo estado, objeto ou bem em si mesmo socialmente relevante e por isso juridicamente reconhecido como valioso".[123] Consideremos, em segundo lugar, a concepção de Rudolphi, para quem "os bens jurídicos cuja proteção é tarefa do direito penal são (...) unidades funcionais sociais sem as quais nossa sociedade em sua estruturação concreta não seria capaz de existir".[124] Ora, é evidente que, em ambas as posições está patente a exigência de relevo social. Todavia, e se quiséssemos apreender de cada uma delas um sentido mais preciso, com o intuito de atestar sobre a legitimidade do direito penal para intervir, *v. g.*, contra uma ofensa aos chamados bens jurídicos coletivos? Ou, sendo inegável a importância social desses bens, "não poderia então defender-se ser a 'estrutura heterossexual da sociedade' um bem jurídico que a comunidade visa preservar?".[125]

Assim, se, mesmo a partir de uma concepção mais sucinta e carente de elementos de concreção, alguns autores já conseguem vislumbrar consequências práticas, o fato é que uma noção gerada em termos tão genéricos e flexíveis enferma, tanto em sua função político-criminal (de fundamento e limite da legitimidade do direito penal), quanto em sua missão prático-jurídica. Crê-se, por isso, "que se trata de um conceito ainda *demasiado vago*, ainda susceptível de diferentes concretizações, ainda carecido de uma instância mediadora que lhe confira operatividade".[126] É exatamente em busca de elementos valorativos que se dignem a circunscrever o campo de arbítrio do legislador a contornos mais restritos, e, simultaneamente, de legitimidade certa, que se tem ocupado a mais recente doutrina da concepção material de crime.

3.2 – Assim perspectivaram-se, de resto, as chamadas concepções de cunho sociológico-funcionalista, entre as quais se notabilizou a pro-

---

[122] Cf. MIR PUIG. *Bien jurídico y bien jurídico-penal*, p. 210. Sobre a insuficiência do requisito "importância social" para a concretização da noção de bens jurídicos: FERREIRA DA CUNHA. *Constituição e crime*, p. 104 e ss.; SILVA SÁNCHEZ. *Derecho penal contemporáneo*, p. 270 ess.

[123] Cf. FIGUEIREDO DIAS. *Questões Fundamentais*, p. 63.

[124] Cf. RUDOLPHI. *Bien jurídico*, p. 343.

[125] Cf. FERREIRA DA CUNHA. *Constituição e crime*, p. 110

[126] Cf. FERREIRA DA CUNHA. *Constituição e crime*, p. 111.

posta por Amelung em 1972. Ancorado nas proposições da moderna teoria dos sistemas sociais, nas versões encabeçadas por Parsons e Luhman, pretende aquele autor "retornar à via da pureza originária da mundivisão iluminista", formulando, para tanto, "uma inovadora doutrina da criminalização e da ilicitude material, construída à margem do conceito de bem jurídico" e tendo por objetivo primacial a construção de um "conceito objetivável de danosidade social".[127] No dizer de Amelung, "danoso para a sociedade é um fato disfuncional, um fenómeno social que impede ou pelo menos dificulta ao sistema social a superação dos problemas da sua própria sobrevivência (...). O crime é apenas um caso especial de fenómeno disfuncional e, por via de regra, o de maior grau de perigo. Ele é disfuncional na medida em que contraria uma norma institucionalizada que é necessária para resolver o problema da sobrevivência da sociedade (...). A função do direito penal é a de agir em sentido contrário como mecanismo de controlo social".[128]

Convém notar, porém, que, ao se ponderar sobre os créditos desse tipo de propostas descritas por nós em termos genéricos, muitas têm sido as críticas a elas dirigidas a permitir-nos concluir, como tantos outros, pela sua pequena ou diminuta função heurística e metajurídica. É de subscrever, desde já, a advertência – endereçada contra as ideias de Amelung e de todos aqueles que se baseiam em formulações ancoradas na absolutização do sistema social em detrimento do indivíduo[129] – para os perigos dessa tendência para a maximização do *ethos* da funcionalidade". Isso porque, ao se pretender tratar a pessoa como um mero objeto funcional para o sistema, acaba ela por ser "destronada da constelação dos fins diretos da tutela penal, passando a valer como mero *meio* de protecção do sistema social (...). Quando muito, a pessoa figurará, face ao sistema, como um *custo* ou lastro, com o peso que a ordenação jurídico-constitucional, historicamente positivada, lhe outorgar. O que não pode deixar de se considerar escasso e perigoso".[130] Para além disso, a levar em conta a fecundidade (e frutuosidade) de sua

---

[127] Cf. COSTA ANDRADE. *Consentimento*, p. 96.

[128] AMELUNG. *Rechtsguterschutz*, p. 49, *apud* COSTA ANDRADE. *A nova lei dos crimes contra a economia*, p. 395.

[129] Mais modernamente, o autor que se tem destacado pela compreensão do sistema penal de uma perspectiva funcionalisata-sistêmica, respaldada na obra de Niklas Luhman, é Günther Jakobs. Ver, nesse sentido, a crítica de Jakobs à teoria do bem jurídico em: JAKOBS, *Derecho Penal – PG*, p. 44 e ss.

[130] Cf. COSTA ANDRADE. *Consentimento*, p. 105. Alertando para os perigos das teorias do crime (e da pena) sustentadas a partir de perspectivas de cunho *funcionalista*, veja-se BARATTA. *Integración-.prevención*, pag. 3 e ss; SILVA SÁNCHEZ. *Derecho penal contemporáneo*, p. 269 ess. Para esse ultimo, "a alusão exclusiva à disfuncionalidade social comporta o perigo, de raiz totalitária, de atender às necessidades do conjunto social olvidando o indivíduo" (*Derecho penal contemporáneo*, p. 269).

elaboração teórico-doutrinal, prometidas por Amelung ao longo de sua obra, constata-se que o resultado obtido é pouco convincente,[131] o que acaba por significar, como demonstrou Musco, que o ponto de chegada de sua teorização é precisamente aquilo que queria combater: "um *retorno a Binding* e à definição do bem jurídico como tudo o que, do *ponto de vista do legislador*, constitui condição de uma vida sã na comunidade jurídica".[132] Nessa medida, quando Amelung procura relacionar as categorias da danosidade social e a do bem jurídico, é notória a primazia que confere à segunda em relação à primeira, nos moldes de um primado conferido à dimensão "positiva", em detrimento daquela outra crítica e transcendente. Quando, por seu turno, pretende concretizar, no conceito de *danosidade social*, um retorno a suas origens iluministas – só que agora respaldado em uma "representação sociológica das condições de vida em sociedade" – acaba por ser a Constituição a instância normativa que serve como "limite" à ação criminalizadora mediatizada pelo sistema social.

Assim, dentre as dificuldades e incongruências que se deixaram notar nas doutrinas da danosidade social, em grande parte oriundas da adoção de uma perspectiva marcadamente funcionalista, merece destaque a sua ineficácia delimitadora.[133] Efetivamente, como nota Silva Sánchez, "a adoção de uma perspectiva exclusivamente funcionalista pode anular de fato a eficácia limitadora do conceito, pois, certamente, a proteção de valores morais (ou, inclusive, como acontece em nossos dias, de determinadas estratégias políticas) pode ser estimada 'funcional' em uma determinada sociedade".[134] Daí a conclusão de que, mesmo havendo já um certo consenso quanto à benevolência da noção de dano social,[135] não se deve estranhar que essa tenha sido absorvida pelo bem jurídico, restando, esse último, como elemento preponderante e nuclear daquele intento de edificação de uma concepção material e político-criminalmente vinculante de crime.

Para além de tudo, carecido ainda o bem jurídico de concreção, seguiu-se no empenho de encontrar, em outras instâncias, um instrumento teórico que sirva ao conceito como elemento de delimitação e lhe confira um maior sentido crítico e operativo.

---

[131] Cf. FIANDACA. *Il bene giuridico*, p. 60.

[132] Cf. MUSCO. *Bene giuridico*, p. 103.

[133] Nesse sentido, concluindo pela diminuta força heurística da concepção de AMELUNG, FIANDACA. *Il bene giuridico*, p. 59/60; MUSCO. *Bene giuridico*, p. 103 e ss; FIGUEIREDO DIAS. *Questões Fundamentais*, p. 65/66.

[134] Cf. SILVA SÁNCHEZ. *Derecho penal contemporáneo*, p. 269.

[135] Cf. FIGUEIREDO DIAS. *Direito penal secundário*, p. 10.

Nesse sentido delimitador, têm-se orientado, por um lado, as propostas de uma concepção de bem jurídico que tenha por elemento central uma referência ao indivíduo.[136] Teremos ocasião de, em momento oportuno,[137] considerar com maior desenvolvimento os méritos e limitações das concepções dessa sorte, nomeadamente no que à proteção de bens jurídicos supraindividuais concerne. Para já, basta referirmos que em todas elas,"a ideia chave é que só podem ser bens jurídicos aqueles objetos que o ser humano precisa para sua livre autorrealização (que obviamente tem lugar na vida social); determinados objetos se convertem em bens jurídicos, portanto, na medida em que estão dotados de um conteúdo de valor para o desenvolvimento pessoal do homem em sociedade".[138]

Por outro lado e ainda como fruto da busca de "um instrumento idôneo (no duplo sentido legítimo e operativo), a servir de mediatizador do conceito de bem jurídico",[139] muitos dos olhares se têm voltado para a Constituição de cada Estado. É assim que, de resto, se desenvolve a proposta de Figueiredo Dias para "tornar a noção de bem jurídico político-criminalmente útil":[140] "com uma via para a alcançar só se depara quando se pensa que os bens do sistema social se transformam e se concretizam em *bens jurídicos dignos de tutela penal* (em *bens jurídico-penais*) através da *ordenação axiológica jurídico-constitucional*".[141]

3.3 – É, pois, no seio da ordenação de valores constitucionais que a maioria da doutrina do bem jurídico tem encontrado a fonte axiológica apta a circunscrever a volatilidade política do legislador, restringindo seu poder criminalizador aos limites do consenso social que a Constituição representa.

Num certo sentido, é até natural que as mudanças ocorridas no plano político-criminal, enquanto tais influentes sobre as instituições dogmáticas jurídico-penais, sejam sempre condicionadas pela estrutura e finalidade do Estado, constitucionalmente consagradas.[142] Contendo

---

[136] Veja-se, por todos, HASSEMER. *Teoria personal del bien jurídico*, passim.

[137] Cf. *infra*, Cap. II, 2.2.

[138] Cf. SILVA SÁNCHEZ. *Derecho penal contemporáneo*, p. 271.

[139] Cf. FERREIRA DA CUNHA. *Constituição e crime*, p. 112.

[140] Cf. FIGUEIREDO DIAS. *ROA (1983)*, p. 15.

[141] Cf. FIGUEIREDO DIAS. *Questões Fundamentais*, p. 66.

[142] Sobre as influências do tipo de Estado na estruturação do crime, desenvolvidamente, MARINUCCI/DOLCINI. *Corso di diritto penale*, p. 429 e ss. Contudo, adverte Palazzo que, "no plano rigorosamente histórico, entretanto, a influência da ordem político-constitucional de um determinado Estado em seu sistema penal se revela menos necessariamente condicionante do que, talvez, se possa pensar. E, de fato, na Itália, a Constituição de 1948 não ocasionou, ainda, a reforma geral

as Constituições as decisões axiológicas fundamentais para a existência da comunidade juridicamente organizada, representa ela, por isso mesmo, uma ordem de referência às posturas tomadas em sede político-criminal. "Substancialmente – escreve Palazzo –, o elenco das Constituições reforça o vínculo – por assim dizer – entre política e direito penal, desdramatizando as relações problemáticas. Para tanto, leva em conta, em primeiro lugar, o perigo de uma instrumentalização política do direito penal, reforçando, de fato, os numerosos e crescentes *limites constitucionais garantidores*, tanto no plano formal como no substancial, da utilização da sanção criminal. Para isso, considera, em segundo lugar, a satisfação da assinalada exigência de eticidade, o que se dá por meio das várias afirmações constitucionais a propósito da intangibilidade da pessoa humana, bem como, de igual forma, os eternos problemas do fundamento e da finalidade do *jus puniendi* (...)".[143]

Cumpre distinguir, todavia, dentre a plêiade de valores constitucionais que repercutem, de alguma forma, no sistema jurídico-penal, entre "princípios de direito penal constitucional" e "princípios pertinentes à matéria penal".[144]

Os "princípios de direito penal constitucional" são cunhados e positivados como fruto de uma razão essencialmente jurídico-penal; incidem, portanto, diretamente no sistema penal, impondo limites e restrições. Consequentemente, "apresentam um conteúdo típico e propriamente penalístico (legalidade do crime e da pena, individualização da responsabilidade, etc.) e, sem dúvida, delineiam a 'feição constitucional' de um determinado sistema penal (...)".[145]

Mas os referidos princípios, por ofertarem limites eminentemente "formais" à imposição de penas, pouco dizem quanto à "matéria" jurídico-penalmente relevante: são os "princípios (ou valores) pertinentes à matéria penal" – cujo conteúdo é heterogêneo, já que não dizem respeito ao especificamente "penal" – os quais nos interessarão mais proximamente, na medida em que é deles que a doutrina faz derivar

---

do código que nasceu sob o regime fascista..." (cf. PALAZZO. *Valores constitucionais e direito penal*, p. 19).

[143] Cf. PALAZZO. *Valores constitucionais e direito penal*, p. 17/18.

[144] Cf. PALAZZO. *Valores constitucionais e direito penal*, p. 22 e ss. Adota a distinção de Palazzo, entre outros, Maria Ferreira da Cunha, *Constituição e crime*, p. 118 e ss.

[145] Cf. PALAZZO. *Valores constitucionais e direito penal*, p. 23. "Tais princípios, que fazem parte, diretamente, do sistema penal, em razão do próprio conteúdo, têm, ademais, características substancialmente constitucionais, enquanto se circunscrevam dentro dos limites do poder punitivo que situam a posição da pessoa humana no âmago do sistema penal; em seguida, vincam os termos essenciais da relação entre indivíduo e Estado no sector delicado do direito penal" (cf. PALAZZO. *Valores constitucionais e direito penal*, p. 23).

limitações sobre o conteúdo do direito penal.[146] Por seu turno, quando nos referimos a valores influentes (ou pertinentes) em matéria penal, devemos ter em mente não só aqueles princípios mais gerais e fundantes da ordem jurídica, que consagram o tipo de Estado e suas finalidades mais prementes, mas também, e complementarmente, os direitos fundamentais elencados pela Lei Fundamental, na sua dupla dimensão liberal e social.[147]

No entanto, sendo os princípios "de conteúdo" a instância mediatizadora apta a conferir aos bens jurídicos a "indispensável materialidade e concreção",[148] fato é que a doutrina vem procedendo de forma distinta no momento de fazer derivar da relação Constituição/bem jurídico consequências limitativas.[149] Há, por um lado, aqueles que se remetem a "generalíssimos princípios de fundo", entre os quais a própria noção de Estado de Direito material (democrático e social), para daí decantar consequências concretas em sede político-criminal, nomeadamente mandamentos de reforma da parte especial. Essa é a posição dominante na doutrina germânica.[150] De outro lado, existe um outro sector que, embora respaldado nos mesmos princípios "de fundo", reconhece na Lei Fundamental um sentido mais "cerrado", subordinando e restringindo a subjetividade do legislador penal às opções valorativas tomadas no âmbito da Constituição[151] e, desse jeito, advogando uma mais estreita harmonização, nos moldes de uma relação de "analogia substancial",[152] entre os bens jurídico-penais e os valores com refração constitucional.

---

[146] Os princípios influentes em matéria penal "condicionam, com prevalência, o *conteúdo*, a *matéria penalmente disciplinada*, e não a *forma penal* de tutela, o *modo de disciplina penalística*" (cf. PALAZZO. *Valores constitucionais e direito penal*, p. 23).

[147] Nesse sentido, na visão de Ferreira Cunha, "estes princípios influentes em matéria penal vão desde a consagração do tipo de Estado e de seus fins até ao catálogo de direitos fundamentais, quer os que exprimem a dimensão de Estado de Direito (*Rechtsstaatprinzip*) – os tradicionais direitos, liberdades e garantias pessoais –, quer os que exprimem a inovadora face do Estado, a sua dimensão social (*Soziastaatprinzip*) – os direitos sociais, econômicos e culturais –, não se limitando, de acordo com a perspectivação da Constituição em sentido material, ao texto escrito, mas atendendo à realidade constitucional e aos valores ínsitos na consciência comunitária" (cf. FERREIRA DA CUNHA. *Constituição e crime*, p. 124/124); veja-se também FIGUEIREDO DIAS. *Direito penal secundário*, p. 10 e ss.

[148] Na expressão de FIGUEIREDO DIAS. *ROA (1983)*, p. 15.

[149] Sobre as distintas maneiras (ampla e restrita) de se perspectivar a ralação material entre bens jurídicos e Constituição, confrontando as posições tomadas na Itália e Alemanha, veja-se FIANDACA. *Il bene giuridico*, p. 45 e ss.; PALAZZO. *Valores constitucionais e direito penal*, p. 84 e ss.

[150] Assim, entre outros, RUDOLPHI. *Bien jurídico*, p. 338 e ss.; ROXIN. *Derecho Penal PG*, § 2, p. 55 ss.

[151] Posição que, como veremos logo adiante, prevalece entre os autores italianos: Musco, *Bene giuridico*, p. 111 e ss; FIANDACA. *Il bene giuridico*, p. 57 e ss.; Em Portugal, veja-se, por todos, FIGUEIREDO DIAS. *Questões Fundamentais*, p. 66 e ss.

[152] Cf. FIGUEIREDO DIAS. *ROA (1983)*, p. 16.

Para já, trataremos de uma maior aproximação àquelas teorizações que visam deduzir da Constituição uma exigência de restrição da matéria penal a partir de princípios mais genéricos. De mais a mais, levando-se em conta que ambos os posicionamentos mencionados têm por ponto pacífico a proclamação do tipo de Estado e das finalidades que lhe correspondem, forçoso é reconhecer que qualquer projeto de um conceito de bem jurídico estribado constitucionalmente deve partir, necessariamente, da noção de Estado de Direito (democrático e social).

Mas por Estado de Direito deve-se compreender um Estado que se não basta com a pura e simples realização de formas jurídicas; que, mesmo atento ao dogma da legalidade, deixa-se mover "por considerações axiológicas de justiça na promoção e realização de todas as condições – sociais, culturais e econômicas – de livre desenvolvimento da personalidade de cada homem".[153] O mesmo é dizer, na esteira de Rudolphi, que "o Estado de direito implica mais que o mero Estado de legalidade: seu verdadeiro fim é a *justiça material*". Assim, "a importância significativa que têm as garantias formais contidas no conceito de Estado de direito não deve fazer com que se esqueça do segundo elemento fundamental do Estado de direito: a ideia de justiça material".[154] Desse modo, é da noção de Estado de direito *material* que devemos sublimar as finalidades – não meramente formais, mas *materiais* – dignas de compor o núcleo teleológico representativo do Estado contemporâneo, constitucionalmente consagrado. Mas quais seriam essas finalidades?

Ora, como é sabido, o Estado de direito contemporâneo contém duas dimensões fundamentais que ditam, de forma relativamente autônoma, as zonas de atuação do Estado e, paralelamente, os fins que esse está legitimado a perseguir: "uma zona que visa proteger a esfera de atuação especificamente *pessoal* (embora não necessariamente 'individual') do homem e que em primeira linha se conforma através dos seus direitos fundamentais; outra que visa proteger a sua esfera de atuação *social* e que se conforma em princípio através dos seus direitos e deveres econômicos, sociais e culturais (ou, numa expressão com amplíssimo sentido, dos seus 'direitos sociais')".[155] Dessa distinção, radica a afirmação de que ao direito penal moderno cumpre não só a proteção de valores diretamente relacionados à pessoa na sua esfera individual, mas também de valores supraindividuais ou coletivos.[156] Isso significa,

---

[153] Cf. FIGUEIREDO DIAS. *ROA (1983)*, p. 10.

[154] Cf. RUDOLPHI. *Bien jurídico*, p. 338.

[155] Cf. FIGUEIREDO DIAS. *Direito penal secundário*, p. 8. Trata-se da distinção, de que fala Palazzo, "entre o princípio do Estado de direito (*Rechtsstaatsprizip*) e o princípio do Estado social (*Sozialstaatsprizip*)" (cf. PALAZZO. *Valores constitucionais e direito penal*, p. 25 e ss.).

[156] Estas são as chamadas teorias dualistas do bem jurídico, cf. *infra*, Cap. II, 2.1.

numa outra perspectiva, um alargamento exponencial do "universo de referentes sobre os quais se pode projectar o velho conceito de bem jurídico":[157] ao lado da proteção de bens de materialidade e contornos bem definidos e de relevância ético-social historicamente consolidada (*v. g.* a vida ou o patrimônio), passa a ser tarefa do direito penal a proteção de interesses cujos suportes ontológicos são menos precisos e que se remetem a uma pluralidade de pessoas (*v. g.* o meio ambiente ou a ordem econômica e seus subsistemas).

Foi nesse contexto e com os olhos pousados nessa realidade que Roxin distinguiu, entre os valores merecedores de proteção penal, os bens jurídicos das "prestações públicas de que depende o indivíduo no âmbito da assistência social por parte do Estado".[158] Também Rudolphi, considerando o Estado como um fenômeno que a todo momento "se transforma e se desenvolve em consequência de novas forças", concebe os bens jurídicos não como "objetos estáticos que permanecem em repouso, mas como *unidades funcionais sociais* sem as quais nossa sociedade em sua estruturação completa não seria capaz de existir".[159]

Para além do estabelecimento de uma nova esfera de intervenção do direito penal a ter por referente a dimensão social da personalidade humana, podemos notar como ponto distintivo dessas concepções a perspectivação dos bens jurídicos como *entidades funcionais*, vocacionadas à salvaguarda da vertente social do Estado de direito. Nesse sentido, a mais recente definição de Roxin dos bens jurídicos como "realidades ou finalidades úteis ao indivíduo e ao seu desenvolvimento livre no quadro de um sistema social global (...) ou úteis para o próprio desenvolvimento do sistema".[160]

Ainda mais, como finalidades imanentes à concepção de Estado e limitações que a Constituição impõe ao poder criminalizador estão aquelas derivadas diretamente do princípio da *liberdade* e da *tolerância*. Em sociedades democráticas, em que a diversidade ética é aceita e valorada como algo positivo – sociedades em que a tolerância e convivência pacífica entre distintas mundividências religiosas e político-ide-

---

[157] COSTA ANDRADE. *A nova lei dos crimes contra a economia*, p. 395.

[158] Cf. ROXIN. *Problemas fundamentais*, p. 28. Contudo, essa sua posição que confundia o limite entre o direito penal e o direito administrativo sancionador foi revista recentemente: Roxin, *Derecho Penal PG*, § 2, p. 56 ss.

[159] Cf. RUDOLPHI. *Bien jurídico*, p. 342/343.

[160] ROXIN. *Derecho Penal PG*, § 2, p. 56. Analogamente, Figueiredo Dias imprime à noção de bem jurídico "uma *visão funcional*, que o vê como unidade de aspectos ônticos e axiológicos através da qual se exprime o interesse, da pessoa ou da comunidade, na manutenção ou integridade de um certo estado, objeto ou bem em si mesmo socialmente relevante e por isso 'valioso'" (cf. FIGUEIREDO DIAS. *ROA (1983)*, p. 15 – o itálico é nosso). No mesmo sentido, definindo os bens jurídicos como "unidades funcionais", veja-se Rudolphi, *Bien jurídico*, p. 344.

ológicas são promovidas –, só poderão ser considerados bens jurídicos com apoio constitucional aqueles bens ou valores essenciais à preservação da comunidade.[161] Quer isso significar que, num Estado de direito democrático e pluralista, não deve estar o direito penal legitimado a proteger valores morais ou interesses ideologicamente cunhados: em um Estado concebido nesses moldes, só será legítima a intervenção penal na esfera de liberdade do particular quando haja uma inequívoca ofensa às condições básicas de preservação da sociedade juridicamente organizada. Desse modo – escreve Rudolphi –, "os comportamentos que carecem do caráter de perturbadores de funções sociais e que, portanto, não exercem qualquer efeito nocivo sobre os organismos sociais da sociedade, esgotando-se num desvalor puramente moral, ficam por isso excluídos como objeto dos mandados e das proibições jurídico-penais".[162]

De acordo com o quadro genericamente traçado, é de concluir que todas as construções levadas em conta fazem derivar a função do direito penal dos próprios fins estaduais refletidos na concepção de Estado consagrada constitucionalmente. Vale também referir que, em alguns dos autores considerados, o conceito material de bem jurídico é derivado da indagação acerca da finalidade da pena criminal.[163] Para aí convergem as reflexões de Sax sobre um conceito de bem jurídico de base constitucional, que sintetizam numa única categoria (a *Strafwurdigkeit* ou dignidade penal) as exigências de tutela de bens jurídico--penais e de necessidade de pena.[164] A corroborar esse vínculo também está Figueiredo Dias, ao estabelecer como "critério decisivo da intervenção do direito penal", a *necessidade social*: o direito penal – diz ele – "para além de dever limitar-se à tutela de bens jurídicos no sentido assinalado, só deve intervir como *ultima ratio* da política social".[165]

Se fôssemos, portanto, esboçar em linhas gerais os traços mais expressivos das propostas de uma concepção material de crime até agora consideradas, diríamos, primeiramente, que em todas elas a "preocu-

---

[161] Cf. ROXIN. *Derecho Penal PG*, § 2, p. 56 ss; PALAZZO. *Valores constitucionais e direito penal*, p. 87.

[162] Cf. RUDOLPHI. *Bien jurídico*, p. 345. No mesmo sentido, veja-se FIGUEIREDO DIAS. *Questões Fundamentais*, p. 75 e ss.

[163] Como aspecto distintivo da concepção de Roxin, vale mencionar que faz derivar seu conceito "material" de bem jurídico da indagação acerca dos fins da pena criminal. (cf. FIANDACA. *Il bene giuridico*, p. 46/47; FERREIRA DA CUNHA. *Constituição e crime*, p. 145), de modo que, "uma vez definidos os fins da pena, há que se derivar daí aquilo que se considera bem jurídico" (cf. ROXIN. *Problemas fundamentais*, p. 61).

[164] Tudo isso fornece, na visão de Fiandaca, "uma nova prova do íntimo nexo existente entre a teoria do bem jurídico, a temática dos direitos fundamentais e a finalidade da pena" (cf. FIANDACA. *Il bene giuridico*, p. 46)

[165] Cf. FIGUEIREDO DIAS. *ROA (1983)*, p. 16/17.

pação de deduzir da Constituição a exigência de delimitação da matéria penal" dá-se pela "solicitação a genéricos princípios constitucionais",[166] sendo que essa vinculação ocorre, de modo mais ou menos explícito, pelo estabelecimento de uma relação entre concepção de Estado, Constituição, finalidade das sanções e bens jurídico-penais.[167] Dessa relação, por seu turno, poderemos extrair duas consequências mais prementes: a) a afirmação de que a pena criminal só é legítima para a proteção de bens jurídicos fundamentais ao homem (na sua dupla dimensão social e individual), não sendo, pois, defensável o uso do instrumento penal para a tutela de valores morais, religiosos ou ideológicos sem repercussão exterior na vida pacífica de uma sociedade pluralista e tolerante; b) ademais, mesmo no caso de estarmos diante de um comportamento de uma tal magnitude, a proteção penal deve ser sempre *subsidiária*, restringindo-se aos "casos em que todos os outros meios da política social, em particular da política jurídica, se revelem insuficientes e inadequados".[168]

3.4 – A essa altura, pareceria razoável crer que a relação bens jurídicos/Constituição cunhada a partir de elementos valorativos mais abertos seria defensável, porque mais conforme o princípio pluralístico. Mais precisamente, ao se deduzir da Constituição princípios genéricos a vincular o legislador, não cerceando o horizonte de atuação desse último às opções específicas já cristalizadas na ordenação axiológica constitucional, restaria uma maior margem decisória para a escolha dos interesses de insuspeito relevo social e, consequentemente, uma maior abertura para que tais interesses sejam "encontrados" no âmbito do próprio ambiente social.[169]

Mas, contrariamente, tem-se argumentado que a tese da vinculação dos concretos bens jurídicos ao catálogo dos valores constitucionais é mais rica em consequências práticas e, portanto, dotada de melhores atributos para delimitar o poder criminalizador.[170] Com efeito, assim se tem posicionado grande parte da doutrina italiana, sendo, em Portugal, uma ideia propugnada e difundida, entre outros, por Figueiredo Dias.[171] Como é óbvio, tal concepção, por querer "coincidir" os bens

---

[166] Cf. PALAZZO. *Valores constitucionais e direito penal*, p. 86.

[167] Cf. FERREIRA DA CUNHA. *Constituição e crime*, p. 143.

[168] Cf. FIGUEIREDO DIAS. *Questões Fundamentais*, p. 79. Daí surgem, como será visto, as duas categorias fundamentais ao discurso da descriminalização: *dignidade penal* e *carência de tutela penal*.

[169] Cf. PALAZZO, *Valores constitucionais e direito penal*, p. 88

[170] Cf. FERREIRA DA CUNHA, *Constituição e crime*, p. 129 e ss.

[171] Assim, por exemplo, FIGUEIREDO DIAS, *ROA (1983)*, p. 15 e ss.

jurídicos com um catálogo prefigurado na Constituição, implica uma menor margem de liberdade ao legislador na escolha dos comportamentos a incriminar.

Mesmo não havendo, na Constituição Italiana, dispositivos expressos no sentido de impor ao legislador penal uma certa obediência ao catálogo de valores ali cristalizados, procurou a doutrina deste país encontrar tal exigência a partir da leitura "'atualizada' dos chamados 'princípios de direito penal constitucional'".[172] Nesse empenho, destacou-se o esforço de Bricola.[173]

Partindo da consideração do art. 13 da Lei Fundamental Italiana que trata da liberdade pessoal, deduz Bricola que, em razão desse dispositivo, "a sanção penal pode ser adotada somente na presença da violação de um bem, o qual, não sendo de igual grau relativamente ao valor (liberdade pessoal) sacrificado, seja ao menos dotado de relevância constitucional".[174] Também dos arts. 25, n°s 2 e 27, alínea 1 e alínea 2, – as quais consagram, respectivamente, a reserva legal em matéria penal, o princípio da responsabilidade penal pessoal e a função reeducativa da pena – retira indicações para uma "delimitação da ilicitude penal a uma esfera selecionada de valores".[175] Dessa forma, em obediência a tais dispositivos que determinariam limites materiais à intervenção penal legítima, surgiria a necessidade de o ilícito penal se traduzir sempre "numa lesão significativa de um valor constitucionalmente relevante".[176] Em conformidade, na resenha, procedida por Musco, da tese de Bricola poderemos apreender três consequências essenciais: "a) a norma penal nunca cria interesses, 'podendo somente delimitar e especificar, sem desnaturar, os valores já previstos na Constituição'; b) o processo de especificação do valor constitucional nos tipos penais não pode se tornar numa mudança da 'fisionomia constitucional do bem'; c) a existência no plano interpretativo de um dever para o juiz de 'potencializar ou restringir o conteúdo de um tipo quando este não corresponder plenamente ao valor constitucional'".[177]

---

[172] Cf. FERREIRA DA CUNHA, *Constituição e crime*, p. 169. O que se descortina como uma afirmação da vertente material do Estado de direito, a fazer o significado das normas constitucionais ultrapassar "os limites de um garantismo de marca liberal, já que sua reconsideração actualizada permitiria, outrossim, perceber que o constituinte quis delimitar o âmbito dos factos puníveis 'dentro dos limites de estrita necessidade'" (cf. FIANDACA. *Il bene giuridico*, p. 49).

[173] Sobre a concepção de BRICOLA, veja-se MUSCO. *Bene giuridico*, p. 111 e ss.; MARINUCCI/DOLCINI. *Corso di diritto penale*, p. 151 e ss.; FIANDACA. *Il bene giuridico*, p. 49 e ss.

[174] Cf. BRICOLA. *Teoria generale del reato*, p. 15 apud Fiandaca, *Il bene giuridico*, p. 49.

[175] Cf. BRICOLA. *Teoria generale del reato*, p. 15 apud Musco, *Bene giuridico*, p. 112.

[176] Cf. BRICOLA. *Teoria generale del reato*, p. 15 apud Ferreira da Cunha, *Constituição e crime*, p. 174.

[177] Cf. MUSCO. *Bene giuridico*, p. 112/113.

Em termos mais simples, diríamos que Bricola, tendo em conta a severidade inerente a toda e qualquer sanção penal, faz derivar do texto constitucional uma exigência de proporcionalidade, impondo ao legislador que só transforme em crime os comportamentos ofensivos a valores explícita ou implicitamente contidos na Constituição. Ainda mais, também da exigência de proporcionalidade derivaria uma hierarquização dos valores com relevo constitucional, apta a condicionar a medida da pena. Por último, cumpre salientar o relevo conferido por esse autor ao princípio da lesividade, que alcança partindo da proclamação de um "direito penal do fato".[178]

A essa construção, que inaugurou, em Itália, uma nova etapa na concepção material de crime e nas relações entre direito penal e Constituição, vieram a se somar as considerações críticas de autores como Musco, Angioni ou Fiandaca.

Para Musco, a doutrina de Bricola, mesmo dotada de certo mérito, careceria ainda de ulteriores concretizações. Isso porque este último, ao definir o crime como um "fato lesivo de um valor constitucional cujo significado se reflete na medida da pena",[179] não determinaria com precisão em que se deveria traduzir a indispensável *significatività costituzionale* do mesmo.[180] A solução para a busca de uma ainda maior concretização e restrição dos valores de dignidade constitucional merecedores de proteção penal encontra Musco no art. 27, alínea 3, da Constituição Italiana. Ali estaria, portanto, um princípio constitucional de onde se poderiam deduzir "os conteúdos típicos do ilícito penal e consequentemente os limites de legitimidade da intervenção do legislador em matéria penal".[181] Desse preceito – que, como vimos, trata da finalidade da pena (mais propriamente de sua função ressocializadora) – Musco arranca exigências ainda mais restritivas do horizonte criminalizador. "Numa sociedade pluralista como a delineada pela Constituição", ao atribuir à pena criminal uma função reeducativa, estaria o legislador constituinte vinculando o ordinário a garantir penalmente somente "o respeito às formas mínimas da vida em comum". Daí conclui poderem ser elevados à condição de bens jurídicos "não todos os valores constitucionais, mas somente aqueles que concretizam os pressupostos essenciais da convivência".[182]

---

[178] Cf. MUSCO. *Bene giuridico*, p. 112 e ss.
[179] Cf. BRICOLA. *Teoria generale del reato*, p. 17 apud Fiandaca, *Il bene giuridico*, p. 50.
[180] Cf. MUSCO. *Bene giuridico*, p. 113 e ss.
[181] Cf. MUSCO. *Bene giuridico*, p. 125.
[182] Na resenha de FIANDACA. *Il bene giuridico*, p. 56.

Desse modo, se para Bricola o fato de determinado valor estar refletido na Constituição determina, em princípio, a dignidade penal do mesmo, para Musco, nem todo valor constitucional mereceria tal predicado. Complementarmente, acrescenta ainda que o princípio da função reeducativa da pena reclamaria que os bens jurídicos fossem sempre claramente "apreensíveis pelo intelecto",[183] querendo, com isso, afastar do âmbito de proteção penal aqueles bens que só possam ser concebidos de forma pouco clara e difusa.[184] Em outra palavras, só poderiam ser chamados de bens jurídicos aqueles valores que possam ser lesionados.[185]

Já na visão de Angioni, da força vinculante do princípio da proporcionalidade, estribado constitucionalmente, antecipada nas formulações de Bricola e Musco, deveríamos extrair consequências mais rígidas. Da mesma forma que esses autores, Angioni proclama a liberdade pessoal como valor de relevo constitucional primário e, por isso mesmo, limitador do recurso à pena criminal, por ser essa uma forma drástica de restrição da liberdade. Só que, para além disso, defende que "só seria constitucionalmente legítimo prever a restrição da liberdade, pela aplicação de uma pena detentiva, quando se tivessem posto em

---

[183] Cf. MUSCO. *Bene giuridico*, p. 127. "Accanto a questa prima, importante indicazione, L'art. 27 comma 3 Const. Lascia emergere un secondo limite ed una seconda indicazione sulla natura del bene giuridico: la funzione di risocializzazione non postula affato l`idea che i beni siano percepitibili con i sensi, ma pretende invece che abbiano contorni concettuali definiti ed affeerrabili, esige cioè che siano `chiaramente percepibili con l`intelecto` e che non sfumino concettualmente: come, ad esempio, nel caso del sentimento religioso o della sensibilità morale della colletività" (cf. *Bene giuridico*, p. 127).

[184] Assim, "se la pena deve risocializzare, nel senso già indicato, essa può svolgere effettivamente la sua funione ed essere legittimamente applicata solo quando sai chiaro ed evidente il valore leso preso di mira dal comportamento del soggetto" (cf. MUSCO. *Bene giuridico*, p. 127). Nota-se, contudo, que a discussão sobre a materialidade/imaterialidade dos bens jurídico-penais não chega a conclusões pacíficas. Chamando a atenção para o antagonismo sobre este ponto, confronta Ferreira da Cunha "a acentuação do caráter vulnerável dos bens jurídicos por parte de Jäger ('situações que podem ser alteradas pela ação humana...situações susceptíveis de serem lesadas e tuteladas'), e, por outro lado, a caracterização dos bens jurídicos como `unidade de aspectos ônticos e axiológicos...' por parte de Figueiredo Dias". Caracterizações que a autora contrapõe porque indicadoras, "cada uma delas, de uma diferente atitude sobre a polêmica questão da natureza material ou imaterial dos bens jurídicos. Assim, a insistência de Jäger na susceptibilidade dos bens para serem lesionados, indicia a defesa, na esteira de Birnbaum, do caráter necessariamente material do bem jurídico. De acordo com esta perspectiva, apenas poderiam ser considerados bens jurídicos os objetos naturalísticos do mundo exterior, aqueles que fossem apreensíveis pelos sentidos, palpáveis, susceptíveis de serem agarrados (*Greiflichkeit*). Também Roxin se inclina nesse sentido, dele fazendo derivar importantes conseqüências para a delimitação do âmbito da criminalização..." (cf. FERREIRA DA CUNHA. *Constituição e crime*, p. 85) . Mas, na particular opinião da autora, "o essencial reside no caráter de fundamentalidade de que os bens se devem revestir para a realização humana em comunidade e não na sua natureza material ou imaterial" (*Constituição e crime*, p. 87).

[185] Veremos, ao longo do presente trabalho, como a questão da imaterialidade e a consequente dificuldade de constatação de uma lesão vem retomada, com grande atualidade, no âmbito dos bens jurídicos do direito penal secundário (e particularmente para o bem jurídico *meio ambiente*).

causa valores do mesmo nível da liberdade".[186] Em conformidade com esse entendimento, Angioni divide os bens jurídicos reconhecidos pela Constituição em bens *primários* e *secundários*: primários seriam todos aqueles equiparáveis ao valor *liberdade pessoal*. Assim, dessa regra de proporcionalidade surgiria a exigência de que a espécie de sanção, sua medida e o grau de antecipação da tutela penal, sejam proporcionais ao valor que se quer proteger.[187]

Portanto – e já em tom de síntese –, para todos os autores por último considerados, é a ordenação axiológica jurídico-constitucional que serve de parâmetro e limite para a escolha dos bens jurídicos dignos de tutela penal. Querem, com isso, significar que só estaremos na presença de um bem jurídico com dignidade penal quando esse se encontrar de algum modo representado (ou refletido) num valor de relevo constitucional.[188] As divergências só ocorrem, como se viu, quanto ao diferente grau de vinculação que cada autor imprime aos valores constitucionais para a determinação do que deve e o do que não deve ser objeto de penas criminais.

Se transportarmos esse debate para a ordem jurídica portuguesa, veremos que um posicionamento semelhante àquele que se deixou desenhar vem sendo, aqui, propugnado por respeitável setor doutrinal em que desponta o nome de Figueiredo Dias.

Como é sabido, Figueiredo Dias também encontra na concepção de Estado (e nos fins a ela imanentes) o referencial capaz de conferir aos bens jurídicos a "indispensável materialidade e concreção"; capaz, portanto, de restringir o poder de punir estatal à "preservação das *condições fundamentais da mais livre realização possível da personalidade de cada homem na comunidade*".[189] Mas, para além desse ponto de partida – que

---

[186] Cf. FERREIRA DA CUNHA. *Constituição e crime*, p. 174.

[187] Sobre a relação entre a importância do bem jurídico protegido e o grau de antecipação da tutela, no sentido de que *"quanto menos grave é a ofensa* (e a gravidade da ofensa decresce à medida que se afasta do estádio da lesão), *tanto mais elevada deve ser a categoria do bem"*, veja-se, por todos, MARINUCCI/DOLCINI. *Constituição e escolha dos bens jurídicos*, p. 193 e ss.

[188] Consensual também, entre os autores italianos, a exigência de que o ilícito típico seja construído de forma que os comportamentos por ele absorvidos importem num mínimo de *ofensividade* para o bem jurídico. Assim , por exemplo, MUSCO. *Bene giuridico*, p. 131 e ss.; MARINUCCI/DOLCINI. *Corso di diritto penale*, p. 449 e ss. e 525 e ss.; MANTOVANI. *Diritto Penale (PG)*, p. 192 e ss.

[189] Cf. FIGUEIREDO DIAS. *Questões Fundamentais*, p. 67. "A esta conclusão conduz, por um lado, uma correcta solução da questão da *legitimação* do direito de punir estatal: esta provém muito simplesmente da exigência – já inscrita no paradigma do 'contrato social` – de que o Estado só deve tomar de cada pessoa o *mínimo* dos seus direitos e liberdades fundamentais na medida em que se revele indispensável ao funcionamento sem entraves da comunidade. A ela conduz, por outro lado, a *regra do Estado de direito democrático*, segundo a qual o Estado só deve intervir nos direitos e liberdades fundamentais na medida em que isto se torne imprescindível ao asseguramento dos direitos e liberdades fundamentais *dos outros*. A ela conduz, ainda por outro lado, o carácter *pluralista e secularizado (laico)* do Estado de Direito contemporâneo, que o vincula a que só utilize os

coincide, de resto, com a postura prevalecente entre os autores germânicos –, vem ele advogando o estabelecimento de uma relação ainda mais estreita entre a ordem dos bens jurídicos penais e a ordenação axiológica constitucional. Em uma de suas formulações mais paradigmáticas: "se, num Estado de Direito material, toda a atividade estadual se submete à Constituição, então também a ordem dos bens jurídicos há de constituir uma ordenação *como aquela que* preside à Constituição. Entre as duas ordens se verificará pois uma relação, que não é por certo de identidade, ou sequer de recíproca cobertura, mas de analogia substancial, fundada numa essencial correspondência de sentido; a permitir afirmar que a ordem de valores jurídico-constitucional constitui o quadro de referência e, simultaneamente, o critério regulativo do âmbito de uma aceitável e necessária atividade punitiva do Estado".[190]

Por analogia substancial, por seu turno, haver-se-ia que compreender uma relação de "mútua referência" – que não significa "identidade" ou "recíproca cobertura" –, ou seja, uma relação "fundada numa essencial *correspondência de sentido e* – do ponto de vista da sua tutela – *de fins*. Correspondência que deriva, ainda ela, de a ordem jurídico--constitucional constituir o quadro obrigatório de referência e, ao mesmo tempo, o critério regulativo da atividade punitiva do Estado".[191] Só um relacionamento assim perspectivado faria sentido em respeito ao caráter fragmentário do direito penal: mesmo diante de valores de irrecusável dignidade constitucional, a pena criminal só se impõe na ocorrência dos ataques mais insuportáveis para a vida comunitária, deixando fora do seu manto protetor aqueles menos lesivos (das condições indispensáveis a uma vida livre e responsável).[192] Ainda mais, mesmo depois de constatado o relevo constitucional do valor em causa e o grau de intolerabilidade que requeira o recurso a uma sanção penal, só se deverá intervir se for absolutamente *necessária* a proteção levada a cabo por meios tão severos como são os jurídico-penais.

---

seus meios punitivos próprios para tutela de bens de relevante importância da pessoa e da comunidade..." (*Questões Fundamentais*, p. 75).

[190] Cf. FIGUEIREDO DIAS. *Os novos rumos da política criminal,* p. 15/16.

[191] Cf. *Questões Fundamentais*, p. 67. "É nesta acepção, e só nela, que os bens jurídicos protegidos pelo direito penal se devem considerar concretizações dos valores constitucionais expressa ou implicitamente ligados aos direitos e deveres fundamentais. É por esta via – e só por ela em definitivo – que os bens jurídicos se 'transformam' em *bens jurídicos dignos de tutela penal* ou com *dignidade jurídico-penal*" (*Questões Fundamentais*, p. 67).

[192] Em sentido próximo, a lição de FERREIRA DA CUNHA: "O bem jurídico penal não será, assim, coincidente com o valor constitucional ou, pelo menos, a tutela penal não será, assim, coincidente com a protecção constitucional. Por fim, poderá (e em certos casos deverá até) tutelar esse bem jurídico (fruto já de uma concretização delimitativa do(s) valores e/ou princípios constitucionais) somente ante a determinadas formas de agressão (...)" (*Constituição e crime*, p. 206/207)

É de salientar, por outro lado, que a ideia de uma relação de "analogia material" não impediria o acolhimento pelo legislador de valores explicitamente constitucionais, desde que não se contrariasse o "espírito" da Lei Fundamental. Nesse sentido, acentua Figueiredo Dias que "no ilícito penal de justiça, muitos dos valores protegidos pela ordem jurídico-penal não têm tradução direta e imediata no catálogo constitucional dos direitos fundamentais; e mesmo os que a têm gozam, a este nível, de uma proteção muito mais fragmentária e lacunosa que ao nível jurídico-penal".[193] Assim, tal como se apreende das teses italianas a esta semelhantes – e em resposta às críticas endereçadas por sectores particularmente exigentes de um maior grau de liberdade a ser conferido ao legislador penal –, prevê-se a possibilidade de uma mais ampla e abrangente criminalização de matérias só implicitamente refletidas no catálogo dos valores com dignidade constitucional.

De mais a mais, a doutrina da limitação da intervenção penal acabada de referir tem-se valido, como base argumentativa e fundante, da nova redação do art. 18, n° 2, da Constituição da República Portuguesa. Nos termos desse dispositivo, "a lei só pode restringir os direitos, liberdades e garantias nos casos expressamente previstos na Constituição, devendo as restrições limitar-se ao necessário para salvaguardar outros *direitos ou interesses constitucionalmente protegidos*".[194] No entender de Figueiredo Dias, após a introdução deste artigo, tornar-se-ia "indiscutível" a afirmação por nós já reiterada de que "entre a ordem axiológica constitucional e a ordem legal dos bens jurídicos tem de verificar-se uma qualquer relação de mútua referência".[195] Dessa forma, diferentemente do que ocorreu em Itália – onde a procura por um sentido limitador da intervenção punitiva redundou no redimensionamento de alguns dos "princípios de direito penal constitucional" –, teria sido mais lúcido o legislador constituinte português ao estabelecer, com clareza no referido art. 18, n° 2, um princípio genérico de proporcionalidade do qual seria possível extrair consequências especificamente político-criminais.

Ainda a propósito do art. 18, n° 2, fato é que ele institui, na sua segunda parte, um princípio de proibição de excesso (ou princípio da proporcionalidade em sentido amplo), de onde poderemos extrair dois subprincípios fundamentais ao atual discurso político-criminal. Quando determina que as restrições aos direitos, liberdades e garantias de-

---

[193] Cf. FIGUEIREDO DIAS, *Direito penal secundário*, p. 11, nt. 83.

[194] Para uma ampla interpretação desse dispositivo constitucional, na linha das reflexões de Figueiredo Dias, veja-se FERREIRA DA CUNHA. *Constituição e crime*, p. 200 e ss.

[195] Cf. FIGUEIREDO DIAS. *Direito penal secundário*, p. 11, No mesmo sentido, do mesmo autor, *Direito Penal II*, p. 54.

verão se restringir ao "necessário para salvaguardar outros direitos ou interesses constitucionalmente protegidos", estabelece, em termos jurídico-penais, que a pena criminal deve limitar-se à *proteção necessária de valores com dignidade constitucional*. Em outras palavras, quer isso significar; em primeiro lugar, que o recurso à pena criminal só será legítimo quando o interesse protegido for proporcional (proporcionalidade em sentido estrito) ao valor (liberdade pessoal) atingido por ela;[196] em segundo lugar, significa que a decisão sobre a criminalização de uma determinada conduta deve estar sempre condicionada a considerações pragmáticas ou de *necessidade*.

Essas são, de resto, as diretrizes fundamentais que coordenaram o movimento descriminalizador[197] e que se traduzem na restrição da imposição de penas criminais a comportamentos *dignos* e *carecedores* de tutela.[198] Sobre essas categorias e sua projeção dogmática e político-criminal ,haveremos de buscar alguma maior precisão nas linhas que seguem.

3.5 – Segundo pensamos, todas as teorizações referidas logo atrás, a despeito das peculiaridades imanentes a cada concepção em espécie, têm por preocupação fundamental o estabelecimento de uma relação de proporcionalidade entre o bem jurídico penalmente tutelado e o direito restringido pela sanção penal. Ora, é exatamente como fruto de uma tal preocupação que se tem exigido que o direito penal intervenha exclusivamente para proteger *bens dignos (ou merecedores) de tutela*. Desse modo, a categoria da dignidade penal (*Strafwürdigkeit*) condensa, numa formulação sucinta, a ideia segundo a qual é tarefa do direito penal, só e exclusivamente, a proteção fragmentária de bens jurídico-penais (seja qual for a compreensão, de maior ou menor vinculação constitucional, que se tenha deles).

Na verdade, se fôssemos tratar da doutrina da dignidade penal de uma perspectiva abrangente, seria forçoso constatar que reina, nessa matéria, um grande "desencontro de opiniões".[199] Contudo, acredita-

---

[196] Essa exigência de proporcionalidade, conforme o pensar de Figueiredo Dias, cumprirá toda a incriminação que visar à proteção de um valor constitucionalmente relevante (cf., por exemplo, FIGUEIREDO DIAS. *Direito penal secundário*, p. 11). Analogamente, veja-se FERREIRA DA CUNHA. *Constituição e crime*, p. 202 e ss.

[197] Sobre o movimento da descriminalização veja-se, entre tantos, FIGUEIREDO DIAS. *Descriminalização*, p. 19 e ss.; PALAZZO. *Valores constitucionais e direito penal*, p. 89 e ss.

[198] Desenvolvidamente, sobre ambas as categorias e seu estatuto atual, veja-se COSTA ANDRADE. *RPCC 2 (1992)*, p. 179 e ss. ; SILVA SÁNCHEZ. *Derecho penal contemporáneo*, p. 267.

[199] Assim, como observa COSTA ANDRADE. "tudo é questionado e controvertido nesta Babel em que se tornou a doutrina da dignidade penal e da carência de tutela penal. E onde, falando todos do mesmo, raros são os que falam da mesma coisa. Não havendo, por isso, consenso estabilizado em relação a praticamente nenhum dos aspectos mais decisivos: que termos e conceitos

mos ser já possível estabelecer – "mesmo não havendo um consenso já estabilizado em relação a nenhum dos aspectos mais decisivos"[200] – um conteúdo que nos pareça mais acertado e fecundo (tanto dogmática, quanto político-criminalmente). A este propósito não seria, pois, desarrazoado reconhecer a dignidade penal como uma expressão, traduzida para a linhagem jurídico-penal, do princípio da proporcionalidade.[201] Mais concretamente, determina a noção de dignidade penal, tanto ao legislador quanto ao intérprete, que "a intervenção do direito penal não resulta proporcional se não tem lugar para a proteção das condições fundamentais da vida em comum e para evitar ataques especialmente graves dirigidos contra as mesmas".[202] Nessa linha, na formulação de Otto, "digno de pena (*Strafwürdigkeit*) é apenas um comportamento merecedor de desaprovação ético-social porque é adequado a pôr gravemente em perigo ou prejudicar as relações sociais no interior da comunidade juridicamente organizada", tendo de tratar-se sempre de "uma lesão particularmente grave do bem jurídico".[203] Podemos, portanto, precisar a dignidade penal como expressão sucinta do mandamento político-criminal de proteção exclusiva de bens jurídicos dotados de dignidade de tutela.[204] Em segundo lugar, como quer Costa Andrade, "o juízo de dignidade penal implica um limiar qualificado de danosidade ou de perturbação e abalo sociais".[205]

Ainda menos pacífico é o entendimento,[206] muito justificável quanto a nós e de grande força entre os autores de origem italiana, segundo o qual faz parte das exigências constitucionais de proporcionalidade o princípio de restrição do recurso ao tipo penal aos comportamentos que importem numa inequívoca lesão, ou perigo de lesão, para o bem jurídico fulcro da incriminação. Nessa linha, merecedor (ou digno) de

---

privilegiar, com que compreensão, extensão e relações recíprocas; e, sobretudo, com que estatuto e função dogmáticas" (cf. COSTA ANDRADE. *RPCC 2 (1992)*, p. 175).

[200] cf. Costa Andrade, *RPCC 2 (1992)*, p. 175.

[201] Cf. PALAZZO. *Valores constitucionais e direito penal*, p. 85 e ss.; COSTA ANDRADE. *RPCC 2 (1992)*, p. 175 e ss.; SILVA SÁNCHEZ. *Derecho penal contemporáneo*, p. 267 e ss.

[202] Cf. SILVA SÁNCHEZ. *Derecho penal contemporáneo*, p. 267; também COSTA ANDRADE. *RPCC 2 (1992)*, p. 184.

[203] Cf. COSTA ANDRADE. *RPCC 2 (1992)*, p. 185.

[204] Dignidade essa que, à luz do que já expusemos, tem sido predicada aos valores de alguma forma refletidos na Constituição. Assim, de acordo com esse entendimento, predominante em Itália e Portugal, havendo proteção constitucional do bem jurídico, ele passa automaticamente a considerar-se *digno de proteção penal*.

[205] Cf. COSTA ANDRADE. *RPCC 2 (1992)*, p. 185.

[206] Sobre o debate acerca da influência da doutrina dos bens jurídicos na construção dogmática dos crimes, e chamando atenção para a divergência entre as posições tomadas em Itália e Alemanha, veja-se PALAZZO. *Valores constitucionais e direito penal*, p. 79 e ss.

punição é todo o facto que se ajuste ao modelo de "crime como *ofensa a bens jurídicos*". Assim, tal como o princípio da exclusiva proteção de bens jurídicos, o princípio da *ofensividade*[207] "vincula quer o legislador quer o intérprete: o legislador deve configurar os crimes como formas de ofensa a um bem jurídico, no sentido de que pode atribuir relevância penal unicamente aos fatos que comportem a *lesão* ou, ao menos, a *exposição a perigo* de um bem jurídico";[208] "por sua vez, o *intérprete* será obrigado a reconstruir os diversos tipos de crime em conformidade com o princípio de que 'não' há crime sem ofensa a bens jurídicos. Entre os múltiplos significados eventualmente compatíveis com a letra da lei, o intérprete deverá fazer uma escolha com a ajuda do critério do *bem jurídico*, considerando *fora do tipo incriminador* os comportamentos não ofensivos do bem".[209] Coerentemente, advém como um dos mais contundentes reclamos do setor doutrinário atento à importância garantista do princípio da lesividade ou ofensividade o rechaço, mais ou menos irrestrito, à figura típica dos crimes de perigo abstrato (ou quaisquer outras a essa semelhantes), nos quais a relação entre o comportamento criminoso e a criação de um perigo para o valor protegido é presumida pelo legislador.[210]

---

[207] Sobre o princípio e a tentativa de sua fundamentação constitucional, MUSCO. *Bene giuridico*, p. 116 e ss.; MARINUCCI/DOLCINI. *Corso di diritto penale*, p. 150 e ss.; FIANDACA. *Il bene giuridico*, p. 49 e ss. Desenvolvidamente, MANTOVANI. *Diritto Penale (PG)*, p. 192 e ss; PALAZZO. *Valores constitucionais e direito penal*, p. 80 ess. Destacando a "importância garantística do *princípio da lesividade ou ofensividade*", que considera "parte integrante do princípio da proteção fragmentária", ver Silva Sánchez, *Derecho penal contemporáneo*, p. 291. Também: D'AVILA, Fabio Roberto. *Ofensividade e Crimes Omissivos Próprios*, Studia Jurídica. Coimbra Editora, 2005.

[208] Cf. MARINUCCI/DOLCINI. *Corso di diritto penale*, p. 449.

[209] Cf. MARINUCCI/DOLCINI. *Constituição e escolha dos bens jurídicos*, p. 153. Com efeito, "quer seja no pano da política legislativa, quer seja no plano das normas incriminadoras, o princípio constitucional da ofensividade reveste, como é sabido, um acentuado caráter *liberal*, aliás coerente com suas origens históricas. A garantia dos direitos de liberdade do cidadão impede, de fato, o *legislador*, de antecipar o recurso à sanção penal ao momento em que se manifestam, de qualquer modo, vontade ou personalidade hostis à lei, impondo-lhe que espere a verificação de lesões tangíveis ou ameaças à integridade desta ou daquela realidade ou relação existente no mundo exterior. Se, todavia, a obra do legislador se traduzir em uma formulação com possíveis e múltiplos significados literais que abarquem, de tal sorte, também comportamentos não lesivos nem perigosos para o bem jurídico a proteger, caberá ao *intérprete* garantir os direitos de liberdade do cidadão, reconduzindo a repressão penal aos limites estabelecidos pelo princípio da ofensividade. O *modelo* de *crime como ofensa a bens jurídicos* – opondo-se a modelos não liberais, como os que são próprios do moralístico direito da vontade ou da atitude interior, ou do autoritário direito penal baseado na infidelidade ao Estado ou à comunidade, ou do vago e terrorístico direito penal da personalidade perigosa – assegura, portanto, à legislação penal a *forma* característica de um direito penal *liberal* "(*Constituição e escolha dos bens jurídicos*, p. 153/154).

[210] Sobre a influência do princípio da ofensividade na problemática da tentativa, assim como no rechaço dos crimes de *perigo abstrato*, sinteticamente, PALAZZO. *Valores constitucionais e direito penal*, p. 80 e ss. Em Portugal, veja-se FARIA COSTA. *O Perigo*, p. 620 e ss; Propondo uma reestruturação dogmática a conferir legitimidade aos crimes de perigo abstrato, D'AVILA, Fabio Roberto. *Ofensividade e Crimes Omissivos Próprios*, Studia Jurídica. Coimbra Editora, 2005

Há que se concordar, finalmente, com Silva Sánchez, quando afirma que a função da dignidade penal é introduzir, no debate respeitante à concepção material de crime, "considerações acerca da importância do bem e da gravidade intrínseca dos ataques ao mesmo".[211] Considerações que têm por meta, de uma outra perspectiva, servir de "contrapontos valorativos" político-criminalmente vinculantes àquelas outras considerações de cunho utilitarista que também são parte do *telos* do sistema e, portanto, influenciam-no – muitas vezes num sentido expansivo e desatento aos "valores nuclearmente determinantes do direito como sistema axiológico".[212] De sorte que, no juízo de dignidade (merecimento) de pena prevalece um momento axiológico (*wertmoment*), em que são levados em conta quais valores devem ser considerados essenciais para uma existência pacífica e responsável em comunidade e as formas de ataque mais gravosas para eles. E isso, digamos mais uma vez, com o empenho de oferecer um padrão crítico tanto para o legislador quanto para o intérprete e de, assim, servir de barreira garantista contra tendências intervencionistas empreendidas em nome de um "exasperado pragmatismo eficientista".[213]

No entanto, parece ser já consensual a convicção de que o juízo de dignidade penal, sendo indispensável, não é condição suficiente para sabermos sobre a legitimidade de uma incriminação: para além da *legitimação negativa* de toda a intervenção penal (mediatizada pela noção de dignidade penal), há de se acrescer um juízo *positivo*, que só considera legítimo o recurso ao tipo penal nos casos de comprovada *necessidade* (carência) de tutela. Assim, em sintonia com a linha seguida e defendida por Hassemer, afirma-se que "uma conduta que ameaça um bem jurídico é condição necessária, mas não suficiente, para se criminalizar essa conduta".[214]

Diferentemente do que ocorre no juízo de merecimento de pena, na categoria da carência de tutela penal, prepondera uma razão funcional (*Zweckrationalitat*), encabeçada pelos princípios da *necessidade* e *idoneidade* (ou adequação) da intervenção penal (intervenção mínima). O primeiro deles corresponde ao mandamento de subsidiariedade e *ultima ratio* do direito penal: "a violação de um bem jurídico – leciona Fi-

---

[211] Cf. SILVA SÁNCHEZ. *Derecho penal contemporáneo*, p. 277. No dizer de Maria Ferreira da Cunha, "a dignidade de tutela se preocupa com quais os valores essenciais para uma dada comunidade e quais as condutas que afectam de forma particularmente grave" (cf. FERREIRA DA CUNHA. *Constituição e crime*, p. 221).

[212] Cf. CASTANHEIRA NEVES. *Estudos Ferrer Correia* (1990), p. 9 apud COSTA ANDRADE. *RPCC* 2 (1992), p. 181.

[213] Cf. MOCCIA. *De la tutela de bienes a la tutela de funciones*, p. 115.

[214] Cf. HASSEMER. *Teoria personal del bien jurídico*, p. 278.

gueiredo Dias – não basta por si para desencadear a intervenção, antes se requerendo que esta seja absolutamente indispensável à livre realização de cada um na comunidade";[215] em conclusão, agora com Faria Costa, o que importa aqui é "ver se não haverá outros ramos do direito que cumpram satisfatoriamente, face às exigências de política legislativa, aquela finalidade precípua de protecção".[216] Já o segundo princípio é expressão da exigência de que só se recorra ao "penal" quando a criminalização e consequente imposição de pena a determinado comportamento seja idônea, adequada e eficaz para cumprir, de uma forma que não impliquem custos desmedidos, com sua função precípua de tutela de bens jurídico-penais.

Fica, assim, patente que essa categoria tem seu conteúdo ditado pelos dados oriundos das investigações criminológicas,[217] o que comprova a afirmação anterior, segundo a qual prevalece, aqui, uma lógica "voltada para a fronteira do *out-put*, característica dos programas finais".[218]

Por sobre tudo, é a conjunção de ambas as categorias político-criminais acima descritas que empresta sentido e conteúdo ao movimento da *não intervenção moderada,*[219] mormente à sua vertente da descriminalização. Ora, quando se estabelece que uma determinada conduta humana deve ser descriminalizada, fato é que isso ocorrerá sempre nos casos de não estarmos diante de um comportamento que lese ou exponha a perigo bens jurídico-penais claramente individualizados (dignidade penal); ou, quando, mesmo havendo uma ofensa a um bem jurídico-penal, essa possa ser razoavelmente punida por meios extrapenais de política social (carência de tutela penal).[220]

---

[215] Cf. FIGUEIREDO DIAS. *Questões Fundamentais*, p. 78.

[216] Cf. FARIA COSTA. *O Perigo*, 303.

[217] Cf. FIGUEIREDO DIAS/COSTA ANDRADE. *Criminologia*, p. 407 e ss. Com efeito – acentuam esses últimos autores –, "todas as respostas dadas em sede de *carência* – e eficácia de tutela implicam uma representação da realidade, *sc.*, da conduta a criminalizar/descriminalizar, das suas manifestações típicas, do enquadramento ambiental e interactivo, do grau de danosidade social, bem como um juízo prognóstico sobre as possibilidades e alternativas de controlo social. Daí que o conteúdo desta categoria seja, como Sax acentua, fundamentalmente *criminológico* " (*Criminologia*, p. 408). Veja-se também FERREIRA DA CUNHA. *Constituição e crime*, p. 228 e ss.

[218] Cf. COSTA ANDRADE. *RPCC 2 (1992)*, p. 187. Sem descurar, todavia, que a "indispensável racionalidade funcional está inteiramente 'colonizada' pela densidade axiológica própria da *wertrationalität*" (*RPCC 2 (1992)*, p. 182).

[219] Sobre esta proposição, em suas diretrizes fundamentais, FIGUEIREDO DIAS. *Direito Penal II*, p. 65 e ss. Do mesmo Autor, *Questões Fundamentais*, p. 81.

[220] Daí a afirmação de Costa Andrade de que *dignidade* e *carência de tutela penal* "mediatizam e tornam operativos os princípios constitucionais que demarcam o horizonte da criminalização: imanência sistêmico-social, proporcionalidade, caráter fragmentário e subsidiariedade" (cf. COSTA ANDRADE. *RPCC 2 (1992)*, p. 187).

Ainda no plano da política legislativa, necessidade e merecimento de pena trazem implicações também em matéria de *técnicas de tutela*.[221] O modelo de *crime como ofensa a bens jurídicos* não só vincula o legislador a reprimir com uma sanção penal condutas socialmente danosas que, de forma clara, violem um bem jurídico – o que por si já implica uma escolha em termos de técnica de tutela –; também o vincula, tal como determina o princípio da ofensividade, a não "antecipar o recurso à sanção penal ao momento em que se manifestem, de qualquer modo, vontade ou personalidade hostis à Lei, impondo-lhe que espere a verificação de lesões tangíveis ou ameaças à integridade desta ou daquela realidade ou relação existente no mundo exterior".[222] Tudo isso a corroborar a exigência de que o objeto protegido por um tipo legal de crime represente um interesse de valor proporcional à gravidade das consequências jurídicas impostas; e, analogamente, a espelhar o caráter fragmentário da utilização dos instrumentos repressivos próprios do direito penal.

Mas a fragmentariedade da intervenção penal não decorre somente de considerações de valor e, portanto, vinculadas à noção de dignidade penal. Vale por dizer: a proteção oferecida pelo direito penal também se fragmenta por razões de necessidade e utilidade. Efetivamente, tendo o legislador optado por antecipar a tutela a um estágio anterior à lesão do bem jurídico, pode ele, num momento posterior, vir a abdicar de definir criminalmente uma tal modalidade de ataque por entender que a cominação e imposição de sanções penais seja ineficaz no empenho de prevenção e controle da criminalidade. Pode, de forma semelhante, deixar que a tutela se efetive pela intervenção de meios não penais quando esses se mostrarem suficientemente eficazes.[223]

Se assim as coisas nos planos político-criminal e técnico-dogmático, também no plano dogmático-interpretativo tem-se reivindicado um certo "entrosamento entre as categorias do sistema e as categorias materiais fundamentais da punibilidade, a saber, a dignidade penal e a carência de tutela penal do comportamento".[224]

---

[221] Cf. HASSEMER. *Il bene giuridico*, p. 109.

[222] MARINUCCI/DOLCINI. *Constituição e escolha dos bens jurídicos*, p. 154.

[223] Contudo, o que se nota hodiernamente é que o legislador tem-se valido dos princípios utilitaristas mencionados para advogar uma atuação mais contundente – em termos de amplitude e intensidade de tutela – do direito penal, mormente em relação a novos bens jurídicos coletivos, domínios que antes competiam exclusivamente ao direito administrativo. Numa crítica incisiva a essa tendência, veja-se, entre outros, HASSEMER. *Il bene giuridico*, p. 109 e ss; BARATTA. *Integración-.prevención*, p. 11 e ss. Analogamente: MOCCIA. *De la tutela de bienes a la tutela de funciones*, passim.

[224] Cf. FRISCH. *Vorsatz und Risiko*, p. 503 *apud* COSTA ANDRADE. *RPCC 2 (1992)*, p. 188.

Dentre tais categorias, por tratar-se do cerne das nossas preocupações mais prementes no presente trabalho, é para o tipo que devemos voltar os olhares mais atentamente. A esse propósito, uma interpretação do tipo atualizada e densificada pelas categorias materiais da dignidade penal e carência de tutela penal – ou, o que é o mesmo, uma interpretação da *ilicitude material* – ganha reforço e base metodológica quando se acolhe uma compreensão teleológico-racional do crime.[225] De forma mais explícita: no contexto de uma compreensão que visa a "restabelecer a conexão direta entre as pedras do sistema penal e a respectiva função",[226] ao tipo não pode restar uma função reducionista, susceptível a "propiciar uma subsunção automática das condutas, mas à margem das valorações da dignidade penal e a carência de tutela penal e da densidade político-criminal que elas emprestam ao tipo".[227] Diversamente, no momento de se perquirir sobre a tipicidade de uma conduta, devem ser levadas em conta, como elementos associados ao juízo de tipicidade, a ocorrência de uma ofensa a um bem jurídico-penal e a necessidade (ou carência) abstrata de punição.

Assim, no momento da subsunção de um comportamento humano à descrição abstrata contida no tipo, cumprirá ao intérprete ter sempre presente que o que distingue o ilícito penal das demais manifestações de ilicitude é o fato de aquele possuir um significado material. Vale por dizer: "a ilicitude (penal) não se esgota na relação subsistente entre a ação e a norma, mas possui sempre significado material (ilicitude material). Uma ação é materialmente ilícita em função do desrespeito que supõe ao bem jurídico protegido pela norma correspondente".[228] Ainda como parte de uma interpretação teleológica do tipo, deverá ele (intérprete) ter em conta se o comportamento considerado necessita de punição ou se, por diminutas as exigências de prevenção geral e especial (ou consideradas pouco eficazes ou criminógenas as consequências da imposição de sanções penais), deve ser considerado atípico. Isso na esteira do pensamento de Roxin, para quem já "no tipo é valorada a ação do ponto de vista da necessidade abstrata de pena".[229]

3.6 – O problema é que, nos dias atuais, tendo-se em vista uma tendência expansiva que se tem progressivamente feito notar – não só

---

[225] Cf., *supra*, Cap. I, 1.
[226] Cf. COSTA ANDRADE. *RPCC 2 (1992)*, p. 173/174.
[227] Cf. COSTA ANDRADE. *RPCC 2 (1992)*, p. 189.
[228] Cf. JECHECK. *Tratado, vol 1*, p..9/10 *apud* COSTA ANDRADE. *A nova lei dos crimes contra a economia*, p. 315/316.
[229] Cf. ROXIN. *Derecho Penal PG*, § 7 nm. 54..

da parte dos doutrinadores, mas também em termos de política legislativa –, muitas dúvidas vêm sendo suscitadas em relação à capacidade crítica da noção de dignidade penal com os contornos e densidade político-criminais delineados. Críticas fundadas, sobretudo, na pouca ou inexistente função desempenhada pela doutrina do bem jurídico de suporte constitucional como base de legitimação das novas incriminações surgidas (ou das glorificadas pelo legislador e ainda não positivadas).[230]

A bem ver, uma das mais fortes objeções dirigidas à doutrina que se sustenta numa relação de analogia entre bens jurídico-penais e valores constitucionais é aquela que parte da *incoincidência de fins* entre direito penal e Constituição. Nessa linha, a já assinalada não equivalência entre os ordenamentos normativos penal e constitucional – que, como vimos, obriga a doutrina a considerar dignos de pena valores só por derivação (ou implicitamente) dotados de nível constitucional – seria sintoma de uma "diversidade de função respectivamente atribuível à Constituição e ao ordenamento penal".[231] O mesmo é dizer, na esteira de Fiandaca, que, quer se perspective a Constituição como instrumento de garantias "(a Constituição como garantia das regras do jogo político), quer se acentue o momento final (a Constituição como vocacionada também à realização de valores finais) fica, de qualquer forma, fora de dúvida que a Carta Fundamental contém um conjunto de normas por sua natureza dirigidas a submeter a limites o poder político estadual, a introduzir critérios organizativos e/ou a promover um tipo de sociedade diversa da atual. Enquanto o direito penal, por sua função específica, não se destina primordialmente a disciplinar as regras do jogo político, nem a delinear modelos organizativos, nem a indicar os valores substanciais aos quais deve orientar-se a ordem política e social: ele se destina, contrariamente, a prevenir ações consideradas danosas para a sociedade que se move no quadro da Constituição".[232]

---

[230] Neste sentido, HASSEMER. *Il bene giuridico*, p. 109 e ss; BARATTA. *Integración-.prevención*, p. 11 e ss; SILVA SÁNCHEZ. *Expansion*, p. 113 e ss. Assim, segundo esse último Autor, mesmo não se negando que "a persistência na afirmação de que o Direito penal deve proteger exclusivamente bens jurídicos pode manifestar uma certa atitude dos autores tendente a uma permanente revisão dos pressupostos da ampliação do círculo de objetos de proteção do Direito penal", fato é que "não cabe assinalar à ideia de bem jurídico uma transcendência que, desde logo, não alcança o conceito tal como produziu o seu desenvolvimento histórico e tal como é configurado atualmente" (*Expansion*, p. 115).

[231] Cf. FIANDACA. *Il bene giuridico*, p. 58.

[232] Cf. FIANDACA. *Il bene giuridico*, p. 58/59. "E – continua –, para responder à questão de quais ações são socialmente danosas, não se pode, justamente, deixar de lado o terreno das verificações de natureza empírica, que têm por objeto a observação da sociedade considerada em todas as suas determinações concretas, qualquer que seja a distância entre ordem social existente e ordem idealmente prefigurada" (*Il bene giuridico*, p. 59).

Em sentido análogo, depois de apontar para o caráter fragmentário e fundado em autônomas valorações axiológico-jurídicas como traços marcantes da incoincidência entre o "penal" e o "constitucional", argumenta Faria Costa que, "mesmo no caso de o ordenamento penal vir a proteger bens jurídicos, também eles merecedores de dignidade constitucional, o certo é que aquela proteção jurídico-penal faz-se através de uma autônoma ponderação, cujo limite de autonomia só tem que se encontrar na não violação material – e só dessa aqui falamos – de outros valores ou princípios constitucionais integrados na unidade da ordem jurídica global".[233] Uma constatação que nos permitirá afirmar, ainda respaldados em Faria Costa, que "a vinculação material da relação entre o direito constitucional e o direito penal é extraordinariamente frágil". Daí que a "eventual coincidência na proteção de bens jurídicos entre a ordem constitucional e a ordem penal, no caso da sua efetiva e real concretização, acontece porque se processaram ponderações jurídicas, resultantes de uma autônoma e fundante consciência axiológico-jurídica, que através de critérios próprios moldaram certos valores, dando-lhes, por mediação de específicos bens jurídicos, vivência comunitária".[234]

Na verdade, não deixa de ser uma prova da relativa autonomia das ponderações levadas a cabo pelo legislador penal a possibilidade – admitida expressamente mesmo por parte daquele setor doutrinário defensor de uma relação mais estreita e vinculante entre os ordenamentos penal e constitucional – de se alçar à categoria de bens merecedores de tutela aqueles bens ou valores só "implicitamente garantidos pela Carta Constitucional".[235] Ora, mesmo sendo inequívoca a importância de um tal recurso argumentativo, ao se determinar que a proteção penal pode legitimamente estender-se a bens de reconhecimento constitucional implícito, acaba-se, assim, por redimensionar (leia-se ampliar) a margem de discricionariedade conferida ao legislador. Desse jeito, portanto, "a ênfase posta sobre o nível constitucional dos bens penalmente tuteláveis não parece assinalar uma verdadeira reviravolta ao que, substancialmente, foi igualmente emerso no seio da doutrina alemã já examinada".[236]

---

[233] Cf. FARIA COSTA. *O Perigo*, p. 227

[234] Cf. FARIA COSTA. *O Perigo*, p. 227.

[235] Cf. BRICOLA. *Teoria generale del reato*, p. 16 apud Marinucci/Dolcini, *Constituição e escolha dos bens jurídicos*, p. 167.

[236] Cf. FIANDACA. *Il bene giuridico*, p. 58. Assim, a mesma objecção direccionada aos alemães poder-se-ia dirigir à tese segundo a qual "o ilícito típico pode lesar um valor privado de relevo constitucional, mas ligado a um valor constitucional por uma relação de pressuposição necessária: de forma que a lesão do primeiro seja necessária e inequivocamente idónea a colocar em perigo o segundo" (cf. BRICOLA. *Teoria generale del reato*, p. 16 apud FIANDACA. *Il bene giuridico*, p. 58). Para

Há quem considere, de modo ainda mais incisivo, que a ideia da limitação da intervenção penal a valores de nível constitucional – embora admitindo a punibilidade de ataques a bens de relevo constitucional implícito ou concebidos segundo um esquema de pressuposição ou de instrumentalidade relativamente a bens de valor constitucional irrefragável – não merece acolhimento, por implicar uma renúncia à satisfação de interesses surgidos no seio do próprio fluir social e, enquanto tais, não individualizados no quadro dos valores mencionados na Constituição.[237] Assim, por exemplo, define Plagliaro como inoportuna a existência de "uma proibição, para o legislador ordinário, de emanar normas penais para a tutela de bens não reconhecidos, explicita ou implicitamente, pela Constituição", já que não se poderia olvidar o surgimento de "exigências de prevenção geral e especial que, ao tempo da criação da Constituição, também não eram previsíveis".[238] Analogamente, para Marinucci/Dolcini, a "não menção de alguns bens na Carta Constitucional não reflete necessariamente uma sua desclassificação na escala de valores. Toda a Constituição (...) está, de fato, historicamente condicionada": "aquilo que, portanto, no passado, não foi, nem violado, nem privado de adequada tutela, não necessita de ser expressamente munido de garantia constitucional".[239] O que permite aos autores concluírem que "a Constituição não impõe um limite geral ao legislador ordinário na escolha discricionária dos bens a tutelar penalmente: o legislador não está vinculado nesta escolha ao âmbito dos bens constitucionalmente relevantes".[240]

---

uma crítica incisiva à tese da legitimação constitucional implícita, que seria "de todo inidônea para legitimar a existência de normas incriminadoras – unanimemente julgadas indispensáveis – que tutelam *de forma autônoma* bens *não* mencionados na Constituição: normas que tutelam tais bens *in se* e *per se*, *sem* reclamar o concreto *pôr-em-perigo outros bens* constitucionalmente relevantes", veja-se MARINUCCI/DOLCINI. *Constituição e escolha dos bens jurídicos*, p. 167 e ss.

[237] Assim, MARINUCCI/DOLCINI. *Corso di diritto penale*, p. 498 e ss. Contrariamente, argumenta Fiandaca, na mesma linha de Angioni, que "uma tal objeção é, porém, redimensionável. Já se observou, antes de tudo, que o tempo cultural necessário ao nascimento dos bens inéditos, historicamente, é, via de regra, tudo menos breve. Em segundo lugar, quando parece despontar na ribalta um novo bem merecedor de proteção, trata-se, frequentemente, de se querer proteger um bem já existente de uma nova forma de agressão..." (*Il bene giuridico*, p. 55).

[238] Cf. PAGLIARO. *Principi di diritto penale*, p. 226. Sustentando o mesmo argumento, Marinucci/Dolcini, *Constituição e escolha dos bens jurídicos*, p. 168 e ss.

[239] Cf. MARINUCCI/DOLCINI. *Constituição e escolha dos bens jurídicos*, p. 168. O caráter historicamente condicionado da Constituição prova-se, segundo Marinucci/Dolcini, quando se tem presente que os *bens ambientais*, cuja legitimidade enquanto objeto de tutela penal deve ficar fora de dúvida, não recebem proteção pela Constituição Italiana de 1948, "enquanto encontram expresso relevo nas Constituições aprovadas após a explosão da 'questão ecológica' (por exemplo, na Constituição portuguesa de 1976, na Constituição espanhola de 1978 e na Constituição brasileira de 1988)" (*Constituição e escolha dos bens jurídicos*, p. 169).

[240] MARINUCCI/DOLCINI. *Constituição e escolha dos bens jurídicos*, p. 169/170. Também, dos mesmos autores, *Corso di diritto penale*, p. 500 e ss.

Mas uma tal conclusão, que pretende ampliar ainda mais o horizonte discricionário do legislador ordinário, merece, quanto a nós, ser de pronto afastada. Deve ser assim porque, ao se defender a outorga de dignidade penal "também aos bens não referidos, nem sequer indiretamente, pela Constituição" (Marinucci/Dolcini), está-se a correr o risco de desintegração dos contornos e do relevo prático – já tão esbatidos nos dias de hoje – da noção de bem jurídico. Está-se, outrossim, a se aventurar por um caminho que se arrisca a desrespeitar até mesmo os limites materiais mais genéricos estabelecidos pela Carta Fundamental. Ora, mesmo que à doutrina da analogia substancial entre bens jurídico-penais e ordenação axiológica constitucional não se possa atribuir o mérito de uma verdadeira revolução, em comparação àquilo que se alcançou no seio da doutrina alemã, comporta ela a vantagem de impedir que a abertura de uma ainda maior esfera de atuação legítima implique uma perniciosa inflação legislativa, em desacordo e desproporção com os valores e princípios de garantia constitucionalmente consagrados. De resto, como nota Fiandaca, "a proposta de extensão da tutela a bens de relevância constitucional, ainda que implícita, poderia, em consequência do caráter não suficientemente definido da fórmula, fazer com que se considere admissível a eventual tutela de bens ainda não emersos no período em que a Constituição veio à luz".[241]

Entretanto, a admissão por nós da tese que restringe o âmbito da criminalização legítima aos valores com algum reflexo constitucional não se opõe à afirmação anterior, segundo a qual o juízo de dignidade penal se funda numa autônoma ponderação de valores; não significa, por outro lado, negar sentido à crítica, formulada inclusive por defensores da tese em exame, de que "a distinção entre bens de relevância constitucional e bens simplesmente não incompatíveis com a Constituição resultou por fim mais esbatida do que parece à primeira vista, e o seu âmbito seletivo muito limitado, visto que *poucos são os bens dos quais se possa afirmar que não são reclamados pela Constituição, pelo menos implicitamente*".[242]

3.7 – De mais a mais, o problema dos critérios e limites para a extensão da intervenção penal a bens de implícita dignidade constitucional fica, quanto ao objeto mais preciso do nosso trabalho, prejudicado, já que o legislador constituinte de 1988 optou por consagrar, de forma explícita, no art. 225, que "todos têm o direito ao meio ambiente ecologicamente equilibrado, bem de uso comum ao povo e essencial à sadia

---

[241] Cf. FIANDACA. *Il bene giuridico*, p. 55
[242] Cf. ANGIONI. *Contenuto i funzioni*, p. 202.

qualidade de vida, impondo-se ao Poder Público e à coletividade o dever de defendê-lo e preservá-lo para as presentes e futuras gerações", e, de forma mais direta, prevê o § 3º do mesmo artigo que "as condutas e atividades consideradas lesivas ao meio ambiente sujeitarão os infratores, pessoas físicas ou jurídicas, a sanções penais e administrativas, independentemente da obrigação de reparar o dano causado".[243] Portanto, o que mais insistentemente há que se saber é se, estando um determinado bem mencionado (explícita ou implicitamente) na Constituição, isso é condição suficiente para se poder afirmar que ele é digno de tutela penal. Em outras palavras, sendo certo que a intervenção penal só se pode estender de forma legítima a "bens que encontram na Constituição um reconhecimento",[244] urge nos interrogarmos se, por esta via, *todos* os bens de relevo constitucional devem-se considerar, irrestritamente, merecedores de tutela penal. Ademais, resulta da indagação precedente lograr saber se a consagração constitucional, por si mesma, é densa e precisa o bastante para oferecer um padrão crítico suficientemente rico em consequências práticas.

Como aludíamos, o surgimento da moderna teoria do bem jurídico e sua evolução e aprimoramento teóricos tiveram como objetivo fulcral a criação de um instrumento conceitual capaz de restringir o recurso à sanção penal somente aos comportamentos ofensivos a valores essenciais para uma existência harmônica em comunidade. Também, já o dissemos insistentemente, o elemento mediador apto a conferir aos bens jurídicos concreção foi a Constituição de cada Estado: bens jurídico-penais seriam todos aqueles bens-valores que recebessem alguma proteção pela Lei Fundamental. Ocorre que, constatada a progressiva ineficácia dessa teoria, mormente para criticar os mais recentes processos de criminalização, tem-se propugnado pela necessidade de se seguir procurando ulteriores elementos de delimitação, de forma a enriquecer a noção de bem jurídico, dotando-a de maior força metapositiva. Crê-se, por conseguinte, que a ideia de plasmação constitucional "segue sendo insuficiente para caracterizar, de modo pleno, os bens jurídicos penalmente protegíveis", na medida em que "descreve um marco flexível e ambíguo, demasiado amplo todavia para os efeitos que aqui interessam".[245]

---

[243] Tal como a previsão da Constituição Portuguesa de 1976, que prevê o "direito a um ambiente de vida humano, sadio e ecologicamente equilibrado" (art. 66 da CRP). Sobre o processo de constitucionalização do ambiente no Brasil, ver PRADO, Luis Regis. *Crimes contra o meio ambiente*, RT, PG 19 e ss.

[244] Cf. BRICOLA. *Teoria generale del reato*, p. 15 *apud* FIANDACA. *Il bene giuridico*, p. 48.

[245] Cf. SILVA SÁNCHEZ. *Derecho penal contemporáneo*, p. 273/274.

Voltando-se os olhos para as mais recentes medidas legiferantes de cunho "expansivo", fácil é notar-se que, nesses casos, o reconhecimento constitucional do bem protegido serve apenas, quando muito, para se legitimar genericamente a incriminação já existente.[246] Essa perda gradativa de sua função fica a dever-se, num certo sentido, à introdução no ordenamento jurídico-penal de incriminações típicas do Estado Social, nas quais o bem jurídico protegido se encontra "desmaterializado", com os contornos "difusos" e imprecisos.[247] Em grande parte dos casos, portanto, não estaríamos diante de autênticos bens jurídicos, mas de "unidades funcionais"[248] ou "modelos de organização social", que, numa abordagem de cunho criminológico, não protegeriam "vítimas", e sim, "funções".[249]

Ora, o labor de determinação precisa do bem jurídico protegido em cada caso apresenta a inegável vantagem de permitir delimitar criteriosamente o seu núcleo valioso, de forma a se poder distinguir se esse é violado ou somente exposto a perigo.[250] Assim, quando se admite a proteção de bens jurídicos universais – bens que "parecem inabarcáveis conceitualmente" e cujos "limites escapam a uma clara delimitação" – "acaba-se, pois, facilitando a proliferação de objetos fictícios de tutela, que avalizam opções de incriminação hipertrófica".[251] Em estreita conexão com essa realidade, o legislador vê-se favorecido a apelar para técnicas de proteção fortemente antecipada – especialmente recorrendo às figuras típicas de perigo abstrato, acrescidas de uma excessiva dependência da normação e/ou atuação administrativas (normas penais em branco)[252] – que "expressam uma ofensividade de tipo parti-

---

[246] Cf. MOCCIA. *De la tutela de bienes a la tutela de funciones*, p. 115; Hassemer, *Teoria personal del bien jurídico*, p. 278.

[247] Cf. MENDOZA BUERGO. *El derecho penal en la sociedad del riesgo*, p. 68 e ss., a qual considera que "a crítica em relação a esta questão consiste, basicamente, na ideia de que o atual desenvolvimento do direito penal, influenciado pelos nebulosos âmbitos dos novos riscos, supõe a tendência a uma *dissolução* do conceito de bem jurídico, que evoluiria dos contornos mais claros dos bens jurídicos individuais aos mais vagos e imprecisos dos 'novos' bens jurídicos supraindividuais" (*El derecho penal en la sociedad del riesgo*, p. 76). Cf. também HASSEMER. *Il bene giuridico*, p. 104 e ss.

[248] Cf. HASSEMER. *Teoria personal del bien jurídico*, p. 279.

[249] Cf. HASSEMER. *Il bene giuridico*, p. 109. Contra: MARINUCCI/DOLCINI. *Corso di diritto penale*, p. 549 e ss.

[250] "Il concetto di bene giuridico fornisce indicazioni per una giusta *tecnica di tutela* delle leggi penali" (cf. HASSEMER. *Il bene giuridico*, p. 109); ver também MENDOZA BUERGO. *El derecho penal en la sociedad del riesgo*, p. 69.

[251] Cf. MOCCIA. *De la tutela de bienes a la tutela de funciones*, p. 121.

[252] Sobre a técnica de tutela no âmbito do direito penal do meio ambiente e especialmente a empregue pelo legislador português para o art. 279 do CP, ver *infra*, Parte II, *passim*.

cular, medida não tanto em termos de consequências concretas, mas de incompatibilidade com as tendências programáticas do sistema".[253]

Assistimos, assim, a um fenômeno que a doutrina alude criticamente como "administrativização" do direito penal. Quer ele significar que o direito penal, a partir da mudança de rumo sumariamente descrita, passa a nortear-se por distintos critérios de legitimação que o aproximariam mais propriamente do direito administrativo sancionador. Certamente, a assunção de padrões de legitimidade tendentes a suportar um direito penal "maximalista" – ou seja, um direito penal mais interveniente em termos de amplitude e intensidade de tutela – traduz-se na adoção pelo legislador de uma lógica eminentemente eficientista. De resto, "este é o ponto a partir do qual são susceptíveis de crítica determinados processos recentes de criminalização, nos quais a fundamentação para a imposição de uma pena a uma determinada conduta lesiva a um bem jurídico, até o momento só protegido pelo direito administrativo, tenha sido a insuficiência preventiva dos mecanismos deste e, portanto, a mera 'necessidade' de uma proteção penal".[254]

Ora, se, como já foi assinalado, a categoria da dignidade penal é aquela que incorpora, de forma mais abrangente, uma racionalidade valorativa capaz de impor limites à *corrida para o direito penal* como forma de satisfazer necessidades utilitaristas de prevenção; se, por seu turno, esta mesma categoria tem tido pouca ou nenhuma capacidade de cumprir com este seu desiderato, fácil é concluir – como tem atestado um certo sector menos complacente com as mais recentes modificações legislativas de cunho "expansivo"[255] – que a política criminal contemporânea vem, progressivamente, abandonando aquela postura apoiada em considerações "de valor" (ou principiológicas), em privilégio de uma outra que releva apenas considerações de eficiência e utilidade social.[256]

Portanto, com fundamento nas observações precedentes, é preciso que busquemos a edificação de um conceito metapositivo forte o bastante para se poder distinguir o que é suficiente para fundamentar o ilícito de maneira geral (e, mais especificamente, o ilícito administrativo) daquilo que pode legitimamente, por ser digno de tutela penal, ser elevado a objeto de um tipo legal de crime.

---

[253] Cf. MOCCIA. *De la tutela de bienes a la tutela de funciones*, p. 115

[254] Cf. SILVA SÁNCHEZ. *Derecho penal contemporáneo*, p. 287.

[255] Cf. HASSEMER. *Il bene giuridico*, p. 109 e ss; BARATTA. *Integración-.prevención*, p. 11 e ss.; MOCCIA. *De la tutela de bienes a la tutela de funciones, passim.*

[256] Sobre esse ponto, mais desenvolvidamente, ver *infra*, Cap. II, 2.4.

Nesse empenho, partindo de ineficácia da teoria do bem jurídico de suporte constitucional, a doutrina vem procurando outros elementos de delimitação capazes de enriquecer a noção de dignidade penal. De resto, é fruto desse esforço de frear as mais recentes opções político-criminais maximalistas a chamada teoria monista-pessoal do bem jurídico. São assim qualificáveis as posturas que condenam a concepção de bens jurídicos coletivos ou universais, por implicar um pernicioso abandono, com todas as consequências acima referidas, dos mais rígidos padrões de legitimação da intervenção punitiva: bens jurídico-penais serão somente os que se refiram à proteção de interesses dos indivíduos, seja de forma direta, seja de forma instrumental.

Para além dos méritos e deméritos desta e de outras propostas, sobre as quais nos debruçaremos oportunamente, a questão que aqui se coloca de modo mais imediato diz respeito ao critério de diferenciação entre o direito penal e o direito administrativo sancionador (ou direito de mera ordenação social).[257] Questão que ganha redobrada importância ante o quadro esboçado de administrativização do direito penal e o fato de a proteção penal do meio ambiente ser um dos mais notórios exemplos dessa tendência.

---

[257] Direito "de mera ordenação social" é a expressão, corriqueira nas doutrinas portuguesa e alemã, que designa o ramo do direito *administrativo* vocacionado a impor sanções, mormente de caráter pecuniário, a infrações contra interesses sociais da mais variada ordem. Sobre o assunto, as considerações que se apresentam no capítulo seguinte.

Capítulo II – Conceito material de crime e bens jurídicos coletivos. O meio ambiente como bem jurídico-penal

1. O movimento de descriminalização e o direito administrativo sancionador. Expansão e administrativização do direito penal

Em consonância com a proposição fundamental anteriormente desenvolvida, segundo a qual o direito penal só intervém legitimamente quando tem por objeto precípuo a tutela, subsidiária e eficaz, de bens jurídico-penais – e seguindo o movimento de descriminalização que, como vimos, se desenvolveu a partir dessa mesma proposição –, decorre uma outra ideia que interessa sobremaneira ao tema de que pretendemos tratar: a ideia de que devem excluir-se do âmbito de proteção penal (devem ser descriminalizadas) as condutas que, não atentando contra um bem jurídico digno de punição e claramente individualizado, apenas contravenham disposições do Estado-Administrador. Ainda mais: mesmo que lesionem ou exponham a perigo um bem jurídico, não se tem por legítima a sanção criminal quando for possível atingir a mesma finalidade com instrumentos menos danosos que os jurídico-criminais.

Como é sabido, é paralelamente a esse novo programa político-criminal que vem a lume, em tom renovado, primeiramente na Alemanha e em seguida também em outros países "periféricos", a discussão em torno das contravenções e sua conversão em contraordenações. Em outras palavras, foi um dos sintomas do movimento de descriminalização[258] a afirmação definitiva de uma nova categoria (não penal) de ilícito – o ilícito de mera ordenação social ou ilícito *administrativo sancionador* –, para o qual deveriam ser remetidas todas as condutas

---

[258] Desenvolvidamente, ver FIGUEIREDO DIAS. *Descriminalização*, p. 19 e ss.

de questionável relevo ético, com exceção das que deveriam ser extirpadas, pura e simplesmente, da ordem jurídica. Era, por outro lado e progressivamente, o fim daquela categoria (penal) à qual pertenciam a maioria dessas condutas – as contravenções.

Por outro lado, no Brasil ainda vigoram as Contravenções Penais (Decreto-Lei 3.688, de outubro de 1941) que, quanto a nós, exemplificam a incongruência do nosso sistema punitivo e a falta de linearidade dos seus pressupostos de legitimação. Na precisa conclusão de Guilherme Nucci, "a norma penal incriminadora, impositiva de sanção, deve ser a *ultima ratio*, ou seja, a última hipótese que o Estado utiliza para punir o infrator da lei. Logo, o caminho ideal é a busca da descriminalização, deixando de considerar infração penal uma série de situações ainda tipificadas como tal. Exemplo maior do que ora defendemos é a Lei das Contravenções Penais. Seus tipos penais são, na maioria absoluta, ultrapassados, vetustos e antidemocráticos. Promovem formas veladas de discriminação social e incentivam a cizânia entre as pessoas, que buscam resolver seus problemas cotidianos e superficiais no campo penal. Pensamos que não haveria nenhum prejuízo com a simples revogação da Lei das Contravenções Penais...".[259] Todavia, se, na realidade brasileira, está escancarada a incoerência e incongruência de um sistema punitivo que confronta seus próprios padrões de legitimação,[260] não se deve pensar que, em terreno europeu, o problema da distinção entre os ilícitos penais e os de mera ordenação social (direito administrativo sancionador) é ponto pacífico e cristalino na doutrina.

Em acordo ao que escreve Faria Costa, "não será difícil compreender que a problematização e as consequentes tentativas de dilucidação do problema do direito de mera ordenação social – através da sua evolução doutrinal e histórico-dogmática – escondem outros problemas dos quais o menor não será, por certo, a *natureza do próprio direito penal*".[261] Antes, é tema de enorme atualidade tendo em vista os movimentos de neocriminalização de áreas antes compreendidas exclusivamente pelo direito administrativo, que remonta à discussão sobre qual (ou quais, quando se defende uma concepção dualista) deve ser o núcleo representativo dos valores indispensáveis ao livre desenvolvimento da pessoa humana, a demarcar as fronteiras do direito penal.

---

[259] Cf. NUCCI, Guilherme de Soua. *Leis Penais e Processuais Penais Comentadas*, RT, 2006, p. 110.

[260] O mesmo empenho de trazer para a realidade brasileira a discussão sobre o acento distintivo entre o ilícito penal e o ilícito administrativo encontramos em: D'AVILA. Fabio Roberto, *Direito penal e direito sancionador. Sobre a identidade do direito penal em tempos de indiferença*, RBCCRIM, n. 60, p. 9 e ss.

[261] Cf. FARIA COSTA. *A importância da recorrência no pensamento jurídico*, p. 142 – o itálico é nosso.

Mas qual deve ser a relação a interceder entre esse último e o direito administrativo sancionador? Quais fatores devem ser tidos em conta na distinção entre ambos os ramos do direito? Há uma distinção qualitativa ou meramente quantitativa? Deve o direito penal responder aos apelos, crescentes nos dias atuais, no sentido de tutelar novos interesses coletivos, oriundos do desenvolvimento técnico, ou se deve manter restrito ao seu núcleo clássico de tutela? Os bens jurídicos do direito penal secundário são anteriores ou só se contemplam posteriormente e em consequência da incriminação? Todas questões da maior pertinência quando se quer aferir a (i)legitimidade dos instrumentos próprios do direito penal para a proteção do meio ambiente às quais pretendemos dar resposta ao longo do presente excurso.

1.1 – Sem desprezar-se a evolução histórico-doutrinária, ocorrida nomeadamente em terreno germânico,[262] com o nobre intuito de encon-

---

[262] É na altura do Estado de Polícia iluminista que tem início uma nova era do direito administrativo. Potencializado pelo ideário do Estado absoluto, o poder da Administração passa a abranger os mais diversos setores, "numa tutela imediata dos mais variados interesses, desde os mais significativos interesses culturais, econômicos ou políticos, até os simplesmente mesquinhos"(Cf. SOARES, Rogério. *Interesse, Público, Legalidade e Mérito*, p. 56 apud FIGUEIREDO DIAS. *Questões Fundamentais*, p. 167). Por consequência, à máquina administrativa também competia editar um pródigo ordenamento policial, recorrendo a instrumentos repressivos para garantir o respeito à plêiade de interesses plasmados sob o manto do absolutismo. Já as teorizações próprias desse momento histórico tendiam a atenuar as distinções entre o Direito Penal e o Direito Penal de Polícia, reconduzindo materialmente todas as infrações, de forma homogênea, a um poder fundado nas *raisons d'État*. Todavia, encontramos *v. g.* em Globig/Huster – autores que se mantinham fiéis à imagem do despotismo esclarecido, mas por outro lado, abertos ao pensamento jusracionalista e iluminista – uma tentativa de estabelecer divisa qualitativa entre o ilícito propriamente criminal e o ilícito penal de polícia (Cf. COSTA ANDRADE. *Contributo para o conceito de contra-ordenação*, p. 82. "Neste contexto, e em homenagem ao iluminismo, Globig/Huster circunscrevem o crime às 'lesões do contrato social'. A par disso, encaram o direito penal de polícia como preordenado a 'promover a moralidade, a boa alimentação, o aumento da riqueza nacional e tudo o mais relativo ao bem estar do cidadão e, em geral, à melhoria da saúde física e moral'. É para o direito penal de polícia que remetem práticas como o incesto, relações sexuais extramatrimoniais, sodomia e 'outras infrações contra os bons costumes (...). Ao direito penal de polícia devem, para além disso, pertencer as condutas perigosas e perturbadoras da paz pública e os crimes contra a religião. O que se passa com estes últimos é significativo da *Weltanshaung* do despotismo esclarecido, contrapondo-o quer ao anterior estado teocrático, quer ao estado liberal subsequente. É aqui que se revela o compromisso ensaiado pelo Estado-de-polícia entre as exigências do iluminismo e do absolutismo com a lógica da *raison d'État*" (cf. COSTA ANDRADE. *Consentimento*, p. 47, nota 15). Mas foi ao labor de Feuerbach que se deveu um mais forte empenho em distinguir qualitativamente os dois ramos. Se o Direito Penal de Polícia próprio do despotismo esclarecido acabava por assumir contornos quase ilimitados, Feuerbach vai procurar impor limites racionais (e qualitativos) ao arbítrio do soberano. Assim, deixando-se influenciar pelo criticismo kantiano e pelo ideário liberal, Feuerbach elege como fim único do Estado o livre exercício da liberdade. Não é tarefa do Estado e do Direito a cultura ou a moral, como também não é a prossecução de valores transcendentes ou de cunho religioso (Assim, como sublinha MUSCO, reportando-se diretamente a Feuerbach, "le consequenze più rilevanti di questa nuova concezione potevano cogliersi specialmente sul terreno dei delitti contro la religione e la moralità: la gran parte di essi (...) perdevano il carattere delittuoso", *Bene giuridico*, p. 61). O direito penal deve quedar-se restrito à proteção dos direitos subjetivos (atentatórios à liberdade) do cidadão ou do Estado – e isso vale mesmo para o direito penal de polícia. Ao homem (e também ao Estado) são imanentes direitos

trar um critério distintivo entre o "penal" e o "não penal", é a partir do primeiro grande conflito mundial que a discussão ganha maior atualidade. A crise generalizada que se abate por toda a Europa impõe ao Estado uma maior intervenção, mormente no domínio econômico. Nesse empenho, o Estado-Administrador passa a recorrer às sanções penais desmesuradamente, criando, à margem do direito penal, um sem-fim número de diplomas extravagantes ao serviço dos mais diversos interesses estatais.

subjetivos que existem anterior e independentemente do direito positivo. É a lesão desses direitos que define o *crime em sentido estrito*. Contrariamente, "o Direito Penal de Polícia sanciona ações em si originariamente não antijurídicas, isto é, ações que mantendo-se embora no espaço de liberdade do cidadão, ultrapassam, contudo, os limites criados pelo Estado. Ao contrário do que sucede com o crime, a infração de polícia releva não da justiça mas da utilidade" (Cf. COSTA ANDRADE. *Contributo para o conceito de contra-ordenação*, p. 84). Portanto, como aponta Kindhäuser, reportando-se a essa distinção de Feuerbach, "a essência do crime reside na lesão de direitos (de liberdade) subjetivos (absolutos), enquanto as infrações administrativas seriam aquelas modalidades de comportamento que se proíbem com uma pena por sua perigosidade para a segurança e a ordem jurídica" (Cf. KINDHÄUSER. *Delitos de peligro abstrato*, p. 444. Segundo o mesmo autor, aquela afirmação de Feuerbach, traduzida para terminologia atual, significaria que "a lesão de direitos subjetivo é um (autêntico) ilícito criminal, enquanto que a perturbação da ordem por meio da qual se garante legalmente a segurança dos direitos subjetivos é uma infração administrativa" (*Delitos de peligro abstracto*, p. 444). Percebe-se assim, que da teorização de Feuerbach resulta não só uma distinção entre aquilo que designava Direito Penal (em sentido estrito) e Direito Penal de Polícia, como, da mesma forma, uma sensível restrição do âmbito desse último – que ficava diminuído às ações que, mesmo não ofendendo diretamente os direitos originários do indivíduo ou do Estado, deixavam-se proibir em razão do perigo para a manutenção das condições de existência comum (Cf. MUSCO. *Bene giuridico*, p. 61. Todavia, como já deixamos sublinhado anteriormente, Feuerbach não se manteve, em seu labor prático-legislativo, inteiramente fiel às suas ideias). Durante o século XIX, assistiu-se a uma mudança de norte na maneira de se conceber materialmente o crime, que, quanto ao que aqui nos interessa, acabou por desmantelar as fronteiras entre Direito Criminal e Direito Penal de Polícia. E isso devido a uma série de fatores político-culturais não pouco coincidentes. Por um lado, ao se perspectivar o direito penal, em termos positivistas, como instrumento de proteção de bens jurídicos, a partir de Birnbaum, passa-se a estabelecer "um ponto de referência comum a todo o direito penal" (a noção de bem jurídico), provocando, progressivamente, a diluição daquela dicotomia: se o Direito Penal de Polícia é também um ramo do direito punitivo vocacionado a proteger bens jurídicos, não há razão para que se veja compreendido de forma malsoante com o Direito Penal propriamente dito (Cf. MATTES. *Problemas de Derecho penal Administrativo*, p. 168 *apud* COSTA ANDRADE. *Contributo para o conceito de contra-ordenação*, p. 85). Também da parte dos teóricos da escola histórica, nota-se um distanciamento das mundivisões transcendentais (e ahistóricas) dos iluministas e jusracionalistas, o qual se traduz na crítica dos propósitos de Feuerbach de eliminar do Código Penal as condutas que não atentassem diretamente contra os direitos pré-jurídicos do indivíduo e do Estado. Como exemplo desse entendimento, está a posição de Mittermaier, um dos maiores expoentes da escola histórica, para quem os crimes contra os costumes ou contra a religião não deveriam ser excluídos do Código Penal (Cf. COSTA ANDRADE. *Contributo para o conceito de contra-ordenação*, p. 86). Em sentido convergente, as codificações da segunda metade do século integravam, sistematicamente, todas as condutas puníveis dentro do mesmo Código Penal, sendo a distinção subsistente – que as diferençava entre *crimes, delitos* e *contravenções* – meramente *quantitativa*. Nos quadros do Estado de Direito formal, à categoria (penal) das *contravenções*, agora completamente juridificada, passa a corresponder toda a atividade policial administrativa; atividade essa que viria a ser batizada de Direito Penal Administrativo (Cf. FIGUEIREDO DIAS. *Questões Fundamentais*, p. 168. O conceito de *contravenção* é assim concebido "*dentro do direito penal e das suas formas de intervenção*. Ela passa a constituir como que o cordão umbilical que liga o direito administrativo ao direito penal" *Questões Fundamentais*, p. 168/9).

Foi contra essa ordem de transformações e o fenômeno da *hipercriminalização* dai resultado, tão bem aproveitados pelo totalitarismo nazi, que se insurgiram, no pós-guerra, alguns autores reformistas. O ambiente de reforma orientou-se – como a respeito sublinha Costa Andrade – por duas linhas fundamentais e só aparentemente antagônicas: "de um lado, a necessidade – que as tarefas da reconstrução tornavam particularmente instante – de continuar a assegurar legitimidade e eficácia à intervenção do Estado na vida econômica; de outro lado, e inversamente, a necessidade de esconjurar os fantasmas do totalitarismo e 'libertar o direito penal econômico de todas as perversões da ditadura nazi'".[263]

Distingue-se, dentre os atentos à superação deste estado de coisas, o nome de Eb. Schmidt, quem, na esteira de Goldschmidt e Wolf,[264]

---

[263] Cf. COSTA ANDRADE. *Contributo para o conceito de contra-ordenação*, p. 93.

[264] É com James Goldschmidt que a designação Direito Penal Administrativo ganha sentido, passando a representar uma nova era na maneira de se compreender as relações com o direito criminal. Com Goldschmidt, "a fronteira entre os dois ramos de direito deixa de se procurar no interior do espaço de tutela dos mesmos bens (...). O que agora passa a ser determinante é a (re)descoberta e contraposição de um novo sistema repressivo: o que resulta da projeção da atividade da Administração sobre os indivíduos. Direito Penal e Direito Penal Administrativo surgem, assim, como ordenamentos sancionatórios distintos (...)" (Cf. COSTA ANDRADE. *Contributo para o conceito de contra-ordenação*, p. 86/7). Segundo Goldschmidt, da maneira distinta de se compreender o homem, como ser individual e como ser comunitário, resulta a contraposição entre a Ordem Jurídica e a Administração. Ao Direito correspondem "os interesses juridicamente reconhecidos ao indivíduo como portador de vontade", à Administração, por sua vez, correspondem os "objetivos de progresso". De forma que, na distinção qualitativa de Goldschmidt, o Direito Penal comportava apenas os valores fundamentais da comunidade: aquele núcleo ético representativo da vontade geral. Por sua vez, ao Direito Penal Administrativo é assinalada a tarefa de intervir em nome do bem-estar (Wohlfahrt) coletivo (Cf. SILVA SÁNCHEZ. *Expansion*, p. 124, nota 302).
Posição similar, e herdeira da anterior, é a de Wolf, a quem coube uma outra tentativa de distinção entre ambas as classes de ilícito. Escreve Wolf, na sua obra sobre *"O lugar do delito administrativo no sistema jurídico-penal"* que, para uma diferenciação qualitativa, é indispensável ultrapassar-se o plano eminentemente lógico-formal já que, nesse horizonte, ilícito penal e ilícito penal administrativo, não se distinguem. Urge, portanto, uma referência transcendente à concepção de Estado e aos valores sob os quais se assenta. Nesse caminho, Wolf contrapõe o Direito Penal ao Direito Penal Administrativo tendo em base o sentido diverso das suas sanções: enquanto a pena criminal tem por fim a reprovação e correção de um ato ilícito contrário à vontade coletiva, a pena administrativa, por seu turno, não passa de uma advertência (ou ordenação) ao infrator para um maior respeito aos seus deveres sociais. Dessa distinção, operada no plano das sanções, decorre uma outra quanto ao objeto material da ilicitude, autonomizando Direito Penal e Direito Penal Administrativo também em razão do diverso conteúdo dos respectivos bens (Mais uma vez seguindo Costa Andrade: "enquanto – para Wolf – o direito constitui o valor supremo do direito penal de justiça, o bem-estar é o 'valor fundamental constitutivo do Direito Penal Administrativo'. Por outro lado, 'o valor do Direito corporiza-se nos *bens jurídicos*, os valores da Administração nos bens da administração' (Wolf), bens cuja lesão ou perigo constituem respectivamente o crime ou as infrações do Direito Penal Administrativos" – cf. COSTA ANDRADE. *Contributo para o conceito de contra-ordenação*, p. 91).
Peculiar tanto a Goldschmidt, quanto a Wolf, foi a defesa insistente de uma codificação independente do Direito Penal Administrativo. Também peculiar a ambos o foi o insucesso dos respectivos propósitos. Goldschmidt consegue influenciar um certo número de autores – tais como Liszt e Karl –, que se unem na feitura de sucessivos projetos de códigos autonomizados, que, todavia,

defende uma distinção qualitativa entre as duas classes de ilícito. Só que a categoria (penal) das *contravenções* deixava de existir, passando a constituir o recém-chegado direito (administrativo) de mera ordenação social. Era uma resposta à inflação incriminatória do entreguerras e uma reação aos ideais totalitários que a presidiram. Do mesmo modo, buscava delinear um núcleo de infrações que, mesmo advindas da intervenção do Estado na economia, deviam continuar a fazer parte do direito penal porque dotadas de inegável relevo ético.

Schmidt distingue crime e contraordenação com vistas ao diferente conteúdo material que comporta cada um deles: se o crime constitui sempre uma lesão (ou perigo de lesão) a um bem jurídico individual ou coletivo claramente individualizado, as contraordenações, contrariamente, não ofendem senão aos interesses da Administração, os quais que se resumem a objetivar um funcionamento sem obstáculos da máquina administrativa.[265] Paralelamente a esse critério de distinção, Schmidt acresce um outro "que releva da diferente atitude do agente e se relaciona com a diferente atitude ética dos valores em causa".[266] Para além de tudo, há um outro ponto distintivo da doutrina de Schmidt, que merece ainda ser sublinhado. É que, mesmo remetendo uma plêiade de condutas de questionável dignidade penal para dentro do direito das contraordenações, ele não se opunha à elevação à categoria de bens jurídicos de certos valores coletivos ligados aos direitos sociais e à ordenação econômica.[267]

No plano legislativo, a primeira expressão deste ideário viu a luz do dia, logo após a Segunda Guerra Mundial, em 1949, com a *Gesetz zur Vereinfachung des Wirtachaftsstrafrechts*, diploma que já antecipa a oposição entre crimes e contraordenações. Posteriormente, destaca-se a *Gesetz über Ordnungswidrigkeiten* (de 1952), primeira Lei Quadro do direito de mera ordenação social.[268] A todo o esforço doutrinário para

---

nunca chegaram a se efetivar. Por sua vez, Wolf também propugna, sem sucesso, por uma autonomização no plano legislativo entre os dois domínios, cabendo a aplicação das sanções do Direito Penal Administrativo aos Tribunais Administrativos

[265] Cf. COSTA ANDRADE. *Contributo para o conceito de contra-ordenação*, p. 94.

[266] Cf. COSTA ANDRADE. *Contributo para o conceito de contra-ordenação*, p. 94/5.

[267] Cf. COSTA ANDRADE. *Contributo para o conceito de contra-ordenação*, p. 95.

[268] Em Portugal, o Decreto-Lei nº 232/79, por influência de Eduardo Correia, instaura o ilícito de mera ordenação social no ordenamento jurídico. Indo ainda mais longe que as alterações operadas em terreno germânico, o legislador de 1979 elimina, por completo, a categoria das contravenções puníveis com multa, que passam a equiparar-se às contra-ordenações (Nos termos do art. 1º -3 do mencionado Decreto, "são equiparáveis às contra-ordenações as contravenções ou transgressões previstas pela lei vigente a que sejam aplicadas sanções pecuniárias". Diploma esse que viria a ser revogado pelo Decreto-Lei nº 433/82, que, contudo, não se faz acompanhar de alterações significativas (cf. FIGUEIREDO DIAS. *Descriminalização*, p. 24 e ss.).

a autonomização das contraordenações e a consequente "purificação" do âmbito do estritamente "penal" veio a somar-se uma outra corrente: o movimento da *descriminalização* que, nas décadas de 60 e 70, arvora--se como pilar de sustentação de todo um novo e renovado programa político-criminal. Dentre os avanços mais significativos do movimento de reforma da legislação vigente, desencadeado a partir de então, vale mencionar a reforma penal da R.F.A. entrada em vigor no ano de 1975. Reforma que teve o mérito de extirpar de todo a categoria das contravenções; algumas delas tendo sido convertidas em autênticos crimes, outras em contraordenações, sem olvidar aquelas que foram, pura e simplesmente, eliminadas da ordem jurídica.[269]

Por consequência, como sublinha Tiedmann, a "descriminalização de extensas zonas da vida social fez com que no curto espaço de pouco mais de quinze anos, o direito das contra-ordenações se tivesse convertido num reservatório de recolha (*Sammelbecken*) de infrações de proveniência muito díspar. Ao lado dos casos originários de autênticas infrações administrativas (*v. g.* violação de deveres de informação, registro, contabilidade, preenchimento de formulários, etc.) apareceu – por força da conversão de numerosas contravenções em contraordenações – em especial, a extensa área da pequena criminalidade. Nem faltam, no mais recente direito das contraordenações, os delitos de perigo abstrato orientados para a tutela de bens jurídicos supraindividuais".[270]

1.2 – Tendo em conta esta disparidade e heterogeneidade entre as condutas condensadas sob a rubrica das contraordenações, a doutrina têm encontrado grandes dificuldades em alçar um critério de distinção válido e apto a abarcar todo o plurívoco catálogo atual de infrações. É, de resto, com base nessa disparidade, que um crescente número de autores vêm renunciando explicitamente a um critério material (e qualitativo),[271] de forma que "foi se consolidando como doutrina amplamente dominante a tese da diferenciação meramente quantitativa entre ilícito penal e ilícito administrativo, segundo a qual o característico deste último é um menor conteúdo de injusto".[272]

---

[269] Para uma abordagem desenvolvida, que intenta cuidar do tema das contraordenações no contexto do movimento da descriminalização, FIGUEIREDO DIAS. *Descriminalização, passim*.

[270] Cf. TIEDMANN. *Verwaltunggsstrafrecht und Rechtsstaat*, p. 288 apud COSTA ANDRADE. *Contributo para o conceito de contra-ordenação*, p. 97.

[271] Contra as posições que se afirmam numa distinção puramente quantitativa e enfatizando que, neste horizonte discursivo, "a *dignidade penal*, sustentada pela valoração ético-social, surge como pedra angular de distinção", encontramos D'AVILA, Fabio Roberto, *Direito penal e direito sancionador: Sobre a identidade do direito penal em tempos de indiferença*, RBCCRIM, n. 60, pg. 9 e ss.

[272] Cf. SILVA SÁNCHEZ. *Expansion*, p. 124.

Já os autores que continuam a apostar numa diferenciação qualitativa valem-se, para tanto, dos mesmos critérios adiantados por Schmidt: o de que só autênticos crimes lesam ou expõem a perigo bens jurídicos; e o de que, enquanto o ilícito contraordenacional é eticamente neutro, o ilícito criminal, por seu turno, não se esgotando em uma mera desobediência eticamente indiferente, assume um inegável relevo ético-jurídico.[273]

Nesse último sentido, descortina-se a proposta de Figueiredo Dias para uma delimitação material entre ilícito penal e ilícito de mera ordenação social, assentada num critério ético. Para tanto, defende a ideia de que, mesmo tendo toda razão aqueles autores que negam a existência de um ilícito eticamente neutro ou indiferente, isso não obsta a consistência de um critério material de distinção: "necessário é que a perspectiva da 'indiferença ético-social' se dirija não imediatamente aos *ilícitos* – que supõem já realizada a valoração legal –, mas às condutas que os integram (...). O que no direito de mera ordenação social é axiológico--socialmente neutro não é o *ilícito,* mas a *conduta em si mesma,* divorciada da proibição legal; sem prejuízo de, uma vez conexionada com esta, ela passar a constituir substrato idôneo de um desvalor ético-social".[274] Traduzindo para o horizonte compreensivo dos bens jurídicos, afirma que – mesmo não sendo digna de aplauso "a pretensão de distinguir o direito penal e o de mera ordenação social porque só o primeiro, não o segundo, protegeria *bens jurídicos*", já que "*todo o ilícito ofende um 'bem' juridicamente protegido*"[275] – "só o direito penal, não o direito de mera ordenação, tutela bens jurídico-penais, onde se descortina aquela particular relação com a ordem axiológica jurídico-constitucional que faz de simples bens jurídicos, bens jurídicos dignos de tutela penal".[276] Todavia, num momento posterior, o mesmo autor acaba por assumir a relatividade de uma distinção arquitetada nesses termos: torna-se indispensável – afirma –, em muitos casos, recorrermos a "critérios adicionais em zonas limítrofes, onde a distinção corra o risco de perder os seus contornos", mesmo que tais "critérios adicionais de distinção" sejam estritamente *quantitativos.*[277]

---

[273] Cf, entre outros, D'AVILA. Fabio Roberto, *Direito penal e direito sancionador: Sobre a identidade do direito penal em tempos de indiferença*, RBCCRIM, n. 60, pg. 9 e ss.

[274] Cf. FIGUEIREDO DIAS. *Questões Fundamentais,* p. 176.

[275] Num sentido próximo, mas sem chegar, ao fim, às mesmas considerações de Figueiredo Dias, veja-se ROXIN. *Derecho Penal PG,* § 2 nm. 14.

[276] Cf. FIGUEIREDO DIAS. *Questões Fundamentais,* p. 177.

[277] Qualidade essa que, nas palavras do Autor, *"como que se converte em qualidade"* (cf. FIGUEIREDO DIAS. *Questões Fundamentais,* p. 179). Neste contexto, pensa Figueiredo Dias que, para além da distinção material que postula como irrepreensível, na prática, o problema traduz-se essencialmente numa "questão discricionária para o legislador", "questão que ele poderá resolver através

De fato, são muitas as críticas que se têm levantado contra as distinções puramente qualitativas: de um lado, resulta insuficiente a recorrência à noção de bem jurídico como critério único e bastante para uma distinção material porque, como vimos,[278] o conceito de bem jurídico – mesmo tido como crítico e transcendente ao sistema jurídico-penal positivo – não diz por si só (ou autonomamente) quais devem ser as condutas dignas de serem elevadas à categoria de crime,[279] para além de que sobram exemplos, no direito de mera ordenação social, de condutas que atentam contra verdadeiros bens jurídicos;[280] de outro lado, muitos se pronunciam pela inviabilidade das teses que se querem sustentar com base na neutralidade ética do ilícito administrativo sancionador.[281]

Não se vê, finalmente, coerência naqueles que, no furor de reduzir a complexidade e multiplicidade dos "motivos" que estão na base do direito contraordenacional, apelam para um critério que releva apenas o grau da ofensa. Assim Jescheck, para quem "o que no fundo está em causa nas contra-ordenações é apenas isto: destacar, dentre o somatório das infrações socialmente intoleráveis, através de uma decisão positiva e discricionária do legislador, aquelas que, pela menor relevância do bem jurídico ou pelo caráter puramente abstrato do perigo, revelam menor dignidade penal mas não podem ser, pura e simplesmente, remetidas para o direito civil".[282] Não cremos, contudo, que uma tal distinção possa responder satisfatoriamente à diversidade fenomenológica que representa a categoria das contraordenações. Isso

---

da utilização de *índices conceituais formais*". Por outro lado, "não existirá óbice intransponível a que – em zonas delimitadas, onde a distinção, por virtude sobretudo da historicidade inevitável dos valores, se torne particularmente duvidosa – um substrato essencial e objetivamente idêntico possa constituir em certos casos um ilícito penal, noutros um ilícito de mera ordenação social" (*Questões Fundamentais*, p. 178).

[278] Cf. *supra*, Cap. I, 3.5 e ss.

[279] Dessa feita, em acordância com a linha seguida e defendida por Hassemer, afirma-se que "uma conduta que ameaça o bem jurídico é condição necessária, mas não suficiente, para criminalizar esta conduta" (cf. HASSEMER. *Teoria personal del bien jurídico*, p. 278).

[280] Talvez ainda mais impressivo seja o pensamento de Roxin, quem afirma que "também as contra-ordenações lesionam bens jurídicos, posto que causam dano ao indivíduo (...) ou são prejudiciais ao bem comum (e com isto mediatamente também para o cidadão)" (cf. ROXIN. *Derecho Penal PG*, § 2 nm. 14). Analogamente, ver COSTA ANDRADE. *Contributo para o conceito de contra-ordenação*, p. 98 e ss.

[281] Ressaltando a deficiência desse critério, escreve Jescheck: "não é de forma alguma possível considerar as contra-ordenações ético-socialmente indiferentes. O Estado só pode cominar sanções repressivas para uma conduta que, segundo as concepções fundamentais da comunidade jurídica, é eticamente reprovável e suscita, por isso, censura" (cf. JESCHECK. *Das deutsche Wirtsstrafrachts*, p. 461 apud COSTA ANDRADE. *Contributo para o conceito de contra-ordenação*, p. 99).

[282] Cf. JESCHECK. *Das deutsche Wirtsstrafrachts*, p. 461 apud COSTA ANDRADE. *Contributo para o conceito de contra-ordenação*, nota 106.

por dois motivos essenciais: primeiramente, porque resulta falacioso qualquer critério de distinção que pretenda reconduzir todos os ilícitos administrativos de caráter sancionador a infrações criminais de menor potencial ofensivo; e também porque tal maneira de proceder acaba por redundar nos mesmos problemas dos critérios puramente qualitativos.

Pensamos, pois, como Costa Andrade, que uma distinção válida entre os dois domínios só se consegue à custa de uma inversão metodológica. Em vez de se querer reduzir esse ramo do direito a qualquer dos fundamentos teóricos e doutrinais que serviram à sua afirmação, a saída está em "procurar a sua redução eidética como experiência jurídica claramente referenciada, pondo entre parênteses as suas raízes históricas e doutrinais. Quando tal se fizer, não será difícil identificar um conjunto significativo de notas capazes de extremar o direito das contra-ordenações do ordenamento penal".[283]

Procedimento esse que deve passar, quanto a nós, essencialmente pelos critérios que orientaram o legislador, nomeadamente os princípios materiais, muitos deles de refração constitucional. Assim, se às categorias dogmáticas e político-criminais da dignidade penal e da carência de tutela penal, cujo conteúdo e suporte constitucional se deixaram desenhar logo atrás, não se pode recorrer como um critério absolutamente eficaz, ao menos oferecem um ponto de apoio seguro a uma distinção que, não abdicando dos referentes empíricos e da experiência prático-legislativa, ressalta a importância do elemento material (e, por isso, qualitativo).[284] E deve ser assim porque pensamos, alicerçados em Faria Costa, que "a problemática do direito de mera ordenação social reconduz sempre a uma reflexão acerca do direito penal (...)".[285]

---

[283] Cf. COSTA ANDRADE. *Contributo para o conceito de contra-ordenação*, p. 104.

[284] Cremos que à mesma conclusão chega Fábio Roberto D'avila, quando afirma que "a liberdade, enquanto valor constitucional fundamental, somente pode ser restringida quando o seu exercício implicar a ofensa a outro bem em harmonia com a ordem axiológico-constitucional" (p. 26). E segue: "a exigência de ofensividade é uma imposição constitucional de legitimidade" e, sendo assim, "dois níveis de valoração se fazem necessárias para a verificação e aceitação de um ilícito-típico em âmbito criminal. Um primeiro nível, no qual será verificada a existência de um bem jurídico-penal...E um segundo nível, no qual se irá verificar a existência de ofensividade.... Critérios que, ao nosso sentir, muito têm a nos dizer sobre a diferenciação entre os ilícitos penal e o administrativo" (Cf. D'AVILA., Fabio Roberto. *Direito penal e direito sancionador: Sobre a identidade do direito penal em tempos de indiferença*. RBCCRIM, n. 60, p. 9 e ss.)

[285] Cf. FARIA COSTA. *A importância da recorrência no pensamento jurídico*, p. 142. Sem desdenhar, naturalmente, que os princípios materiais aos quais nos referimos têm o seu delineamento esbatido pela inevitável historicidade dos valores que querem representar, o que só aumenta a discricionariedade do legislador. Efetivamente, são muitas as vozes a se manifestarem no sentido da inarredável mutabilidade e historicidade dos valores de suporte constitucional em que se apoia a atual ciência penal. Nada mais acertado, portanto, que a mesma ideia se aplique ao direito das contra-ordenações, nomeadamente em suas relações com o "penal". Nesse sentido, ver FARIA

1.3 – Ora, a retomada dessa temática é tão mais importante quanto mais nos deparamos, nos dias de hoje, com uma tendência expansiva do direito penal, nomeadamente em domínios que antes competiam exclusivamente ao direito administrativo. Nesse sentido, tem-se afirmado que o direito penal, ao intervir nesses novos domínios, deixa de circunscrever-se ao seu âmbito clássico de tutela (de bens jurídico-penais referidos ao indivíduo), passando a ampliar seus referentes materiais e, paralelamente, a subtrair-lhes o potencial crítico. É assim quando o legislador penal introduz novos interesses merecedores de proteção, geralmente de feição coletiva ou suprapessoal, tais como o meio ambiente, a economia, a saúde pública ou a segurança do tráfego. Ademais, e por consequência do anterior, é comum afirmar-se que o direito penal tem-se *administrativizado*.

Como refere Silva Sánchez, é uma característica do direito penal contemporâneo ter vindo a se afirmar na tutela de "contextos" cada vez mais amplos, como proteção antecipada de condições para o desfrute dos bens jurídicos mais clássicos (como a vida ou o patrimônio).[286] Vê-se, desse modo, uma "dissolução" do conceito de bem jurídico quando, deixando de se circunscrever a interesses pessoais claramente referenciáveis, passa a abranger novas necessidades coletivas ou "unidades funcionais de valor".[287] O que, na visão de Baratta, acaba por redundar numa mudança de rumo e orientação tanto ao nível político criminal, quanto dogmático.[288] Ao materializar o que ficou dito, "os legisladores têm promulgado e promulgam numerosas novas leis penais e as respectivas *rationes legis* (...) são acedidas de modo imediato à condição de bens jurídicos proteg*íveis* (já que estão proteg*idos*)".[289] À noção de bem jurídico, antes alçada como ponto fulcral do discurso descriminalizante, passa-se a atribuir uma função *criminalizante*, na medida em que legitima a intervenção penal sempre que haja a efetiva proteção legal.[290]

Se antes o direito penal se servia do bem jurídico, como referente material a suportar o tipo e como base da ilicitude material, agora,

---

COSTA. *O Perigo*, p. 179 e ss.; ROXIN. *Derecho Penal PG*, § 2 nm. 15; FIGUEIREDO DIAS. *Questões Fundamentais*, p. 178; COSTA ANDRADE. *Contributo para o conceito de contra-ordenação*, p. 106.

[286] Cf. SILVA SÁNCHEZ. *Expansion*, p. 122.

[287] A expressão é de RUDOLPHI, *apud* HASSEMER. *Teoria personal del bien jurídico*, p. 279.

[288] Cf. BARATTA. *Integración-.prevención*, p. 11.

[289] Cf. SILVA SÁNCHEZ. *Expansion*, p. 122. Chamando a atenção para a anterioridade ou posterioridade do bem jurídico em relação à matéria incriminada no direito penal secundário, e explicitamente defensor da ideia de que "o bem jurídico é um *posterius* e não um *prius*, um *constituto* e não um *constituens* relativamente à estrutura do ilícito e à matéria proibida", ver FIGUEIREDO DIAS. *Questões Fundamentais*, p. 68.

[290] Cf. HASSEMER. *Teoria personal del bien jurídico*, p. 278.

orientado à proteção de "funções"[291] cada vez mais amplas e de desenho cada vez menos apreensível, àquele conceito não se pode pedir muito. Percebe-se que, de um domínio que se concentrava em responder à lesão a bens individuais, transmuda-se (o direito penal) num outro que passa a intervir logo quando se exponha a perigo (abstrato) bens supraindividuais. Desse modo, para além de o bem jurídico que se tem por referência ser pouco preciso – o que dificulta ou impossibilita seu potencial crítico e fundamentador do tipo –, o legislador opta por técnicas de incriminação em que o elo entre tipo de ilícito e bem jurídico existe apenas como *ratio legis* não sujeita a constatação no momento de aplicar o tipo. Em outra palavras, não é possível (ou necessário) comprovar um resultado desvalioso – mesmo que seja um resultado de perigo – para o bem jurídico que se tem por meta proteger.[292]

Administrativização do direito penal significa, portanto, a assunção de uma nova postura político-criminal por parte do legislador. À custa do abandono do conteúdo liberal do conceito de bem jurídico, e com todas as implicações dogmáticas que daí advêm, diz-se que o direito penal se administrativizou:[293] "essa orientação à protecção de *contextos* cada vez mais genéricos (no espaço e no tempo) do desfrute dos bens jurídicos clássicos, leva o direito penal a entrar em relação com fenómenos de dimensões estruturais, globais ou sistêmicas, nos quais as aportações individuais, são, pelo contrário, de 'baixa intensidade'".[294] Como o que se protege são contextos genéricos e de questionável potencialidade crítica, o direito penal é levado a responder, com seus instrumentos próprios de atuação, tão logo quando se contravenham os *standards* estabelecidos pela Administração. Rompendo com a tradição de se orientar à salvaguarda de bens jurídicos concretos e determinados e reagir a formas de lesão ou perigosidade também concretas e determináveis, o direito penal vê-se vocacionado, tal como o direito ad-

---

[291] Cf. *infra*, Cap. II, 3.4 e Parte II, Cap. II, 1.

[292] Cf. MORALES PRATS. *Técnicas de tutela penal de los intereses difusos*, p. 77. Como bem lecciona Faria Costa, enquanto "os crimes de perigo concreto representam a figura de um ilícito-típico em que o perigo é, justamente, elemento desse mesmo ilícito-típico, nos crimes de perigo abstracto o perigo não é elemento do tipo, mas tão só motivação do legislador" (cf. FARIA COSTA. *O Perigo*, p. 620/621). Assim, "o perigo, enquanto constituens jurídico-penalmente relevante de uma análise dogmática consequente, só nos aparece nos chamados crimes de perigo concreto" (*O Perigo*, p. 621).

[293] Fala-nos de uma supervalorização do interesse coletivo em detrimento do particular como sintoma da administrativização, MIR PUIG. *Bien jurídico y bien jurídico-penal*, p. 213.

[294] Cf. SILVA SÁNCHEZ. *Expansion*, p. 122. Em conformidade, "o direito penal, que reagia *a posteriori* contra um fato lesivo individualmente delimitado (tanto ao sujeito ativo quanto ao passivo), converteu-se num direito de gestão (punitiva) de riscos gerais e, nesta medida, se *administrativizou*" (*Expansion*, p. 123).

ministrativo sancionador, a perseguir funções de ordenação de setores da atividade administrativa.

Quando constituídos em autônomos objetos de tutela, só se pode reconhecer – nestes novos interesses coletivos – o bem jurídico "de uma forma difusa, porque os tipos, em lugar de descrever formas concretas de lesão do bem jurídico, tendem a descrever situações de perigo abstrato que se situam em uma fase prévia à produção do dano".[295] Por isso, a tendência não é só de abandonar os referentes materiais precisos, mas também a noção de lesão (ou perigosidade) para eles, passando-se a adotar critérios de imputação que levam em conta uma afetação geral ou estatística do bem – uma afetação que, muitas vezes, só adquire dignidade penal quando contemplada em conjunto[296] –, que dispensa a efetiva lesão (entendida em termos clássicos). O princípio da *lesividade* ou *ofensividade*,[297] que se traduz, tanto no plano legislativo quanto no jurisdicional-aplicativo,[298] numa restrição do âmbito dos valores dignos de pena a formas de ofensa que efetivamente atentem contra o bem jurídico tutelado, encontra-se, nos casos em análise, corroído por considerações pragmáticas próprias de um modo de inteligir estranho ao "penal".

Para ilustrar de forma particularmente impressiva o que deixamos exposto, convém adiantar que, segundo o nosso entendimento, a tutela jurídico-penal do meio ambiente é um dos exemplos mais evidentes dessa tendente administrativização. Tomemos como exemplo alguns artigos da Lei de Crimes Ambientais (Lei 9.605/98), que tipificam condutas supostamente contrárias ao ambiente: o art. 34 pune criminalmente quem "Pescar em período no qual a pesca seja proibida ou em lugares interditados por órgão competente" ou, talvez o mais esdrúxulo deles, o 51, que proíbe "comercializar motosserra ou utilizá-la em florestas e nas demais formas de vegetação, sem licença ou registro da autoridade competente". Ora, parece claro, mesmo ainda num olhar pouco preciso, que a aplicação da sanção penal se encontra justificada sempre que o infrator contrariar os preceitos da autoridade administrativa. Do mesmo modo, resulta pouco visível quais são (ou devem ser) os contornos do bem jurídico que serve de motivo às incriminações e, por outro lado, qual a melhor maneira de se compreenderem a estrutura e

---

[295] Cf. ROXIN. *La evolucion de la política criminal*, p. 27.

[296] Cf. *infra*, Parte II, Cap. II, 3.4.

[297] Sobre o princípio da ofensividade em confronto com os crimes de perigo abstrato, desenvolvidamente, veja-se FARIA COSTA. *O Perigo*, p. 620 e ss. D'AVILA. Fabio Roberto, *Ofensividade e Crimes Omissivos Próprios*, Studia Juridica. Coimbra: Coimbra Editora, 2005.

[298] Para uma delimitação do princípio da lesividade (ou ofensividade), com particular referência às experiências italiana e germânica, ver PALAZZO. *Valores constitucionais e direito penal*, p. 79 e ss.

conformação de cada tipo. Tudo a comprovar que, assim configurados, os ilícitos-típicos dificilmente permitem que seja possível recorrer-se a critérios materiais (qualitativos) aptos a constatar se, no momento da aplicação do tipo, houve ou não uma verdadeira exposição a perigo do bem jurídico cuja tutela se afirma ter motivado o legislador.

1.4 – Seriam esses dados mais que suficientes para se poder reconhecer como benéfica essa nova tendência assumida pelo direito penal contemporâneo? Ou, formulando-se de outra maneira: a progressiva transformação do direito penal num instrumento a mais de uma política global de gestão de riscos, fenômeno a que se alude como *administrativização*, seria uma idônea e imprescindível tarefa numa sociedade em que os riscos se multiplicam?

Em face do que ficou dito, pouco resta para se perceber que, quanto a nós, a resposta irá sempre no sentido negativo. A impossibilidade de se recorrer a um critério de distinção material apto a abarcar todas as infrações de mera ordenação social nada tem a ver com a exigência, no domínio jurídico-penal, de que o legislador só recorra à elevação de uma determinada conduta à categoria de crime quando ela for apta a atentar contra um bem jurídico claramente individualizado. Noutros termos, a ausência de um critério qualitativo de distinção entre direito penal e direito administrativo sancionador amplamente válido não tem (e de modo algum pode ter) como consequência o "enfraquecimento" dos limites materiais, e mesmo formais, que estão na base de qualquer intervenção penal que se queira legítima. O direito penal não pode, a esta luz, abrir mão do que conquistou, assumindo um modo de raciocinar que não lhe pertence – não pode, como se concluiu, e mesmo que orientado por um pensamento funcional atento a necessidades preventivas,[299] deixar-se administrativizar.

Assim, pretendemos aqui manifestamente assinalar a indispensabilidade de um suporte qualitativo a estar presente em toda e qualquer infração criminal. Suporte esse que se traduz na restrição da intervenção penal a um núcleo duro de valores (bens jurídicos) indispensáveis ao livre desenvolvimento da pessoa humana e, ainda mais, somente a formas de ataque que redundem numa inequívoca lesão (ou perigo de lesão) aos valores em causa.[300]

---

[299] Sobre as consequências do pensamento penal funcionalista na teoria do bem jurídico, a partir de uma perspectiva crítica, ver HASSEMER. *Teoria personal del bien jurídico*, p. 276 e ss. Menos crítica parece ser a postura de ROXIN. *La evolucion de la política criminal*, p. 25 e ss.

[300] Em sentido próximo, ver MIR PUIG. *Bien jurídico y bien jurídico-penal*, p. 212 e ss.; D'AVILA, Fabio Roberto. Direito penal e direito sancionador: sobre a identidade do direito penal em tempos de indiferença. *RBCCRIM*, n. 60, p. 9 e ss.

De qualquer modo, faz parte do presente capítulo e dos subsequentes dar cabo da já antecipada indagação sobre se os chamados bens jurídicos supraindividuais ou coletivos devem constituir objetos legítimos da intervenção penal e, em caso de resposta afirmativa, qual deve ser a técnica empregada pelo legislador para atender satisfatoriamente a essa demanda. É onde queremos chegar, tendo por preocupação premente e fulcral o meio ambiente, sua eventual autonomia e pertinência enquanto bem jurídico digno de tutela penal, o sentido da respectiva lesão e o confronto das constatações a que iremos chegar com as incriminações em vigor a partir da Lei 9.605/98.

2. A tendência expansiva do direito penal e os bens jurídicos coletivos ou supraindividuais. Autonomia ou mera tutela antecipada de bens individuais? O direito penal entre o funcionalismo e o "pensamento europeu dos princípios tradicionais"

Conforme temos insistentemente sustentado, o direito penal moderno só é idôneo para a tutela subsidiária de bens jurídico-penais. Todavia, sendo isso tido por certo, não menos certo é que, por trás dessa afirmação essencial, existe um grande número de questões que têm despertado enorme controvérsia (ou até mesmo antagonismo). Daí toda a polêmica suscitada à volta do papel a desempenhar pela política criminal na contenção dos novos riscos oriundos do desenvolvimento tecnológico, em confronto com a função de exclusiva proteção de bens jurídicos: urge, segundo uns, que o direito criminal abandone aquela perspectiva liberal, que defendia a intervenção penal somente para a tutela de bens jurídicos clássicos (como a vida ou o patrimônio), e tome como tarefa sua a tutela de interesses vagos, difusos, verdadeiros bens jurídicos universais, supraindividuais (entre os quais, vale mencionar, está o "ambiente");[301] noutro sentido, posicionam-se aqueles autores que, apegados aos valores do direito penal clássico e à concepção liberal de Estado à qual aquele se remete, defendem a necessidade de qualquer programa político-criminal continuar ainda restrito ao seu âmbito clássico de tutela, quando se quer que o bem jurídico continue a cumprir com sua função de padrão crítico e legitimador da intervenção punitiva.[302]

---

[301] Nesse sentido, entre tantos, SCHÜNEMANN. *Situación espiritual de la ciencia jurídico-penal alemana*, p. 188 e ss.; ROXIN. *La evolución de la política criminal*, p. 89 e ss.

[302] Cf., por todos, HASSEMER. *Derecho penal simbólico, passim*. Para o meio ambiente, veja-se MÜLLER-TUCKFELD. *Abolición del derecho penal del medio ambiente, passim*.

Se as coisas se postulam nos termos atrás desenhados, resta-nos procurar devassar as razões de uma postura rigidamente acorde com o "pensamento europeu dos princípios tradicionais", idêntica à que tem sido propugnada no ambiente da Escola de Frankfurt, segundo a qual o direito penal deve quedar-se "nuclear", ou seja, restrito ao seu âmbito clássico de tutela de interesses individuais, remetendo para outros ramos extrapenais a tarefa de salvaguardar os novos valores coletivos. Por outra banda, e opostamente, cumprir-nos-á uma maior aproximação daquele setor da doutrina que, com base em uma racionalidade funcional, a permitir uma dogmática político-criminalmente orientada, atribui ao direito penal a tarefa de lutar contra novos riscos sociais, tidos por mais danosos para vida social do que a criminalidade considerada "clássica".

2.1 – No intuito de discorrer sobre os problemas essenciais que se fazem notar, quando da proteção jurídico-penal de interesses coletivos se trata, o primeiro deles que de pronto nos salta aos olhos quando se intenta uma abordagem mais pormenorizada, é o de lograr saber se, neste campo, estamos diante de *autênticos bens jurídicos*. Ou, dizendo de outro modo, importa saber se estes bens constituem interesses autônomos e dignos de proteção *por si mesmos*, ou seja, pelo relevo que possuem para a vida comunitária, ou se não passam de formas de antecipação da tutela penal de bens jurídicos individuais preexistentes.[303]

Justo é salientar que toda a discussão aqui suscitada se deve ponderar, ao menos num primeiro momento, tendo-se por interlocutor privilegiado a própria concepção de Estado que serve de suporte ao sistema penal e ao programa político-criminal correspondente. De resto, não seria desarrazoado pensar que a negação de qualquer fundamento teórico aos interesses supraindividuais ou coletivos entra em desacordo com a vertente *social* do Estado de Direito contemporâneo. Como descreve Norberto Bobbio, a evolução dos direitos humanos ao longo dos tempos pode ser dividida em três fases: "num primeiro momento afirmaram-se os direitos da liberdade, ou seja, todos aqueles direitos que tendem a limitar o poder do Estado e a reservar ao indivíduo ou a grupos particulares uma esfera de liberdade em relação ao Estado; num segundo momento foram promulgados os direitos políticos, já que ao se conceber a liberdade não só negativamente como não impedimento, mas positivamente como autonomia, houve por consequência a

---

[303] Nesse sentido, refere, por exemplo, FIANDACA que bens coletivos como a saúde e a incolumidade pública não são tutelados autonomamente, sendo antes uma "tutela antecipada da vida e da integridade do singular" (*Il bene giuridico*, p. 72).

participação cada vez mais ampla no poder político (...); e finalmente, foram proclamados os direitos sociais, que se expressam o amadurecimento de novas exigências (bem-estar, igualdade real), que se poderiam chamar liberdade através ou por meio do Estado".[304] Foi, pois, no seio dessa última noção de Estado que se desenvolveram as teses favoráveis ao alargamento da intervenção penal, de modo a abarcar aqueles interesses sociais, frutos dessa nova forma de se entender o Estado em suas relações com o indivíduo.

Como é sabido, já com Eb. Schmidt, ocorre uma delimitação material entre crimes e contraordenações que não deixa de explicitar a idoneidade da intervenção penal no âmbito socioeconômico.[305] É, portanto, com Eb. Schmidt que aquela dimensão social do bem jurídico aflora, no âmbito econômico, como "espaço dos interesses vitais econômico-materiais".[306] Para Schmidt, crimes contra a economia são "as infrações que lesam o interesse estadual na existência e manutenção da ordenação econômica estabelecida pelo Estado, atingindo esta ordenação no seu conjunto ou nos seus ramos particulares, como pressuposto necessário da capacidade do Estado para realizar as suas superiores tarefas econômicas".[307] Dá-se, assim, com a doutrina de Eb. Schmidt, a elevação de certos interesses coletivos à categoria de *bens jurídicos*, o que não deixa de ser consequência de uma nova mundividência consoante com as transformações políticas e ideológicas, ocorridas no período que sucedeu os grandes conflitos mundiais. Ficava, pois, claramente

---

[304] Cf. BOBBIO. *Derechos Humanos*, p. 16.

[305] Com efeito, se, com Goldschmidt – também já o dissemos –, dá-se uma viragem na história do Direito Penal Administrativo, traduzida na distinção entre este último e o direito penal, ainda não se deixava notar neste autor uma compreensão que relevasse como tarefa legítima do direito penal (em sentido estrito, e portanto não eticamente neutro) a tutela de interesses sociais vinculados à intervenção do Estado na vida quotidiana. Isso porque, no dizer de Amelung, a doutrina de Goldschmidt mantinha-se atrelada à ideia "de que as infrações praticadas no seio de uma sociedade separada do Estado são inquestionavelmente mais graves que as que contrariam a intervenção do Estado na mesma sociedade" (cf. AMELUNG. *Rechtsgüterschutz und Schutz der Gesellschaft*, p. 290 *apud* COSTA ANDRADE. *Contributo para o conceito de contra-ordenação*, p. 89).

[306] Numa maior aproximação à doutrina de Eb. Schmidt, convém descortinarem-se os contornos em que pretende distinguir os dois distintos "espaços de interesses" a partir dos quais se estaria, dependendo do relevo do interesse em questão, ou perante um crime contra a economia ou uma contra-ordenação. Dessa feita, correspondiam aos crimes contra a economia o "espaço dos interesses vitais econômico-sociais", que são "interesses do *Estado* na manutenção da sua capacidade de intervenção necessária à prossecução das suas tarefas e interesses, que se podem identificar com o interesse na salvaguarda e manutenção da ordenação criada pelo Estado para a economia em seu conjunto ou seus ramos específicos; e, em *segunda linha*, como interesses dos cidadãos, individualmente considerados, numa participação, racional e adequada à sua vontade de realização profissional e econômica". Por seu turno, o "espaço dos interesses administrativos", a que corresponde o direito de mera ordenação social, surge como consequência das relações entre a Administração em virtude da intervenção estadual na vida econômica (cf. COSTA ANDRADE. *A nova lei dos crimes contra a economia*, p. 400).

[307] *Apud* COSTA ANDRADE. *A nova lei dos crimes contra a economia*, p. 400.

evidenciado, no domínio jurídico-penal, particularmente, o abandono do modelo liberal clássico de Estado com a elevação de determinados interesses suprapessoais à categoria dos bens dignos de punição, mormente aqueles pertencentes ao "espaço dos interesses vitais econômico-materiais".[308]

Modernamente, o autor germânico que mais atenção dispensou ao tema da autonomização do direito penal secundário foi Klaus Tiedemann. Com as preocupações centradas no direito penal econômico, Tiedemann identifica esse último ramo com autênticos bens jurídicos supraindividuais, merecedores de punição autônoma, independentes e desconectados dos interesses jurídicos individuais.[309] Entende, assim, a tutela jurídico-penal de interesses supraindividuais como a ordem econômica ou determinados valores sociais que constituem fins em si mesmos e, portanto, desvinculados de quaisquer referentes individuais.[310] Para além disso, partindo de um conceito dualista de pessoa, que distingue entre *Selbstein* e o *Alssein*, postula uma construção dualista do bem jurídico apta a alicerçar – tendo por base a autonomia material entre as duas dimensões relativamente autônomas do agir pessoal – a dualidade entre direito penal clássico (ou de justiça) e direito penal secundário.[311] Dessa forma, a proteção autonomamente dispensada à integridade de instituições ou sistemas econômicos em nada colidiria com a referência de todo o direito à pessoa humana.[312]

Em Portugal, é esse o caminho trilhado por Figueiredo Dias. Defensor de um conceito de bem jurídico constitucionalmente ancorado,

---

[308] Nas palavras de FIGUEIREDO DIAS: "passou o tempo em que a referência de uma norma a interesses (como se dizia) 'salutistas' do Estado podia reputar-se sinal bastante da neutralidade ética do respectivo substrato: as tarefas da *Daseinsvorsorge* não foram assumidas pelos Estados contemporâneos sem a correspondente 'eticização' de uma boa parte das providências destinadas a melhorar a condição social dos homens" (*Direito penal secundário*, p. 332).

[309] Cf. TIEDEMANN. *El concepto*, p. 67 e ss.

[310] O que se nota claramente em Tiedmann quando afirma que ao direito penal econômico competem as "transgressões no campo dos chamados *bens jurídicos* coletivos ou *supraindividuais* da vida econômica, que por necessidade conceptual transcendem os interesses jurídicos individuais" (cf. TIEDEMANN. *El concepto*, p. 68).

[311] Cf. HASSEMER/MUÑOS CONDE. *Introducción*, p. 189. Como aprecia Santana Vega, construções dualistas como a empreendida por Tiedmann "partem da existência de duas modalidades na titularidade dos bens jurídico-penais: a do Estado e a do indivíduo à maneira de 'duas colunas' paralelas sem critério comum superior que permita a preeminência de uma ou outra classe de bens" (cf. SANTANA VEGA. *Bienes jurídicos colectivos*, p. 84).

[312] Também no entender de Mir Puig, "não cabe discutir a importância desta classe de interesses", já que, no contexto de um Estado social, não se pode negar a legitimidade do direito penal para responder a certas demandas de criminalização para a salvaguarda de novos valores coletivos ou sociais (cf. MIR PUIG. *Bien jurídico y bien jurídico-penal*, p. 208). Todavia, acrescenta o mesmo Autor – e com toda razão – que o afirmado anteriormente "não basta para decidir o importante debate atual acerca dos critérios que hão de decidir que limites devem presidir à intervenção do direito penal neste âmbito" (*Bien jurídico y bien jurídico-penal*, p. 208).

esse autor postula que a forma em que se relacionam o ordenamento jurídico-constitucional e a "ordem legal dos bens jurídicos dignos de tutela penal" possibilita uma "distinção material – com importantíssimos reflexos dogmáticos e sistemáticos – entre o direito penal clássico ou de justiça, e o direito penal administrativo, extravagante, secundário, ou econômico social".[313] De forma que, se os crimes constantes do direito penal de justiça correspondem aos *direitos, liberdades e garantias das pessoas* (previstos pela Constituição), "já os do direito penal secundário (...) se relacionam primariamente com a ordenação jurídico-constitucional relativa aos *direitos sociais e à ordenação econômica*. Diferença que radica, por sua vez, na existência de duas zonas relativamente autônomas na atividade tutelar do Estado: uma que visa proteger a esfera de atuação especificamente *pessoal* (embora não necessariamente 'individual') do homem: do homem 'como este homem'; a outra que visa proteger a sua esfera de atuação *social*: do homem 'como membro da comunidade'".[314] Dessa relativa autonomia entre *ser-individual* e *ser-social*, Figueiredo Dias faz derivar uma outra, fundada na necessidade de "modificar as exigências tradicionais do Estado de Direito formal em matéria de limitação do poder punitivo", quando em tela estiver a salvaguarda dos interesses que relevam da dimensão *social* do indivíduo.[315]

2.2 – No entanto, não se deve pensar que essa postura comprometida com a consagração de novos interesses merecedores de tutela penal é aceita sem ressalvas. Com efeito, e, de certo modo, reflexamente ao aparecimento progressivo de incriminações que têm por fulcro novos bens de feição supraindividual, atualmente têm surgido variados estudos críticos a questionar a validade e o fundamento teórico das mais recentes elaborações doutrinais favoráveis a uma mais empenhada e ativa participação do direito penal contemporâneo nos problemas que afligem a sociedade moderna.

Nesse sentido aponta o pensamento de Michael Marx e de todos aqueles autores orientados a uma noção de bem jurídico de vocação estritamente liberal (concepção monista-individualista ou personalista). Segundo esse entendimento, só podem ser bens do direito penal "os objetos que o ser humano precisa para sua livre autorrealização", de forma que os mesmos objetos só "se convertem em bens jurídicos à medida que estão dotados de um conteúdo de valor para o desen-

---

[313] Cf. FIGUEIREDO DIAS. *Os novos rumos da política criminal*, p. 17.

[314] Cf. FIGUEIREDO DIAS. *Questões Fundamentais*, p. 69.

[315] Desenvolvidamente, ver FIGUEIREDO DIAS. *Direito penal secundário*, p. 7 e ss

volvimento pessoal do homem em sociedade".[316] Em conformidade, se, de acordo com o entendimento de alguns, existe uma autônoma salvaguarda dos interesses cristalizados pela vertente *social* do Estado de Direito, já na perspectiva aqui defendida tais interesses só merecem acolhimento na justa medida em que forem indispensáveis à livre realização do indivíduo singular. O direito penal só se justifica para a proteção do indivíduo frente ao Estado, sendo ele (indivíduo) o eixo ou núcleo axiológico ao redor do qual a ordem jurídico-penal deve entremostrar-se.

É no indivíduo que reside o apoio normativo a todo o desenvolvimento jurídico.[317] Daí que a concepção monista personalista propugne a fundamentação de todo o direito penal com base no ser humano, valendo esse como um parâmetro irrenunciável – apoiado, segundo alguns, no ordenamento jurídico-constitucional – para a avaliação do merecimento de pena. Consequentemente, isso repercute como um "freio" às atuais reelaborações teóricas de categorias dogmáticas e princípios político-criminais e também às tendências de "socialização" deles em resposta ao desenvolvimento e transformação das estruturas sociais.

Por outro lado, escreve Marx, a autorrealização pessoal não existe nem se perspectiva em razão unicamente do indivíduo isolado, mas sim da "socialidade da pessoa". Não se desconhece, ainda mais, que a pessoa, para além de "indivíduo" singular, é, sempre e conjuntamente, "uma individualidade social".[318] Daí que "esta concepção só possa resultar num conceito unitário de bem jurídico, isto é, ao mesmo tempo individual e social".[319] De resto, a passagem do Estado de direito formal ao Estado social de Direito não compromete o reforço dos interesses pessoais no momento na configuração do tipo: os bens jurídicos supraindividuais podem ser construídos como autônomos objetos de tutela desde que esses estejam sempre referidos às condições de autorrealização da pessoa.[320] Dizendo de outro modo, os objetos só se convertem em bens jurídicos quando "dotados de um conteúdo de valor

---

[316] Cf. SILVA SÁNCHEZ, em especial referência ao pensamento de M. Marx (*Derecho penal contemporáneo*, p. 271).

[317] Cf. HASSEMER. *Teoria personal del bien jurídico*, p. 278.

[318] Cf. KAUFMANN. *Subsidiaritätsprinzip*, p. 95/6 *apud* Santana Vega, *Bienes jurídicos colectivos*, p. 89.

[319] Cf. SANTANA VEGA. *Bienes jurídicos colectivos*, p. 91.

[320] No dizer de HASSEMER, "um conceito pessoal de bem jurídico não rechaça a possibilidade de bens jurídicos gerais ou estatais, mas funcionaliza esses bens a partir da pessoa: somente se podem aceitar com a condição de que brindem a possibilidade de servir aos interesses do homem" (cf. HASSEMER. *Teoria personal del bien jurídico,* p. 282).

para o desenvolvimento pessoal do homem em sociedade".[321] Assim, por exemplo, quando se trate de conferir proteção ao meio ambiente, não se dispensa a comprovação, no momento da aplicação do tipo, de um resultado que contrarie os interesses do indivíduo.

Convém notar que essa concepção guarda estreita relação com o ideário político-filosófico que alimentou as teorizações próprias do iluminismo penal, nomeadamente com a ideia de que o Estado só deve intervir para salvaguardar a liberdade do cidadão, e nunca para promover valores ou "funções" que lhe causem prejuízo. Tal como o pensamento penal iluminista, procuram-se impor limites materiais ao direito penal, elegendo-se a proteção do indivíduo como fim único e legítimo. A função do Estado, compreendido nesses moldes, é de servir ao indivíduo e salvaguardar a sua esfera de liberdade; esfera essa que poderia ser ameaçada se o Estado interviesse em domínios cujo vínculo com o particular é pouco apreensível, de modo que o próprio Estado, assim, se converteria num fim em si mesmo, desprendido dos referentes individuais. Com efeito, a manutenção de um *status* negativo para o cidadão frente ao Estado resulta benéfico na medida em que pressupõe a existência de âmbitos de liberdade assegurados juridicamente.[322]

Ora, essa maneira de ver as coisas pretende dar resposta ao perigo de se instrumentalizar a pessoa e os interesses particulares em função do Estado[323] (entendido como uma entidade que se justifica por si mesma), o que é próprio do modo funcionalista de inteligir. Em contrapartida, o que se pretende é exatamente o contrário: "funcionalizar os interesses gerais e do Estado a partir do indivíduo".[324] O pensamento funcionalista não serve, segundo creem esses autores, como um ponto de apoio apto a oferecer limites à intervenção punitiva estadual porque corporiza uma racionalidade meramente pragmática, voltada para o *output*, e, portanto, desatenta a uma outra racionalidade axiológica (a

---

[321] Cf. SILVA SÁNCHEZ. *Derecho penal contemporáneo*, p. 271. Assim também, SANTANA VEGA, quando afirma que "serão inadmissíveis no âmbito de proteção penal aqueles bens que resultem dificilmente conectáveis com o indivíduo" (*Bienes jurídicos colectivos*, p. 92).

[322] Assim KINDHÄUSER, afirmando que uma "política criminal racional (...) deve orientar-se (...) à protecção das condições juridicamente garantidas da esfera de liberdade individual" (*Delitos de peligro abstracto*, p. 447).

[323] Esse é o modo de raciocinar próprio das teorias monistas coletivistas do bem jurídico, que defendem que todos os interesses protegidos pelo direito penal são interesses *do direito* e, portanto, sempre trans-individuais. Uma tal compreensão teve por primeiro representante Karl Binding, um dos pais do conceito, para quem o bem jurídico é "tudo aquilo que, aos olhos do legislador, tem valor como condição para uma vida saudável dos cidadãos". Atualmente, orientam-se nesta linha os autores que sustentam um conceito material de crime com base na teoria dos sistemas sociais, como Amelung ou Jakobs. Para uma abordagem mais desenvolvida, ver Jakobs, *Derecho Penal – PG*, p. 43 e ss. Criticamente, por todos, ROXIN. *La evolucion de la política criminal*, p. 57 e ss.

[324] Cf. HASSEMER. *Teoria personal del bien jurídico*, p. 281.

Wertrationalität), que deve sempre interceder.[325] A recorrência à noção de "danosidade social", peculiar às teses funcionalistas mais radicais,[326] não presta à função de um padrão crítico político-criminal pronto a servir de limite material ao *ius puniendi*. No seio dessas correntes, dado o seu caráter essencialmente normativo e o consequente apagamento do *mundo da vida* e da pessoa, o que resulta *socialmente danoso* ou desfuncional pode ser contrário à eficácia limitadora e garantista de uma política criminal alicerçada nos valores do Estado de Direito. Uma perspectiva exclusivamente funcionalista arrisca-se a proteger meras imoralidades, ou a legitimar o recurso ao direito penal pelo poder estatal para cumprir funções de estratégia política.[327]

E isso, num certo sentido, deve valer também para aquele setor da doutrina em que o pensar *tecnológico* é levado a menores consequências. Fácil é chegar a essa conclusão quando se tem presente, como já afirmou o próprio funcionalista Roxin, que "a acentuação das orientações preventivo-gerais conduz a uma extensão da penalidade a todos os âmbitos socialmente relevantes".[328] É, pois, de uma oposição ao pensamento funcionalista, considerado em muitas das suas manifestações, que partem as mencionadas críticas, mormente as provindas da doutrina minimalista radicada em Frankfurt. Em uma abordagem dicotômica, pode-se dizer que toda a polêmica agora levantada traduz-se na temática, mais ampla – e à qual teremos ocasião de voltar logo em breve

---

[325] Cf. *supra*, Cap. I, 1.3.

[326] No extremo oposto de toda esta controvérsia, encontram-se aqueles que preconizam a aceitação de um novo direito penal absolutamente direcionado e funcionalizado para responder às exigências preventivas de uma sociedade cada vez mais insegura e amedrontada com as consequências do próprio "avanço". Fala-se então da indispensabilidade de uma "nova dogmática", ou de "um direito penal do risco", como alternativa a responder com maior eficiência aos apelos próprios da sociedade pós-industrial. Para além das implicações dogmáticas de que se tratará oportunamente – entre as quais a apoteose dos crimes de perigo abstrato não será, certamente, a menos impressiva –, o que sobressai como elemento comum dessas concepções é a perda de valor da noção de bem jurídico como padrão crítico e legitimador (Na linha das teses funcionalistas mais radicais, ver MÜSSIG. *Desmaterialización del bien jurídico y de la política criminal*, p. 157 e ss.; JACOBS. *Derecho Penal*, p. 47 e ss.). Assim, por exemplo, o pensamento de Stratenwerth: segundo entende este Autor, o legislador, ao restringir a proteção penal a bens jurídicos individuais, abandona a nobre tarefa de "assegurar o futuro com os meios do direito penal". Nesse sentido, sendo a pena "a sanção (...) mais dura que conhece o nosso direito", não faria sentido uma retirada do direito penal "precisamente ali onde estão em jogo interesses vitais não só dos indivíduos, mas de toda a humanidade em sua totalidade" (cf. ROXIN. *Derecho Penal PG*, § 2 nm. 23d.). Em conformidade, abandonando a referência aos bens jurídicos, propõe a tutela de "contextos da vida como tais", que passam a proteger, jurídico-penalmente, "normas de conduta referidas ao futuro" e sem "retro-referência a interesses individuais" (cf. ROXIN. *Derecho Penal PG*, § 2 nm. 23d.); com a ressalva de que tal não seria uma proposta de entono unicamente funcionalista, já que estaria em consonância com os princípios e garantias do Estado de Direito.

[327] Ver, neste sentido, HERZOG. *Derecho penal del riesgo*, p. 55 e ss. Também, do mesmo Herzog: *Límites al control penal de los riesgos sociales*, p. 321 e ss.

[328] Cf. ROXIN. *La evolucion de la política criminal*, p. 27/8.

–, do "direito penal entre o funcionalismo e pensamento europeu dos princípios tradicionais".[329] Por agora basta reiterar que ao funcionalismo – seja ele na sua vertente moderada, seja na sua vertente radical[330] – referem-se, portanto, os autores de Frankfurt, como um instrumento de incorporação, aos princípios normativos do merecimento de pena, de interesses políticos e ideológicos da mais variada ordem. É dizer: como uma "ideia pela qual se funcionalizam os princípios do direito penal a partir das exigências de uma política criminal efetiva"[331] que tem por consequência primordial a expansão do número de necessidades coletivas alçadas à categoria de interesses dignos de tutela penal.

Uma outra questão que tem sido posta em evidência pela doutrina antropocêntrica do bem jurídico é a de se saber até que ponto o direito penal, quando protege interesses que transcendem a esfera do indivíduo (em sentido estrito), não adota uma *função propulsora* ou promocional. Se, com fundamento nas observações anteriores, atribui-se ao pensamento funcionalista o demérito de subtrair da noção de bem jurídico todo o conteúdo material, num momento posterior, tem-se predicado àquela mundividência também o abandono do princípio da *subsidiariedade*.[332] Com efeito, para além de sua clássica função de tutela subsidiária de bens jurídicos, o direito penal passaria a incorporar uma "função promocional" da vida social, a implicar uma clara transformação de sua função.[333] Crê-se, assim, que a ordem jurídica constitucional deixaria então de servir como limite negativo à criminalização, passando a servir como "pressuposto de uma concepção promocional ou propulsora do direito, acrescentando à função tradicionalmente protetiva e repressiva do direito penal o papel de instrumento que concorre na realização do modelo e dos escopos prefigurados na Constituição".[334] Ademais, e como maior objeção a uma acentuação da função promocio-

---

[329] Cf. SCHÜNEMANN. *Situación espiritual de la ciencia jurídico-penal alemana*, p. 189.

[330] Distingue o funcionalismo em *moderado* e *radical*, POVEDA PERDOMO. *Fundamentacion material del injusto*, p. 407 e ss.

[331] Cf. HASSEMER. *Teoria personal del bien jurídico*, p. 276. O que, no dizer de Hassemer, dá-se "sobre a base metodológica de uma aplicação do direito orientada para as consequências e de uma ponderação dos princípios segundo os interesses do caso concreto". Dessa forma, "flexibilizam-se as tradições normativas e se as subtrai o poder de oposição que necessitam" (*Teoria personal del bien jurídico*, p. 276).

[332] Assim, no juízo de Baratta, todas essas transformações estão "conduzindo a que sejam considerados como totalmente inadequados – enquanto caracterizam os sistemas penais –, conceitos como os de bem jurídico e do caráter subsidiário do direito penal, que anteriormente bem podiam constituir os critérios para uma contenção funcional e quantitativa da reação punitiva" (cf. BARATTA. *Integración-.prevención*, p. 11).

[333] Cf. BARATTA. *Integración-.prevención*, p. 11. Catenacci, *La tutela penale dell'ambiente*, p. 95 e ss.

[334] Cf. NEPPI MODONA *apud* FIANDACA. *Il bene giuridico*, p. 67.

nal do direito penal, estaria o enorme perigo de "transformar o direito penal de instrumento jurídico de tutela em 'instrumento de governo', enquanto tal não imune a uma instrumentalização política em sentido estrito".[335]

2.3 – Buscando clarificar e tomar partido em tudo o que ficou considerado, temos para nós que a solução não está, com Jakobs ou Stratenwerth, no abandono da noção de bem jurídico enquanto conteúdo material (e limite) ao *jus piniendi*. Cremos, ainda mais, que uma tal postura merece muitas das críticas formuladas pela Escola de Frankfurt. Com efeito, é acertado pensar, com esses últimos, que uma excessiva funcionalização do sistema jurídico-penal, com vistas a combater eficazmente os novos riscos da sociedade moderna, implicaria um desencontro pernicioso com os postulados fundamentais de uma política criminal que se queira no compasso dos valores do Estado de Direito. Desencontro, em primeiro lugar, com a indispensável restrição da intervenção penal a determinados "bens ou valores que, em determinada comunidade e em um também determinado momento histórico, constituem o mínimo ético que não pode ser, nem mais, nem menos, do que o núcleo duro dos valores que a comunidade assume como seus e cuja proteção permite que ela e todos os seus membros, de forma individual, encontrem pleno desenvolvimento em paz e tensão de equilíbrio instável".[336] Em segundo lugar, desencontro com a ideia – também ela irrenunciável – de que essa mesma tutela só é legítima quando impossível de se efetuar por meios menos atentatórios à liberdade humana. Nessa linha, pensamos convictamente que um abandono ou alargamento do "objeto" em razão do qual o direito penal tem definidos os seus limites implica, por decorrência lógica, um abandono ou alargamento da sua função. Em termos mais impressivos: a recusa à limitação material do âmbito do penalmente legítimo significaria, assim, a recusa à limitação de sua função e a consequente abertura a considerações meramente funcionais e de estratégia política.[337]

Coisa diversa é acreditar que, para que o bem jurídico esteja em compasso com sua função de critério legitimador e crítico da intervenção penal, seja *indispensável* manter-se fiel ao seu caráter antropocên-

---

[335] Cf. FIANDACA. *Il bene giuridico*, p. 68. À custa de dotar o sistema jurídico-penal de um instrumental dogmático apto a responder com eficiência aos clamores de uma "sociedade do risco", já não se conceberia o direito penal como *ultima ratio* da proteção de bens jurídicos, senão como *prima ratio* e parte integrante de uma "estratégia de gestão de riscos", influenciável política e ideologicamente.

[336] Cf. FARIA COSTA. *O perigo*, p. 302.

[337] HERZOG. *Límites al control penal de los riesgos sociales*, p. 321. e ss.

trico extremado. Diferentemente – e tomando por base os pilares de sustentação da noção de Estado social de Direito –, não se vê razão alguma naqueles que contestam a existência de bens sociais e coletivos e, enquanto tais, dignos de punição. E isso, segundo cremos, não contradiz a afirmação de um direito penal em que a pessoa humana seja o cerne das preocupações. A consagração de verdadeiros bens jurídicos coletivos, supraindividuais, não interfere em nada naquela tese, que arranca da ideia da descriminalização, segundo a qual o direito penal só pode intervir com legitimidade para a salvaguarda das condições essenciais ao livre desenvolvimento da pessoa humana. Pelo contrário, quando se foge daquela concepção extremamente antropocêntrica, dando-se particular importância à "noção de bem jurídico como entidade sociojurídica eminentemente histórica e mutável",[338] nada se opõe a uma *construção dualista* do conceito que continue em compasso com a função político-criminal que lhe subjaz. Daí que essa posição se mostra perfeitamente coesa com as finalidades prosseguidas pelo Estado contemporâneo: garantir a cada pessoa singular as condições indispensáveis para conduzir sua vida com liberdade e responsabilidade, sem olvidar que o indivíduo de que se fala não se considera apenas como um ser isolado, mas que se desenvolve e frutifica no seio de uma comunidade.[339]

Por outro lado, é também nossa convicção que a elevação de determinados bens ou valores sociais à categoria de autônomos bens jurídicos não é (não deve ser!) produto de uma razão meramente pragmática e indiferente à *Wertrationalitat*. Como já tivemos ocasião de demonstrar,[340] da contraposição entre a *Wertrationalitat* e a *Zweckrationalitat* deve necessariamente resultar um programa político-criminal, que – dando a devida importância à tese de que "um moderno sistema jurídico-penal deve estar estruturado teleologicamente, ou seja, construído atendendo a finalidades valorativas"[341] – não se descortine como um puro "consequencialismo".[342] Devendo o pensamento teleológico participar das considerações político-criminais a dar sentido e conteúdo ao sistema dogmático e às categorias que o integram, isso não inviabiliza a incidência de limites a um tal pensamento. Desse modo, adotamos uma

---

[338] Cf. Figueiredo Dias, *Direito penal na protecção do ambiente*, p. 9.

[339] Nesse sentido, apesar de tender para a adoção de uma postura mais presa ao indivíduo, ver SILVA SÁNCHEZ. *Derecho penal contemporáneo*, p. 271. Fala-nos de uma harmonização entre o Estado social e o Estado de Direito. ROXIN. *Política criminal y sistema de derecho penal*, p. 33.

[340] Cf. *supra*, Cap. I, 1.3.

[341] Cf. ROXIN. *Derecho Penal PG*, § 7 nm. 51.

[342] Cf. SILVA SÁNCHEZ. *Política criminal en la dogmática*, p. 99.

racionalidade que não persegue somente fins instrumentais de controle, mas também, e precipuamente, a realização de *valores*.[343]

Todavia, desses valores que servem de limite ao modelo teleológico podemos aproximar-nos de várias formas que, por sua vez, hão de influenciar de maneira decisiva o *telos* do sistema e, no ponto que aqui mais interessa, a compreensão da categoria dos bens jurídicos. Se deles nos aproximamos de uma perspectiva assente no "pensamento europeu dos princípios tradicionais"[344] – que se concretiza como afirmação do pensamento jurídico-penal, desenvolvido a partir do Iluminismo e sobre a afirmação da ideia de contrato social –, estaríamos diante de uma postura próxima àquela da chamada Escola de Frankfurt que se pode resumir numa concepção *minimalista* que busca resolver o conflito entre "principialismo" e "consequencialismo" conferindo, num certo sentido, primazia ao primeiro e restringindo a legislação penal a um "direito penal básico", vocacionado de forma prioritária à proteção do *indivíduo*.[345] Se, opostamente, partimos de uma perspectiva funcionalista extremada, os valores só serão acolhidos quando parte menor de uma lógica de autoconservação do sistema social, de forma que terão o conteúdo delimitado e aceite em função dessa mesma lógica. Conforme esse entendimento, na síntese de Jakobs, "a pena não repara bens, mas confirma a identidade normativa da sociedade. Por isso, o direito penal não pode reagir frente a um fato enquanto lesão de um bem jurídico, mas somente frente a um fato enquanto transgressão à norma".[346] Daí não se poder dizer que essa última compreensão, ao advogar uma *funcionalização* dos valores, consiga abandonar o consequencialismo; "pois a *Wertrationalitat* aparece como função da *Zweckrationalitat* consistente na manutenção do sistema social de que se trate".[347] Além do mais, importa lembrar que é exatamente dessa ideia, tão forte em autores como Jakobs – assente numa política-criminal contraposta ao indivíduo e tendente à sua instrumentalização e subjetivação em função do sistema social –, que derivam muitas das críticas dirigidas ao funcionalismo radical. Críticas que, partidas tanto da perspectiva da criminologia crítica[348] ou das teses de Frankfurt, como daqueles defensores de um

---

[343] "O *modelo teleológico* resultante compreenderia, pois, aspectos instrumentais e outros 'valorativos'" (cf. SILVA SÁNCHEZ. *Política criminal en la dogmática*, p. 100).

[344] Expressão utilizada por Schünemann, em *Situación espiritual de la ciencia jurídico-penal alemana*, p. 188 e ss. Refere-se a eles como "velhos princípios ideológicos europeus", ROXIN. *La evolucion de la política criminal*, p. 56.

[345] Cf. ROXIN. *La evolucion de la política criminal*, p.90.

[346] Cf. JAKOBS. *Sociedad, norma y persona*, p. 11.

[347] Cf. SILVA SÁNCHEZ. *Política criminal en la dogmática*, p. 103.

[348] Cf. BARATTA. *Integración-.prevención*, pag. 10 e ss.

funcionalismo moderado,³⁴⁹ têm alertado para o perigo que implica, *v. g.*, o abandono do conceito de bem jurídico como conteúdo material a conferir legitimidade à intervenção penal e sua substituição pela "vigência das normas".

O que defendemos como postura metodológica correta não estaria, pois, em sintonia com um funcionalismo levado às últimas consequências, e, nessa medida, concordamos com Frankfurt. Do mesmo modo, não vemos razão para, baseados no louvável empenho de defender os princípios limitadores da pena próprios do Estado de Direito, não dotar de dignidade penal determinados interesses de feição coletiva. Tudo a permitir concluir, na esteira de Schünemann, que "o individualismo de Frankfurt está fadado a exprimir em demasia um único princípio, convertendo-o assim, em vez de em um elemento positivo, em um obstáculo; o normativismo de Jakobs, por sua parte, necessariamente conduz a uma capitulação incondicional ante a prática política imperante em cada momento na atividade do legislador ou na jurisprudência".³⁵⁰ Assim – e deixando de lado a discussão sobre se tais limites são oriundos do próprio "pensamento europeu dos princípios tradicionais" ou se, inversamente, consistem em limites ontológicos e exteriores ao método teleológico em causa –, partimos nós da eleição de um programa político-criminal em que os "contrapontos valorativos" não se concebem de forma exclusivamente funcional, mas que também, e em sentido oposto, não podem reconduzir-se ao monismo individualista de Frankfurt. De forma que o modelo por nós propugnado não pode ser taxado nem de *normativista* (ou funcionalista extremado) nem de *minimalista*.

O certo é que, em termos assumidamente simples, a conciliação entre uma racionalidade funcional e uma outra axiológica faz-se indispensável, quanto a nós, em homenagem à própria concepção de Estado de Direito (social e democrático). Em respeito aos valores e ao étimo jurídico-político que se cristalizam na concepção de Estado, não pode o sistema jurídico-penal, em nome da luta desmesurada contra o crime (e o criminoso), passar por cima de valores irrenunciáveis como a liberdade e a dignidade da pessoa humana. Sendo assim, a eleição e concreção de bens jurídicos supraindividuais devem fazer-se não só por conta de considerações pragmáticas fundamentadas na eficácia para a prevenção do crime,³⁵¹ devendo antes estar atentas aos valores limitadores

---

[349] Cf., por todos, ROXIN. *La evolucion de la política criminal*, p 57 e ss.; ver também SCHÜNEMANN. *Situación espiritual de la ciencia jurídico-penal alemana*, p. 205 e ss.

[350] Cf. SCHÜNEMANN. *Situación espiritual de la ciencia jurídico-penal alemana*, p. 189.

[351] Contra uma "lógica de eficácia" para o direito penal do meio ambiente, ver FARIA COSTA. *O perigo*, p. 313.

da punição próprios do Estado de Direito. Parece ser convergente o pensamento de Figueiredo Dias, ao asseverar que "na sua refracção jurídico-constitucional o direito penal administrativo corporiza – como positivação jurídica da política social do Estado –, não uma racionalidade meramente pragmática, finalista e indiferente a valores, mas uma ordenação com relevância axiológica directa. Também no direito penal administrativo, pois, como no de justiça, se trata do livre desenvolvimento da personalidade do homem e, assim, de *autênticos bens jurídicos*. Só que, no âmbito do direito penal administrativo, a actuação da personalidade do homem apenas é possível como fenómeno social, em comunidade e em dependência recíproca dela".[352]

Uma maneira de compreender os bens dignos de punição penal, tributária das ideias antropocêntricas de Frankfurt, peca, segundo entendemos, por propugnar uma política criminal restritiva e garantista, mas inadequada às transformações por que passa o mundo moderno e que têm por consequência, no que aqui nos interessa, a aparição de novas formas criminalidade. Noutros termos, falha a concepção pessoal de bem jurídico porque "não tem em conta as dimensões das distintas potencialidades de lesão de uma determinada sociedade em função de seu estágio de desenvolvimento tecnológico".[353]

E, contudo, não se deve pensar que aceitar a legitimidade da tutela penal *direta* desses interesses queira significar um abandono do paradigma "moralizante", que percorre a doutrina jurídico-penal desde o Iluminismo: a ideia de contrato social, como princípio de restrição, não impõe, de nenhuma forma, a sujeição da proteção penal ao indivíduo, considerado de forma singular.[354] É, portanto, absolutamente coerente com o paradigma penal que nos acompanha – que, como é sabido, deita raízes no pensamento filosófico moderno surgido a partir do século XVII e o ideário liberal clássico do século XVIII e que tem por um de seus mais impressivos valores o antropocentrismo e a consequente defesa do indivíduo em face do rigor punitivo do Estado – a salvaguarda pelo direito penal de novos interesses da coletividade. A essa constatação se chega – digamo-lo mais uma vez – quando se tem por notório que, de par com a esfera eminentemente *pessoal* do agir humano, existe

---

[352] Cf. FIGUEIREDO DIAS. *Direito penal secundário*, p. 10 – o grifo é nosso.

[353] Cf. SCHÜNEMANN. *Situación espiritual de la ciencia jurídico-penal alemana*, p. 193.

[354] Nesse sentido, criticando tenazmente o monismo-individualista de Frankfurt, veja-se SCHÜNEMANN. *Situación espiritual de la ciencia jurídico-penal alemana*, p. 192 e ss. Segundo esse autor, a vinculação à ideia de contrato social não pode, também, limitar o direito penal à tutela dos indivíduos existentes em determinado momento, já que a noção de contrato social só é praticável "se se concebe como parte do contrato toda a humanidade, isto é, incluindo também as *gerações futuras*" (*Situación espiritual de la ciencia jurídico-penal alemana*, p. 193 – o itálico é nosso).

uma outra, em sintonia com o mesmo "axioma onto-antropológico", em que se funda o direito penal moderno, que releva da dimensão *colectiva* do homem como ser-com e ser-para os outros.[355] Aqui, também, como no direito penal "clássico", estamos diante de bens que existem em função do Homem e como condição para a sua existência livre e responsável. O mesmo é dizer que, também quanto aos bens jurídicos suprapessoais, a pessoa humana é o referente axiológico que permite uma limitação da intervenção punitiva, só que agora considerada como pessoa inserta e dependente da comunidade. Portanto, não é necessária, nesse último caso, uma afetação *direta* do indivíduo, podendo ela ser *indireta*.[356]

2.4 – Questão distinta é a de saber qual é o ponto ótimo dessa afetação indireta. Já que, aqui, "surge o problema de onde fixar o limite: em que ponto da repercussão indireta sobre o indivíduo cabe entender que não se dão as condições para a proteção penal; pois, evidentemente, o termo 'indireto' é suficientemente ambíguo para que dificilmente se possa obter uma conclusão a partir unicamente do mesmo".[357] De fato, podemos subscrever a tese daqueles que só aceitam a validade e força legitimadora dos bens coletivos quando dotados de um "referente pessoal", ou seja, quando a "moralidade da intervenção penal" esteja condicionada à existência de uma "dimensão pessoal", mesmo que essa seja "alargada a uma concepção intersubjetiva e 'comunizada' dos interesses a tutelar, expressão de um comunicativo ser-com-os-outros que é característica do nosso mundo da vida (concepção pessoal-dualista de bem jurídico)".[358] Rumo diverso seria o tomado se atendêssemos aos que defendem uma absoluta autonomização dos interesses em questão. Assim a concepção dualista (em sentido estrito) do bem jurídico, segundo a qual os bens jurídicos supraindividuais, para além de autônomos, independem de qualquer referência aos interesses do indivíduo para a sua consagração legislativa como objetos de tutela.[359]

Como veremos, uma tomada de partido num desses sentidos em relação à tutela jurídico-penal do meio ambiente – enquanto bem jurídico-penal supraindividual e autonomamente protegido –, significará a

---

[355] Assim, FIGUEIREDO DIAS. *Sociedade do risco*, p. 23 e ss. Assim, também, apesar de sustentar uma concepção distinta – a que chama *pessoal-dualista* – de bem jurídico, ver SILVA DIAS. *Entre comes e bebes*, p. 66 e ss.

[356] Cf. PORTILLA CONTRERAS. *Bienes jurídicos colectivos*, p. 745.

[357] Cf. SILVA SÁNCHEZ. *Derecho penal contemporáneo*, p. 272.

[358] Cf. SILVA DIAS. *Entre comes e bebes*, p. 67.

[359] Cf. TIEDMAN. *El concepto*, p. 68; também Figueiredo Dias, *Direito penal secundário*, p. 7 e ss.

defesa, no primeiro caso, de uma concepção *antropocêntrica dependente*, em que seria indispensável, no momento de aplicar o tipo, a comprovação de uma afetação, por mínima que seja, de interesses do indivíduo; no segundo, de uma perspectiva *antropocêntrica independente* (ou ecocêntrica moderada),[360] em que, mesmo estando o bem jurídico concebido como condição indispensável à existência humana e à satisfação de interesses pessoais, seria essa referência à pessoa uma mera *ratio legis* não sujeita à comprovação no caso concreto.[361]

Note-se, chegados a esse ponto, que a questão não fica ainda resolvida somente com a acolhida, por princípio, dos bens jurídicos coletivos ou supraindividuais. Ainda mais quando se tem presente que os novos interesses de que vimos falando, por apresentarem uma natureza distinta da dos clássicos bens individuais, são dificilmente delimitáveis de forma a servir de critério à construção e aplicação dos tipos penais. Por consequência, resulta problemática não só a tarefa de concepção e concreção desses bens como a sua compatibilidade com os princípios de garantia, mormente com o princípio da proteção subsidiária de bens jurídico-penais.

3. A dificuldade em se encontrar um substrato material claramente referenciável. Bens jurídicos coletivos como um conceito (a)crítico para a fundamentação e limitação da punibilidade. O sentido ambivalente do princípio da ofensividade e o recurso indiscriminado à figura típica dos crimes de perigo

Assim, quando se entra nesse domínio (dos bens jurídicos supraindividuais), surge uma série de dúvidas quanto à sua relevância (leia-se dignidade) jurídico-penal, ou seja: "urge que nos interroguemos se tais bens jurídicos têm ou não dignidade penal, tanto mais que nesta área se entende que se está, não tanto perante bens jurídicos concretamente determináveis, mas antes em face de interesses difusos cuja consonância com o direito penal não é, sob o ponto de vista dogmático, facilmente aceitável".[362] E essa perspectiva crítica reforça-se quando nos deparamos com a convicção, hoje generalizada, de que a intervenção penal deve quedar-se restrita ao mínimo indispensável à proteção da comunidade, direcionando sua preocupação ao setor da criminali-

---

[360] Na expressão de SCHÜNEMANN. *Derecho penal del medio ambiente*, p. 648
[361] Cf. SILVA SÁNCHEZ. *Reforma de los delitos contra el medio ambiente*, p. 158.
[362] Cf. FARIA COSTA. *O perigo*, p. 303.

dade grave. Referimo-nos, mais propriamente ao movimento da "não intervenção", nomeadamente à sua vertente da "descriminalização", que nos interessa mais diretamente.

3.1 – Foi já frisado, de forma suficientemente contundente, que a noção de bem jurídico, tal como surgida no pós-guerra, passou a servir como um limite ao *jus piniendi* estatal, como que num retorno às origens iluministas do conceito material de crime.[363] Deixamos do mesmo modo evidenciado que, quando se procurou uma referência apta a conferir concreção ao conceito, essa referência foi encontrada nos valores fundamentais plasmados na Carta Fundamental. Tinha-se, assim, um conceito metapositivo de crime, cuja relevância primordial era orientar o legislador e servir de padrão crítico, tanto para esse último como para o aplicador das incriminações já existentes. Nesse passo, podemos dizer com verdadeiro rigor que o papel desempenhado pela noção material de crime foi no sentido de uma "purificação" e consequente restrição do núcleo dos valores dignos de tutela penal. Para além disso, e nesse mesmo contexto, é também seguro que os princípios constitucionais de matriz liberal serviram como diretiva à delimitação da área penalmente sancionável.[364] A categoria dos bens jurídicos, apoiada na ordem axiológica constitucional, serviu como elemento teórico fundamental a uma liberalização do direito penal em que se traduziu o movimento da descriminalização.[365]

No entanto, em contraste com o que foi sempre sua tarefa, a doutrina do bem jurídico vem encontrando dificuldade em continuar mantendo, com o mesmo rigor, a função de oferecer um conceito metapositivo e crítico-sistemático.[366] Naturalmente, toda essa crise por que passa a teoria dos bens jurídicos está diretamente relacionada à tentativa de conciliação da mesma (e de sua matriz liberal) com o surgimento de novas formas de criminalidade e, com isso, novos objetos merecedo-

---

[363] Cf. *supra*, Cap. I, 3.

[364] Nesse sentido, refere FIANDACA que "dovrebbe essere acquisizione pacifica che non possono legittimamente essere elevati a reati fatti che corrispondono all'esercizio di li libertà fondamentali poste sotto lo scudo della Constituzione; a meno che non si tratti di incriminazioni disposte a tutela di espliciti interessi-limite o di altri interessi comunque dotati di rilevanza constituzionale" (*Il bene giuridico*, p. 66).

[365] Cf. FIANDACA. *Il bene giuridico*, p. 67. Em conformidade, esclarece Hassemer que "a função fundamental da doutrina dos bens jurídicos era – com todas as diferenças de origem e de conceito – negativa e de crítica do direito (...). O legislador devia castigar somente aqueles comportamentos que ameaçavam um bem jurídico; o conceito de bem jurídico (para que pudesse descriminalizar verdadeiramente) devia ser o mais preciso possível" (...) (cf. HASSEMER, *Derecho penal simbólico*, p. 31).

[366] Particularmente crítico da função desempenhada pela atual doutrina do bem jurídico: SILVA SÁNCHEZ, *Expansion*, p. 113 e ss.

res de proteção. De sorte que, os problemas originariamente surgidos, no seio da teoria do bem jurídico, ao invés de terem sido solucionados, deram lugar, nos nossos tempos, a novos e renovados problemas, entre os quais não serão os menos relevantes os que levantam os chamados bens jurídicos *universais*.[367] Por conseguinte, como opina grande parte da doutrina, é sintoma da "evolução" por que passa a ciência jurídico-penal contemporânea a progressiva degradação do conceito de bem jurídico e de seu conteúdo e idoneidade para servir como um verdadeiro critério material de seleção.[368] À custa da "erosão de seu conteúdo e alcance liberal",[369] o conceito de bem jurídico vem sendo marcado por sua ambivalência,[370] "em termos tais que um conceito, que reaparecera indissociavelmente ligado a um movimento sem precedentes de descriminalização e de crítica à criminalização, viria igualmente a operar como mediador fundamental da legitimação da neo-criminalização".[371]

3.2 – Se bem vemos, diretamente relacionada a toda essa problemática está uma questão que se faz desenhar com muito maior entonação quando de bens jurídicos supraindividuais se trata: a grande dificuldade de se precisar o núcleo duro desses bens com dignidade penal e a sua substância material enquanto objeto de proteção de determinados tipos penais.[372] Dessa forma, no momento de determinar e conceber as correspondentes formas de ofensa, o legislador vê-se diante de conceitos cuja amplitude e excessiva vaporosidade são características constantes. Os problemas que daí advêm para a teoria do bem jurídico são claros: quanto mais vagos e imprecisos são os bens, mais difícil será a recorrência a eles como um elemento crítico políti-

---

[367] Cf. HASSEMER. *Derecho penal simbólico*, p. 32.

[368] Cf. PORTILLA CONTRERAS. *Bienes jurídicos colectivos*, p. 739.

[369] A expressão é de COSTA ANDRADE. *Consentimento*, p. 127.

[370] Daí que, como explicita Hassemer, "a posição de proteção dos bens jurídicos no direito penal vem-se transformando de forma imperceptível. Vem passando de uma tendência crítica frente o direito penal, e despenalizante, a um contexto criminalizante no qual se justifica o direito penal". E continua: "é indubitável que subsistem dúvidas quanto a se o conceito de bem jurídico cumpre ainda hoje realmente com esta função. Não somente as tendências na legislação penal recente, mas também as modernas opções dentro da ciência do direito penal, deixa de lado a mensagem da teoria do bem jurídico ou duvidam de sua capacidade para realizar um papel significativo no desenvolvimento do direito penal". (cf. HASSEMER. *Teoria personal del bien jurídico*, p. 277/279).

[371] Cf. COSTA ANDRADE. *Consentimento*, p. 127.

[372] Como, a esse respeito, e de forma particularmente impressiva, afirma Bustos Ramirez "todo bem jurídico levanta problemas para a determinação de seu conteúdo" (cf. BUSTOS RAMIREZ. *Bienes juridicos colectivos*, p. 153); Ver também Mata y Martín, *Bienes jurídicos intermédios*, p. 35 e ss.

co-criminal.[373] De fato, não se pode negar que, quando se fala de novos interesses supraindividuais, um dos aspectos que chama a atenção e suscita as mais diversas opiniões relaciona-se com a ampla superfície deles, ou, o que é o mesmo, a dificuldade de precisar o seu conteúdo de forma a servir como padrão político-criminal à legitimidade da incriminação que os tem por objeto.[374]

Quando tem por objeto bens jurídicos universais, a doutrina do bem jurídico vê-se diante de uma realidade diversa da existente no momento do seu surgimento e da eleição dos seus pressupostos teóricos. Mais, vê-se ante alternativas não pouco ricas em consequências práticas: ou opta por uma concepção restrita e inadequada aos constantes apelos de neo-criminalização, porém dotada de potencial crítico-sistemático; ou, em sentido oposto, adota uma concepção menos precisa, porém mais complacente com a realidade.[375] Dizendo-se de forma exagerada – e ainda seguindo-se a Hassemer –, "se a determinação do conceito de bem jurídico é precisa, e só por isso, rica em consequências político--criminais, mas não parece se adequar ao direito penal real, a teoria do bem jurídico sempre parece quedar-se atrás no desenvolvimento do direito penal".[376]

Desde logo, a grande particularidade destes novos objetos de proteção está no seu duplo caráter: massivo e universal.[377] São, pois, interesses-massa, de titularidade difusa, e que dizem respeito não somente a "relações sociais básicas dentro do sistema e por isso mesmo configuradoras da ordem social (portanto, fundamentais para cada membro da sociedade)", mas também ao próprio funcionamento do sistema.[378] Diversamente do que ocorre com os bens jurídicos tradicionais, referidos ao indivíduo – nos quais a afetação há de ser sempre pontual, facilmente determinada e sempre referida a interesses dos indivíduos –, quando falamos de interesses supraindividuais, falamos sempre de interesses que surgem quando estão em linha de ataque valores de uma coletividade, uma massa de indivíduos. O que daí advém como proble-

---

[373] Cf. HASSEMER. *Derecho penal simbólico*, p. 32.

[374] Ora, quando se afirma que o direito penal atual se encontra num momento de transição e que entre os conceitos postos à prova neste novo momento da ciência está, indiscutivelmente, o de bem jurídico, quer-se com isso atestar, na esteira de HASSEMER, que os bens jurídicos protegidos pelas incriminações mais recentes, em muitos casos, "não permitem criticar o tipo por sua excessiva amplitude". Ou, de uma outra perspectiva, "que o conceito de bem jurídico somente pode funcionar como possível corretivo da política criminal na medida em que os bens a serem protegidos penalmente estejam descritos de forma concreta" (*Teoria personal del bien jurídico*, p. 280).

[375] Cf. HASSEMER. *Teoria personal del bien jurídico*, p. 280.

[376] Cf. HASSEMER. *Teoria personal del bien jurídico*, p. 280.

[377] Cf. HASSEMER. *Il bene giuridico*, p. 104.

[378] Cf. BUSTOS RAMIREZ. *Bienes jurídicos colectivos*, p. 158.

mático ou de difícil deslinde é o labor de precisar e dotar de concreção esses bens e, ao mesmo tempo, fazer com que eles adquiram potencial metapositivo. Levanta-se aqui o problema de saber se o fato de tais interesses, para além do seu caráter universal, estarem ligados ao funcionamento do sistema social, em si mesmo considerado, faz com que esses percam a força crítica.

Há quem considere que todas as dificuldades de precisão e força legitimante que apresentam os interesses de feição coletiva devem-se ao abandono de uma perspectiva radicalmente antropocêntrica do bem jurídico.[379] Assim, seria devido à ausência de um portador individual do interesse protegido de que arrancariam não só os problemas, já mencionados, de legitimidade de tais construções como também a carência de força crítica delas, consequência da ausência de referência à pessoa.[380] Entretanto, muitas das dificuldades no estabelecimento de um tal objeto de proteção advêm da própria natureza do mesmo objeto que se quer proteger. Natureza essa que implica tanto dificuldades teóricas, quanto práticas na determinação de quais devem ser precisamente os bens jurídico-penais a tutelar, assim como para a apreciação da respectiva lesão.

3.3 – Tendo preocupação particular com o meio ambiente enquanto bem essencial e, por isso, digno de proteção penal, passemos, em seguida, a elencar as características que fazem desses novos interesses coletivos – cuja simples ameaça de ataque ocorre como potencial geradora de riscos para a humanidade – de difícil apreensão e compreensão. Como se verá, muitas delas se traduzem em propriedades particulares da natureza destes mesmos bens; outras, por sua vez, despontam como dificuldades dogmáticas de se constatar a lesão dos mencionados interesses ou de atribuição desse mesmo resultado a um sujeito individual. Dificuldades, diga-se desde já, dificilmente superáveis sem uma certa *flexibilização* das regras tradicionais de imputação.

Em primeiro lugar, parece unanimemente aceite, mesmo entre os defensores da intervenção penal nestes domínios, a afirmação de que os valores aqui protegidos estão destituídos de "substrato naturalísti-

---

[379] Cf. MATA Y MARTÍN. *Bienes jurídicos intermédios*, p. 35 e ss

[380] Nesse sentido, SILVA SÁNCHEZ, para quem a ausência de precisão e de força crítica pode ser atribuída "a todas as teorias da incriminação distintas de uma radicalmente personalista do bem jurídico, que só permitisse a proteção penal (ao menos com penas privativas de liberdade) dos bens *pessoais* essenciais, e de uma concepção da ofensividade estreitamente ligada ao *"harm principle"* " (*Expansion*, p. 118). No mesmo sentido, ver KINDHÄUSER. *Delitos de peligro abstracto*, p. 445 e ss.; Silva Dias, *Entre comes e bebes*, p. 65 e ss. Opostamente: SCHÜNEMANN. *Situación espiritual de la ciencia jurídico-penal alemana*, p. 190 e ss.

co tangível".[381] Aponta-se, nesse sentido, para o caráter "desmaterializado" desses bens, à medida que não há aqui um suporte empírico a fixar seu conteúdo e limites – diversamente do que ocorre, *v. g.*, nos crimes contra a vida ou o patrimônio, em que os bens jurídicos, por possuírem um substrato empírico de fácil percepção, permitem não só determinar com clareza o núcleo duro dos valores que se têm por meta proteger como também distinguir diversos níveis de ofensividade da conduta em relação ao objeto protegido. Remetendo-se ao pensamento de Goldschmidt, aponta Figueiredo Dias para o caráter de "ideais e sem sujeito" dos bens tutelados no direito penal secundário. Assim, característica essencial desses bens "espiritualizados"[382] é a "impossibilidade da sua referência a uma pessoa ou a uma coisa individuais e a sua consequente *imaterialidade*, no preciso sentido de não ser um tal dano comprovável como 'modificação do mundo exterior', mas apenas como falta de cumprimento de uma tarefa imposta pelo Estado no caso concreto".[383] Daí por que, na generalidade dos casos relativos a bens supraindividuais, existe uma maior elasticidade no momento de se determinar a sua lesão, já que falta uma base tangível de concreção a servir de condição necessária para a distinção entre situações de perigo e de lesão.[384] Exemplos disso encontramos no intento de configurar como bens jurídicos realidades de difícil apreensibilidade como a ordem econômica[385] ou a ordenação do território.

Em relação ao meio ambiente, a questão da "imaterialidade" ou "espiritualização" desse coloca-se com uma relativa particularidade. Isso porque, sendo o "meio ambiente" ou o "ecossistema" (ou sistemas naturais) – seja qual for a designação que se prefira – uma realidade "palpável", já que se traduz em um conjunto de condições naturais indispensáveis à existência humana,[386] possui elementos físico-naturais que, quando afetados de alguma forma, permitem a constatação de uma modificação exterior. Todavia, o que resulta não menos complexa, aproximando os bens ambientais dos problemas aos quais vimos refe-

---

[381] Cf. SILVA DIAS. *Entre comes e bebes*, p. 69.

[382] É SCHÜNEMANN que fala de "bens jurídicos intermédios espiritualizados". Dado o seu caráter imaterial e as dificuldades de precisão de uma incidência material sobre os mesmos, "não é preciso que no caso concreto sejam postos em perigo por uma ação subsumível nos tipos respectivos", de forma que "o desvalor da ação por si só fundamenta a punibilidade" (cf. ROXIN. *Derecho Penal PG*, § 11, nm. 126).

[383] Cf. FIGUEIREDO DIAS. *Direito penal secundário*, p. 9.

[384] Cf. BOTTKE. *Legitimidad del derecho penal económico*, p. 641.

[385] Sobre toda a polêmica suscitada à volta da (in)definição do bem jurídico "ordem econômica", veja-se MARTINEZ-BUJAN PEREZ. *Derecho penal económico*, p. 96 e ss. Ver também BOTTKE. *Legitimidad del derecho penal económico*, p. 640 e ss.

[386] Isso, obviamente, se não se levam ao extremo as concepções *ecocêntricas* do meio ambiente.

rindo, é a tarefa de delimitar com precisão o que se deve entender por "meio ambiente".

Para além das concepções excessivamente amplas, que chegam a identificar o meio ambiente com o conjunto de condições sociais, culturais e morais indispensáveis ao desenvolvimento do homem,[387] fácil é constatar a ambivalência da expressão, mesmo nas acepções de menor extensão. Isso quando se tem presente que, sendo a biosfera terrestre, em seu conjunto, considerada um ecossistema, também o é cada um dos subsistemas que a compõem. O mesmo é dizer que "os ecossistemas mais elementares são, obviamente, 'ecossistemas' de uma perspectiva semântica (...), pois sua estrutura responde à ideia de soma no espaço de uma série de indivíduos que correspondem a um número indeterminado de espécies vegetais e animais 'através dos quais circula um fluxo de matéria e energia'. Tais ecossistemas elementares se relacionam com outros formando ecossistemas progressivamente mais complexos e diferenciados (...), até integrar o conjunto da Terra".[388] Urge, portanto, que se definam os elementos a servir de substrato material no momento de aplicação do tipo, de modo a descortinar de que forma o legislador concebeu o bem jurídico "meio ambiente", ou seja, quais (ou qual) elementos naturais queria ele proteger quando criou a incriminação. Não se perdendo de vista que, como já deixamos sublinhado, a tarefa de delineamento é de importância capital se se quer que o bem continue a cumprir sua função crítica e metapositiva. Dependendo do ponto de vista adotado acerca do bem protegido, diferentes serão os limites entre o lícito e o ilícito, e também diferentes serão as exigências e dificuldades de apreciação de um resultado (de lesão ou de perigo). Se tomarmos como referência um ecossistema mais extenso e complexo ou, inversamente, elementos mais simples de um sistema natural, poderá ter ou não lugar a subsunção de uma conduta ao tipo respectivo.

Depois de determinado o sentido, mais ou menos abrangente, do interesse protegido, há que se determinar o que é preciso para se poder falar de um *risco jurídico-penalmente relevante*. E, aqui, novamente, voltamos a estar diante de uma questão de difícil deslinde. A complexidade e a necessidade de se recorrer a conhecimentos detalhados das leis de experiência aplicáveis dificulta sobremaneira a determinação de quais fatores deverão estar presentes para haver, com rigor, uma afetação do bem protegido. De resto, quando se considera que o bem protegido nesses crimes é um ecossistema mais extenso, as dificuldades aumen-

---

[387] Cf. GIUNTA. *Il diritto penale dell'ambiente in Italia*, p. 1100; CUESTA ARZAMENDI. *Contaminación ambiental*, p. 30 e ss.

[388] Cf. SILVA SÁNCHEZ. *Medio ambiente*, p. 82.

tam porque, quando "se toma como referência o meio ambiente em sua globalidade, como ruptura do equilíbrio do mesmo, de um ecossistema em seu conjunto e não de algum de seus elementos, a apreciação do ataque resulta mais complexa já que implica maiores exigências, pois não é o mesmo lesar ou pôr em perigo a fauna, a flora, o solo, o ar ou a água, isoladamente, que o conjunto das relações de um sistema natural".[389] É preciso, por conseguinte, determinar quando é que à conduta em apreço se pode atribuir o efeito de haver prejudicado o equilíbrio do ecossistema em questão. Assim, quando, por exemplo, no recente art. 325 do Código Penal espanhol, se determina que só serão puníveis as condutas que "possam prejudicar gravemente o equilíbrio dos sistemas naturais", surge uma grande incerteza no momento de clarificar desde que critérios poderemos constatar se estamos ou não na presença de uma conduta que atinge (desequilibra), de forma relevante, o sistema natural protegido.[390]

Casos há, noutro sentido, em que a lesão, podendo ser produzida e constatada, dificilmente pode ser atribuída a um sujeito individual. Não é possível a ocorrência do resultado mediante comportamentos isolados, sendo somente possível a afetação por meio da repetição de atos em si mesmos, inócuos. Isso repercute, como teremos oportunidade de ver,[391] menos na tarefa de determinação do objeto a ser protegido do que na noção que se tenha de perigo para esse, ou seja, quem, na esteira de Kulhen, propugna pela legitimidade dos chamados *Kumulationsdelikte* (crimes de acumulação)[392] entende ser legítimo sancionar penalmente uma conduta que, não sendo por si mesma lesiva para o bem jurídico protegido – nem mesmo idônea para pô-lo em perigo relevante – oferece perigo se considerada parte de um "todo maior" de condutas que acabariam, em conjunto, conduzindo a uma lesão ou mesmo a um resultado de perigo.

Com efeito, fácil é reparar que as características que se fazem presentes nos bens ambientais não se distanciam do que encontramos no direito penal administrativo de um modo geral. O bem jurídico ambiental, como ocorre exemplarmente no direito penal econômico, le-

---

[389] Cf. MATA Y MARTÍN. *Bienes jurídicos intermédios*, p. 38/9.

[390] Cf. SILVA SÁNCHEZ. *Delitos contra el medio ambiente*, p. 81 e ss.; CUESTA ARZAMENDI. *Contaminación ambiental*, p. 30 e ss.; CUESTA AGUADO. *Causalidad de los delitos contra el medio ambiente*, p. 70.

[391] Cf. *infra*, Parte II, Cap. II, 3.4.

[392] Sobre o debate acerca dos chamados delitos de acumulação, veja-se, entre tantos, SILVA SÁNCHEZ. *Expansion*, p. 131 e ss; GIUNTA. *Il diritto penale dell'ambiente in Italia*, p.1115 e ss. Para o direito penal econômico, ver KINDHÄUSER. *Delitos de peligro abstracto*, p. 446; BOTTKE. *Legitimidad del derecho penal económico*, p. 637 e ss.

vanta grandes dificuldades tanto para a determinação do seu conteúdo, quanto para a apreensão do sentido da respectiva lesão, o que repercute negativamente na sua função metapositiva de fundamento material do ilícito e guia para a interpretação dos tipos.

Há que se lembrar, por outro lado, que, mesmo no caso de podermos comprovar com o mínimo de clareza a existência de um resultado, dificilmente se consegue atribuí-lo com segurança a um determinado comportamento humano, fundamentalmente por problemas relacionados com a constatação da relação de causalidade entre ação e resultado.[393] Assim, mesmo considerando que se saiba o que se deve entender por meio ambiente, outra questão que se levanta é a da dificuldade de, constatada uma afetação a esse, atribuir-se com segurança a referida afetação a um determinado comportamento. Com efeito, os resultados de contaminação dos sistemas naturais têm lugar sempre em meio a complexos processos que dificultam a correlação entre a emissão de determinadas substâncias nocivas e os efeitos contaminantes posteriores. E isso não se confunde com a incerteza sobre a presença ou não de uma lesão para o referido bem, já que a comprovação da causalidade tem lugar sempre depois de já existente o resultado (de lesão ou de perigo) que se queira imputar a alguém. Em consequência, as dificuldades de atribuição causal de um resultado de afetação ambiental a um agente tratam de repercutir na consagração de incriminações assentadas na técnica dos crimes de perigo abstrato, em que é prescindível a causalidade entre a conduta perigosa e um resultado típico.

3.4 – Ante os problemas mencionados de "desmaterialização" e dificuldade de precisão dos objetos a tutelar, de (in)determinação de quando se está presente a uma lesão e de atribuição dessa mesma lesão a um sujeito individual, entre outros, uma solução seria encontrada, se adotássemos uma postura a partir da qual o direito penal só interviesse quando a conduta em questão vulnerasse as disposições administrativas vigentes sobre o interesse a proteger. Assim, o ilícito típico, ao ser aplicado, não se submeteria a uma ulterior constatação da relação de lesividade entre a conduta e o bem jurídico. Em outras palavras – e cingindo-nos mais uma vez ao exemplo do meio ambiente –, a existência de perigo para o sistema ambiental protegido viria "dada" ao direito penal pela normação administrativa existente, sendo consideradas atípicas somente aquelas condutas que, mesmo contrariando o disposto pela administração, fossem consideradas insignificantes.

---

[393] Sobre o assunto, desenvolvidamente, CUESTA AGUADO. *Causalidad de los delitos contra el medio ambiente, passim.*

Essa interpretação não deixa, à primeira vista, de ter sentido, à medida que tenta conciliar o sem-fim número de disposições legais existentes em âmbitos como o meio ambiente ou a informática com o caráter "difuso" dos interesses daí emergentes. "Interesses difusos",[394] no sentido por nós empregue, são aqueles interesses que se caracterizam por não serem operativas para a sua proteção as técnicas de tutela do direito penal clássico.[395] São, noutros termos, interesses que, por possuírem uma natureza distinta à daqueles tradicionalmente objeto de proteção penal, requerem o recurso a estruturas típicas também distintas das que paradigmaticamente se fizeram exemplares no direito penal moderno. Nesses domínios, os valores protegidos dificilmente podem ser referidos a um sujeito individual ou a um conjunto determinado de pessoas. Vale por dizer: estão dispersos em toda a população, sendo referidos a um "conjunto indeterminado de pessoas".[396] Por outro lado, "os focos ou fontes de perigos para os mesmos emergem comumente de sectores de *atividade socialmente necessária* e, em qualquer caso, não é possível estabelecer um juízo hipotético tendente a sua supressão".[397] Nessa medida, a afetação desses interesses só pode resultar socialmente danosa ou disfuncional quando ultrapassa o legítimo interesse econômico do agente[398] de forma que grande parte das condutas contrárias a um interesse difuso são praticadas em razão de um contraposto interesse econômico (ilegítimo). Finalmente, não se pode deixar de mencionar que a regulamentação destes setores convoca múltiplos ramos do ordenamento jurídico e uma não menos dispersa teia normativa e institucional. Assim, em razão da extensa regulamentação administrativa sobre a matéria, que não deve ser ignorada pelo legislador penal,[399] esse último tende a se assessorar, para a construção das incriminações, na regulação penal vigente a nas atuações do administrador.

---

[394] Realçando o caráter difuso dos interesses relacionados ao meio ambiente, ver FARIA COSTA. *O perigo*, p. 303 e ss., notas 58/9.

[395] Cf. MORALES PRATS. *Técnicas de tutela penal de los intereses difusos*, p. 76.

[396] Cf. SILVA DIAS. *Protecção jurídico-penal de interesses dos consumidores*, p. 22.

[397] Cf. MORALES PRATS. *Técnicas de tutela penal de los intereses difusos*, p. 76.

[398] "Por consequência (...), perante uma realidade normativa que sócio-culturalmente aponta em sentidos diversos, se não mesmo antagónicos –de um lado, necessidade de protecção do meio ambiente, de outro, necessidade de desenvolvimento económico – que o problema se perfila. E se perfila envolto na normatividade correspondente".(cf. FARIA COSTA. *O perigo*, p. 305).

[399] De sorte que, no dizer de Silva Dias, "o legislador penal entra em domínios já juridificados, cuja ordenação não deve ignorar sob pena de tornar os tipos incriminadores ineficazes e desnecessários"(cf. SILVA DIAS. *Protecção jurídico-penal de interesses dos consumidores*, p. 24). "Ineficazes, por serem construídos à revelia do modelo funcional da actividade em questão; desnecessários, porque não resultam de uma reflexão sobre a suficiência ou insuficiência das soluções extra-penais para salvaguardar os interesses em jogo e significam uma precipitada 'fuga para o Direito Penal'" (*Protecção jurídico-penal de interesses dos consumidores*, p. 24, nota 53).

Isso permite – quando não se requer, para além da infração aos preceitos administrativos, nenhuma outra constatação adicional em termos de afetação ao interesse protegido – que se "supere" o problema da indeterminação e complexidade dos chamados interesses difusos ou bens jurídicos de amplo alcance. O mesmo é dizer, pois, que há quem tenha por bondosa uma técnica legislativa em que se recorra ao preceituado pela Administração como forma de ultrapassar os impressivos problemas de legitimação no campo dos bens jurídicos vagos ou de amplo espectro.

Nesse sentido, posicionou-se Figueiredo Dias, em artigo publicado há mais de vinte anos sobre a proteção penal do ambiente. Afirmava, na altura, que a solução técnico-jurídica mais idônea para uma salvaguarda eficaz seria a construção dos "delitos ecológicos como delitos de desobediência à entidade estadual encarregada de fiscalizar os agentes poluentes e competente para lhes conceder autorizações ou lhes impor limitações ou proibições de actividade".[400] Segundo esse mesmo autor, tal técnica far-se-ia justificar dada a quase impossibilidade de se "definir exatamente tais delitos através de uma descrição detalhada e esgotante da 'matéria proibida' se se quer entender por esta a conduta diretamente *lesiva* de valores ambientais".[401][402] Por outro lado, rejeitada preliminarmente a construção de tais crimes como crimes de dano, o mesmo valeria a quem intentasse implementar a técnica dos crimes de perigo concreto – seja em relação ao bem jurídico ambiente mais propriamente, seja em relação à vida ou à saúde pessoais – por questões ligadas essencialmente às dificuldades de prova em relação à produção de um resultado de perigo.

Desse jeito, porém, não seria diretamente ao direito penal que competiria individualizar o comportamento danoso para o bem jurídico, sendo esse papel desempenhado pelo Estado-Administrador. De sorte que, na observação de Giunta, "a intervenção penal tende a as-

---

[400] Cf. FIGUEIREDO DIAS. *Direito penal na protecção do ambiente*, p. 17/8. Propugnando a mesma técnica de tutela, apesar de reticente quanto à bondade de uma criminalização, veja-se Faria Costa, *O perigo*, p. 315/6.

[401] Cf. FIGUEIREDO DIAS. *Direito penal na protecção do ambiente*, p. 16. Ainda mais: "não se pode com efeito esquecer-se, por um lado a multiplicidade das fontes de atentados que, nas sociedades contemporâneas, se dirigem contra valores ambientais; e por outro lado, mas sobretudo, a estreita ligação entre estes valores e o nível, em mutação constante, do progresso técnico. Dadas estas circunstâncias uma de duas: ou a descrição que se tentasse das condutas proibidas, no sentido exposto, teria de ser tão ampla e vaga que dificilmente respeitaria as exigências mínimas do princípio jurídico-constitucional da legalidade – 'nullum crimen sine lege' – à determinabilidade dos tipos; ou, sendo suficientemente estrita para respeitar aquele princípio, correria em cada dia o risco de ser ultrapassada pelos progressos técnicos no domínio da luta contra a poluição e do controlo dos agentes poluentes" (*Direito penal na protecção do ambiente*, p. 16).

[402] Também: FARIA COSTA. *O perigo*, p. 312/3.

sumir um papel subalterno e acessório em relação à regulamentação administrativa, enquanto destinada a assegurar o respeito pela valoração efetuada pela administração competente".[403] De resto, ao tomar esta orientação, punindo com sanções próprias do direito penal condutas contrárias à normação administrativa vigente ou em desobediência ao estabelecido pelo administrador, o legislador penal assume como sua a função administrativa de governo da sociedade, de forma que já não protege bens, mas sim, "funções".[404] Trata-se do já referido fenômeno da *administrativização* do direito penal, que corresponde, no dizer de Baratta, a "uma real e autêntica transformação do sistema e da função do direito penal".[405] Quer isso significar que, ao lançar sua manta protetora a bens jurídicos de amplo alcance, recorrendo à ordem administrativa e a seus sujeitos para a definição do seu objeto, o direito penal passa não a proteger "interesses de sujeitos ou vítimas em potencial", mas sim, a "complexos funcionais que são, em grande parte, objeto de atividades de outros setores do direito e da ação administrativa do Estado".[406] Crê-se, por conseguinte, que o direito penal assim perspectivado se *administrativiza*, já que seus limites se confundem com os do direito administrativo, passando a abdicar da categoria dos bens jurídicos como critério de legitimidade e tutelando, inversamente, meras funções ordenativas ou de governo da sociedade, ou, como prefere Silva Sánchez, "convertendo-se num direito de gestão (punitiva) de riscos gerais".[407] Ao se identificar a função administrativa de governo da sociedade como um bem jurídico, no empenho de superar as dificuldades de concreção dos valores a proteger, o resultado obtido é pouco satisfatório: o bem jurídico, assim compreendido, é incapaz de oferecer uma noção apta a delimitar a área do penalmente tutelável. Não se pode negar também que, numa incriminação em que se exige, para o preenchimento do tipo, por exemplo, a mera desobediência formal ao estabelecido pela autoridade administrativa, a ofensividade nada mais é que uma presunção.[408]

3.5 – Se não nos equivocamos, fenômeno similar pode vislumbrar-se, no âmbito do direito penal econômico, na concepção, proposta por

---

[403] Cf. GIUNTA. *Il diritto penale dell'ambiente in Italia*, p. 1110.

[404] Cf. HASSEMER. *Il bene giuridico*, p. 112; Baratta, *Integración-.prevención*, p. 11. Analogamente: Moccia, *De la tutela de bienes a la tutela de funciones*, p. 113 e ss.

[405] Cf. BARATTA. *Integración-.prevención*, p. 11.

[406] Cf. BARATTA. *Integración-.prevención*, p. 11.

[407] Cf. SILVA SÁNCHEZ. *Expansion*, p. 123.

[408] Cf. GIUNTA. *Il diritto penale dell'ambiente in Italia*, p. 1111.

Tiedemann, dos *bens jurídicos intermédios*. Dita formulação parte da existência de bens jurídicos que, não sendo referidos a interesses de um sujeito econômico individual, não podem, do mesmo modo, ser identificados com interesses pertencentes ao Estado.[409] Dessa forma, seria missão do direito penal não só a salvaguarda de bens patrimoniais ou da liberdade de disposição, mas também a funcionalidade de diversos subsistemas, como a estabilidade dos preços, a funcionalidade do tráfego de crédito ou o equilíbrio da balança de pagamentos.

Exatamente por tratar-se de interesses desprovidos de tangibilidade, esse Autor apresenta, em contrapartida, uma noção renovada de como deve ser entendida a relação de lesividade entre as condutas e tais bens intermédios. Em conformidade, segundo Tiedemann, tendo em consideração a imaterialidade de tais interesses, não se pode reconduzi-los normalmente às tradicionais categorias da lesão ou do perigo, ou mesmo à do perigo abstrato. Se assim fosse – continua –, ter-se-ia que aceitar, então, o perigo abstrato como a técnica de tutela *standard* para a proteção de bens supraindividuais.[410] Contrariamente, propõe a construção de tais delitos sob a forma de violação de um dever, em que o desvalor da ação passa a constituir o lugar privilegiado no momento da estruturação do ilícito – "um desvalor da ação fundamentalmente subjetivo, já que a violação de tais deveres radica na 'Gesinnung' do agente, na sua atitude para com os valores protegidos, servindo a conduta apenas como modo de revelação dessa atitude".[411] Daí que – similarmente ao que ocorre nas técnicas de tutela ambiental em que a acessoriedade administrativa é levada às últimas consequências – o ilícito típico, assim configurado, segue o modelo da *desobediência*, "em que é pressuposto do preenchimento do tipo a violação de um dever, em regra extra-penal".[412]

Contra uma tal compreensão se insurgem aqueles que – dos pilares de um direito penal do fato e baseado num mínimo de ofensividade – apontam o quão perniciosa pode ser uma técnica legislativa que reclama, para o preenchimento do tipo e consequente punibilidade do agente, a mera desobediência a um dever. Elucidativo, nesse sentido, o ensinamento de Silva Dias de que "num direito penal que arranca do facto para o agente, que pauta sua intervenção pelo princípio da necessidade da pena e que visa a proteção de bens jurídicos, não é ad-

---

[409] Cf. TIEDEMANN. *Derecho penal económico*, p. 35.
[410] Cf. TIEDEMANN. *Wirtschaftsstrfrecht*, Bd. I, p. 85 *apud*, Silva Dias, *Entre comes e bebes*, p. 69, nota 174.
[411] Cf. SILVA DIAS. *Entre comes e bebes*, p. 69
[412] Cf. FIGUEIREDO DIAS. *Direito penal secundário*, p. 11.

missível a punição de atitudes interiores ou da mera desobediência e, consequentemente, *não colhem validade as construções dogmáticas baseadas exclusivamente no desvalor objetivo da ação ou do agente (...)*". E ainda: "o cumprimento do programa do Direito Penal de um Estado de Direito moderno, exige que se verifique sempre um momento de ofensividade, traduzido num dano a um interesse socialmente relevante, provocado por uma acção desvaliosa".[413] Também Kindhäuser, servindo-se do exemplo do crime contra a funcionalidade do sistema de crédito, contrapõe-se àquela construção. Argumenta, pois, que dificilmente se consegue averiguar, com um mínimo de certeza, se uma única ofensa creditícia é ou não capaz de afetar, de algum modo, o sistema de crédito objeto da proteção penal. Por outro lado, "seria uma argumentação contrária ao princípio da culpabilidade pelo fato fundamentar a lesividade partindo de que uma massiva realização de estafas de crédito impediria provavelmente o funcionamento do sistema creditício". Nessa linha, há que considerar – escreve em conclusão – que "uma política criminal empiricamente cimentada pressupõe uma relação de causalidade entre um dano e um comportamento. A lesividade da ação se determina por sua vinculação causal à afetação do bem jurídico. Só então é racional proibir a ação para evitar o dano".[414]

Da perspectiva do bem jurídico, fica, de certo modo, evidente o distanciamento de sua função liberal e crítica. A essa conclusão se chega facilmente ao observarmos, mesmo da parte de seguidores de Tiedemann da sorte de Figueiredo Dias, a afirmação de uma inescusável *relativização* do conceito.[415] Portanto, o que se nota é um progressivo atenuar da função "moralizante" do bem jurídico,[416] como padrão de configuração e aplicação do ilícito típico, que vai reverter na maior im-

---

[413] Cf. SILVA DIAS. *Entre comes e bebes*, p. 69 – o grifo é nosso.

[414] Cf. KINDHÄUSER. *Delitos de peligro abstracto*, p. 446/7. De sorte que "a relação causal entre ação e afetação do bem jurídico está, com outras palavras, cabeça abaixo: a lesão da economia creditícia se determina, e *somente* pode determinar-se, a partir do risco desaprovado inerente à ação, de maneira que a lesão da economia de crédito não é nenhum injusto de resultado em um contexto de legitimação ligado ao bem jurídico" (*Delitos de peligro abstracto*, p. 447).

[415] Nas palavras de Figueiredo Dias, "o bem jurídico constitui-se por sobre esse especial dever, revelando-se particularmente acentuada a sua característica de *relação* (em geral comum, aliás, a todo bem jurídico). O que, por seu lado, conduz também a uma certa relativização do bem jurídico neste âmbito: no sentido de que ele só o é sob um especial ponto de vista, como entidade que não 'está aí', mas existe apenas no seu 'ser em função'" (cf. FIGUEIREDO DIAS. *Direito penal secundário*, p. 11, nota 85).

[416] Nesse sentido, afirma Bottke que "a construção dos 'bens jurídicos intermédios mediatizados' não soluciona o problema de legitimação do direito penal econômico em sentido estrito. Antes, ameaça concebê-lo, por uma parte, demasiado restritivamente, e, por outra, demasiado amplamente..." (cf. BOTTKE. *Legitimidad del derecho penal económico*, p. 642).

portância conferida à "matéria proibida".[417] Sendo assim, a recorrência ao bem jurídico como sede de legitimação converte-se em pura tautologia, porque "os bens jurídicos são obtidos por via de interpretação da matéria proibida, mas, inversamente, servem de sede legitimadora da mesma e dos deveres de conduta que a informam".[418] Não nos olvidemos, para além disso, das críticas formuladas com base em compreensões mais ou menos personalistas do bem jurídico[419] que, como teremos oportunidade de ver, têm sido também dirigidas, e insistentemente, às concepções do bem protegido nos crimes contra o ambiente.

3.6 – Por seu turno, as tentativas de fazer com que o conceito de bem jurídico para o ambiente – mesmo desprovido de qualquer referente à pessoa – sirva, mais firme e concretamente, de apoio material à estruturação e aplicação do tipo, esbarram, de forma mais ou menos contundente, em problemas dogmáticos para além dos já referidos problemas de concreção. Assim, da perspectiva do meio ambiente como bem supraindividual autônomo, podemos vislumbrar o propósito de se neutralizar essa tendência que faz com que o direito penal intervenha tão logo seja ultrapassado um certo limite estabelecido pelo Administrador por meio do recurso a técnicas de tutela em que se exija uma maior vinculação entre o preenchimento do tipo e o bem jurídico protegido.

Nesse passo, há quem queira construir aqueles crimes na forma de crimes de perigo concreto para o meio ambiente (em si mesmo considerado).[420] Como é sabido, são inegáveis as vantagens de uma tal técnica de tutela como forma de garantir maior segurança jurídica e respeito aos critérios de lesividade material. Mas, por outro lado, também não se negam as dificuldades que surgem, em sede dogmática como um obstáculo à viabilidade desse recurso. Entre tais, são já notórias as dificuldades de comprovação da causalidade[421] entre a conduta e o re-

---

[417] Chamando a atenção para a anterioridade ou posterioridade do bem jurídico em relação à matéria incriminada no direito penal secundário, e explicitamente defensor da ideia de que "o bem jurídico é um *posterius* e não um *prius*, um *constituto* e não um *constituens* relativamente à estrutura do ilícito e à matéria proibida", ver FIGUEIREDO DIAS. *Questões Fundamentais*, p. 69. Contudo, não nega que no direito penal secundário, "a matéria proibida assume uma relevância sistemática muito maior..." (*Questões Fundamentais*, p. 69).

[418] Cf. SILVA DIAS. *Entre comes e bebes*, p. 71.; Hassemer, *Teoria personal del bien jurídico*, p. 278.

[419] Assim, por exemplo, Kindhäuser critica a construção de Tiedmann porque, também, o direito penal econômico deve orientar-se "à proteção das condições juridicamente garantidas das esferas de liberdade individual, particularmente a proteção do patrimônio e a liberdade de disposição do indivíduo" (cf. KINDHÄUSER. *Delitos de peligro abstracto*, p. 447).

[420] Cf. *infra*, Parte II, Cap. II, 2.

[421] Sobre o assunto, desenvolvidamente, CUESTA AGUADO. *Causalidad de los delitos contra el medio ambiente*, p. 111 e ss.

sultado de perigo. Isso graças ao contexto altamente complexo em que se inserem as condutas poluentes e a necessidade de recorrência a conhecimentos detalhados de leis científicas, para além das inexcedíveis dificuldades de prova que surgem.[422] Ademais, muitas vezes a impossibilidade de aplicação do tipo está relacionada à frequente distância temporal existente entre a conduta poluente e o resultado de perigo.[423]

A alternativa que sobra – e que, de resto, não difere muito do modelo da desobediência já considerado – para uma proteção mais eficaz é, pois, o recurso à técnica dos crimes de perigo abstrato[424] acompanhado da acessoriedade em relação à normação extrapenal, nomeadamente a administrativa.[425] Portanto, "ante as dificuldades de prova do nexo causal entre a conduta realizada e o resultado perigoso (ou lesivo) produzido, assim como a complexidade das condutas lesivas ou perigosas para bens jurídicos supraindividuais ou macrossociais, e inclusive de caráter individual quando o sujeito passivo não se encontra perfeitamente determinado no tipo ou tem caráter 'fungível', certo sector doutrinal, reclama como única via de proteção efetiva, sobretudo naqueles âmbitos onde as consequências lesivas das condutas não se podem conhecer em sua totalidade e não aparecem senão anos depois, o recurso aos delitos de perigo abstrato e à acessoriedade ao direito administrativo, rechaçando tanto a possibilidade de delitos de perigo concreto como de delitos de lesão".[426]

A esse propósito, convém sublinhar que um dos mais impressivos efeitos, ao nível dogmático, da instrumentalização técnico-legislativa para a proteção de bens jurídico-penais coletivos e antecipação da tutela que a salvaguarda dos mencionados bens implica é, consequentemente, o recurso à técnica dos crimes de perigo.[427] De sorte que o reconhecimento de que merecem proteção penal bens cujo núcleo desvalioso aparece aos olhos do legislador de forma pouco precisa está,

---

[422] Neste sentido, cf. TIEDMANN. *Derecho penal del ambiente*, p. 181 e ss.

[423] Faria Costa fala-nos de um "alargamento do espaço e um encurtamento do tempo", para os quais o "chamamento do perigo para o centro da discussão sobre a fundamentação das condutas lícitas ou ilícitas em direito penal ganha uma maior consistência teórica e uma não menor ressonância ética" (cf. FARIA COSTA. *O perigo*, p. 306 e ss). Assim, segundo este mesmo Autor, teria sentido "poder defender-se que o dano se perfila como qualquer coisa que está longe da projecção normal das condutas e que mais longe fica com o alargamento do tempo e, por isso, se exige que a proteção penal antecipe para um momento anterior ao dano, pois só esse é capaz de transmitir a noção de segurança de que comunidade alguma pode abdicar" (*O perigo*, p. 306).

[424] Defende esta ideia, entre tantos, BACIGALUPO. *Protección penal del medio ambiente*, p. 203; ver também SCHÜNEMANN. *Situación espiritual de la ciencia jurídico-penal alemana*, p. 199.

[425] Cf. *Infla*, Parte II.

[426] Cf. CUESTA AGUADO. *Causalidad de los delitos contra el medio ambiente*, p. 123 a 125.

[427] Cf. *infra*, Parte II, Cap. II.

necessariamente, vinculado à aparição dos crimes de perigo, mormente na sua modalidade de perigo abstrato.[428] A admissão resignada de que vivemos em uma sociedade do risco não somente confere, às vezes de forma irreflexiva, o predicado da dignidade penal a novos bens supraindividuais ou coletivos, mas também faz-se acompanhar pelo adiantar das barreiras de proteção penal.[429] Noutros termos, a noção de perigo passa a ser fonte, quase única, do desvalor representativo das infrações a bens jurídicos coletivos. O mesmo é dizer que "é em relação aos bens jurídico-penais coletivos onde melhor se aprecia a evolução, em sentido expansivo, do conceito penal de acção e o progressivo esvaziamento do resultado".[430]

No intuito de minimizar as críticas dirigidas contra esta modalidade de tutela, alguns autores têm exigido, como garantia de uma aplicação em respeito aos princípios da culpabilidade e ofensividade, a possibilidade de prova contrária sobre a perigosidade da conduta. Assim, obviando a mais comum concepção do perigo abstrato – em que é punida a realização, pura e simples, do comportamento típico –, um sector doutrinal vem propugnando pela consagração de uma terceira modalidade típica entre o perigo abstrato (em sentido estrito) e o perigo concreto: os crimes de perigo *abstrato-concreto*.[431] Com efeito, quando o legislador resolve antecipar a tutela, pode optar pela criação desses crimes, também chamados de idoneidade (*Eignungsdelikte*), em que, não sendo necessária a constatação de um resultado de perigo, imprescindível é que se prove que a conduta praticada seja *idônea* para a produção de um resultado perigoso para o bem diretamente protegido.[432] Só que, também aqui, o problema da indeterminação do bem jurídico vem à tona, na justa medida em que a eleição de uma similar figura dogmática só é pertinente quando "o tipo serve à proteção de objetos determinados e concretizados, relativamente aos quais se possa comprovar com segurança e em concreto se eles foram de fato postos em perigo".[433] Ainda mais, fato é que não se podem dar por resolvidos os

---

[428] Criticamente, HERZOG. *Límites al control penal de los riesgos sociales*, p. 317 e ss.

[429] Cf. BARJA DE QUIROGA. *Moderno derecho penal para una sociedad de riesgos*, p. 300 e ss.; Pérez del Valle, *Sociedad de riesgos y reforma penal*, p. 61 e ss.

[430] Cf. SANTANA VEGA. *Bienes jurídicos colectivos*, p. 103.

[431] Assim, entre outros autores, veja-se SCHRÖDER. *Les delits de mise en danger*, p.7 e ss.; ROXIN. *Derecho Penal PG*, § 11, nm. 120 e ss.; TORIO LÓPEZ. *Los delitos de peligro hipotético, passim*.

[432] Figura que se assemelha aos delitos de *perigo hipotético*, concebida por TORIO LOPES, "nos quais o tipo não reclama tampouco, à diferença do que sucede nos delitos de perigo concreto, a produção de um perigo efetivo, mas sim uma ação apta para produzir um perigo do bem jurídico como elemento material integrante do tipo de delito" (*Los delitos de peligro hipotético*, p. 828).

[433] Cf. SCHRÖDER. *Abstrakt-konkrete Gefährdungsdelikte?*, p.552 apud FIGUEIREDO DIAS. *Direito penal secundário*, p. 49. Ver também, SCHRÖDER. *Les delits de mise en danger*, p. 7 e ss.

problema da causalidade porque, mesmo não havendo previsão legal, muitas vezes a prova da idoneidade da ação só poderá ser obtida com a existência de um resultado físico-natural, distanciado da conduta no espaço e no tempo,[434] de forma que, mais uma vez, o aplicador acabaria por se contentar, na prática, com a mera presunção de perigo, dando lugar a crimes de *acumulação*[435] ou construções semelhantes em que o limite material viria dado pela normação (ou atuação) administrativa.

3.7 – Chegados aqui, fácil é perceber que a questão da determinação do bem jurídico protegido nos crimes contra o meio ambiente merece redobrado empenhamento e importância, porque, como claramente se observa, constitui a única noção idônea "para fixar o mínimo, em termos materiais, da magnitude de afetação ao meio ambiente capaz de levar ao juízo de tipicidade".[436]

Nessa ótica, e como convicção por nós tantas vezes reiterada, a defesa da manutenção da teoria do bem jurídico não pode servir apenas como um recurso argumentativo, desprovido de conteúdo e força crítica, para a legitimação de uma intervenção penal inflacionada e desmedida. Não pode, na expressão de Padovani, converter-se em uma "metáfora conceptual" a servir de pretexto para uma política criminal expansiva e arbitrária.[437] Por outras palavras: só se sustenta a proteção penal do meio ambiente quando for possível cumprir – com o recurso a um referente material e, portanto, limitador do merecimento de pena – uma função que, não sendo idêntica, seja ao menos próxima àquela que a doutrina jurídico-penal do pós-guerra emprestou ao conceito de bem jurídico. E tal só será possível, por um lado, com uma noção concreta e tangível – o mesmo é dizer: com uma noção materializada ou materializável – e, por outro lado, com uma compreensão material da ofensividade, e não apenas formal ou presumida. Não negamos, com efeito, que, no direito penal do meio ambiente, tal como em grande parte dos crimes orientados à proteção de bens jurídicos supraindividuais, o desvalor da ação e a noção de perigo assumem maior relevância. O que não se admite é que assuma esse relevo sem manter um contato, por mais mínimo, com o núcleo problemático e legitimador que o bem

---

[434] Cf. CUESTA AGUADO. *Causalidad de los delitos contra el medio ambiente*, p. 121 e ss.; SILVA SÁNCHEZ. *Delitos contra el medio ambiente*, p. 75 e ss. ; MORALES PRATS. *Peligro en el delito ambiental*, p. 354 e ss.

[435] Crítico em relação a delitos de acumulação no âmbito do direito penal ambiental: SILVA SÁNCHEZ. *Expansion*, p. 131 e ss. Para o direito penal econômico, veja-se KINDHÄUSER. *Delitos de peligro abstracto*, p. 446.

[436] Cf. SILVA SÁNCHEZ. *Reforma de los delitos contra el medio ambiente*, p. 158.

[437] Cf. PADOVANI. *Bene giuridico*, p. 117.

jurídico representa.[438] Em termos dogmáticos: a ação deve possuir um conteúdo mínimo de lesividade material em relação ao bem jurídico; quando não, ela deve ser considerada atípica.

Ora, cremos insistentemente que isso se consegue não só com a eleição da técnica de tutela mais pertinente, mas também, e sobretudo, com a determinação do bem jurídico. Tarefa essa última que ganha apuro quando se tem presente, como tentamos (e ainda tentaremos) demonstrar, que, no direito penal ambiental atual, as concepções dominantes sobre o bem jurídico – que se refletem também na técnica de construção do tipo e, posteriormente, no requerido para a sua aplicação – pouco ou nada apresentam como limite material e crítico.[439] Nesse empenho, quando o interesse a tutelar não consegue ser minimamente concreto, pelas dificuldades de estabelecer os seus contornos, nada impede que se recorra a uma referência à pessoa, com o intuito de delimitar, qualitativamente, os limites da intervenção penal. Contudo, diga-se já com rigor, ainda aqui estaríamos diante de bens jurídicos supraindividuais autônomos[440] e, enquanto tais, autonomamente protegidos.[441]

4. Que bem jurídico protege o direito penal ambiental? O meio ambiente entre o antropocentrismo e o ecocentrismo

4.1 – A crescente preocupação com a "questão ambiental", a ponto de ela passar a fazer parte da discursividade jurídica, é fruto de um movimento intelectual que, sobretudo a partir da década de setenta, opõe-se ao desenfreado desenvolvimento produtivo industrial. Nessa linha, à lógica assumida pela sociedade capitalista industrial, baseada no consumo e desfrute ilimitado dos recursos naturais vitais do (e ao) planeta, escaparia a constatação, hoje pacífica, de que um uso desmedi-

---

[438] A esse respeito, impressiva é a lição de Faria Costa. Depois de demonstrar que o chamamento do perigo para os crimes ambientais ganha reforço e consistência graças a um "encurtamento do espaço e um alargamento do tempo", afirma, com clareza, ser "preciso não olvidar que entre aquele alargamento temporal e aquela diminuição espacial se coloca expectante a realidade poliédrica, relacional que o bem jurídico representa" (cf. FARIA COSTA. *O perigo*, p. 307).

[439] Cf. SILVA SÁNCHEZ. *Reforma de los delitos contra el medio ambiente*, p. 154 e ss.

[440] Não concordamos, portanto, com Müller-Tuckfeld, quando diz que "dificilmente se poderia fundamentar um Direito penal ambiental autônomo, pois este acaba reduzindo-se a casos particulares de formas de comissão dos delitos clássicos" (cf. MÜLLER-TUCKFELD. *Abolición del derecho penal del medio ambiente*, p. 507).

[441] Com razão, pois, refere Giunta que a afirmação de uma concepção antropocêntrica não significa considerar "a tutela do ambiente exclusivamente como um instrumento de proteção antecipada da saúde individual e coletiva" (cf. GIUNTA *Il diritto penale dell'ambiente in Italia*, p. 1106). Assim, também, SILVA SÁNCHEZ. *Reforma de los delitos contra el medio ambiente*, p. 159 e ss.

do corrompe, de forma muitas vezes irreversível, o fruir natural, indispensável à renovação desses mesmos recursos.

Como perigos dessa "razão industrial" (ou produtiva) pode-se sublinhar, por um lado, o fato de que "com isso se rompe o movimento circular que caracteriza os ciclos naturais, enquanto, consumindo e contaminando os recursos para que tal ciclo se perpetue, o homem acaba por destruir não só as singulares 'coisas' que compõem a natureza, mas a vida que nessa se desenvolve; de outro lado, dessa progressiva destruição o homem não é somente autor, mas também vítima, isso porque ele mesmo é parte do 'ciclo', e, portanto 'beneficiário' do equilíbrio que o desenvolvimento daquela vida origina".[442] Acentua-se, para além disso, que "o saber científico que caracteriza a actual 'democracia de consumo' é incapaz de oferecer modelos alternativos de desenvolvimento":[443] todos os ramos do conhecimento humano se desenvolveram para uma razão que, talvez em virtude de um excessivo antropocentrismo de raiz utilitarista, não se orienta de forma a encarar os singulares elementos da natureza úteis ao homem em seu conjunto e interação, mas sim como objetos de apreensão e consumo imediatos e para a realização de finalidades também imediatas (as mais das vezes, de cunho econômico).

Diante do *défice ecológico*, próprio de um conhecimento ditado por necessidades de produção e crescimento econômico, surge a necessidade de uma maior conciliação entre esse modelo científico de manipulação utilitarista dos recursos naturais e a ecologia, de forma a integrar a utilização dos bens da natureza com as mais prementes exigências de um meio de vida ecologicamente equilibrado.[444] Conciliação essa, é bom dizer, que não se consegue sem uma "tensão" entre interesses contrapostos: conforme a sociedade vai, progressivamente, tomando consciência de que o aumento da atividade produtiva e do consumo trazem consequências negativas para a sobrevivência do planeta – ou,

---

[442] Cf. CATENACCI. *La tutela penale dell'ambiente*, p. 11. "Insomma: attraverso lo sviluppo incontrollato che caratterizza le moderne società industriali, l'Uomo sottrae energie ai cicli biologici naturali, necessari a loro volta a mantenere e perpetuare l'*equilibrio* di cui proprio le risorse per la sua sopravvivenza (e dunque per lo stesso svilluppo industriale) hanno bisogno per rinnovarsi" (cf. CATENACCI. *La tutela penale dell'ambiente*, p. 11/12). Interessante o posicionamento de Paulo Vinicius Sporleder de Souza, para quem o meio ambiente seria, ao mesmo tempo, o bem jurídico e o sujeito passivo protegido pelos crimes ambientais, numa perspectiva antropocêntrica-ecocêntrica ou antropocêntrica-relacional, Cf. SOUZA, Paulo Vinicius Sporleder. *O meio ambiente (natural) como sujeito passivo dos crimes ambientas*, RBCC, vol. 50, p. 57 e ss.

[443] Cf. CATENACCI. *La tutela penale dell'ambiente*, p. 12.

[444] Segundo a formulação de Hormazábal Malarée, "ao modelo de desenvolvimento imediatista e irracional, deve-se opor um modelo de desenvolvimento duradouro, isto é, um (modelo) que assegure as condições de sua própria continuação, identificando, controlando e suprimindo seus efeitos negativos" (cf. HORMAZÁBAL MALARÉE. *Lesividad y el delito ecológico*, p. 1424).

recorrendo a uma expressão de Ulrick Beck, "à medida que se toma consciência (pública)" de que "o aumento do bem-estar e da ameaça se condicionam reciprocamente"[445] –, surge um conflito político entre vontades que antes trilhavam o mesmo caminho. Em outras palavras, "os defensores da segurança deixam de compartilhar o barco com os que planejam e produzem a riqueza econômica. A antiga 'coalizão apolítica de progresso' entre administração, Estado, economia, técnica e ciência se rompe, porque sendo verdade que a técnica melhora a produtividade, não menos verdadeiro é que a mesma suscita o problema da legitimidade".[446]

Em conformidade, do "conflito social ecológico" (Beck) emergem setores sociais preocupados em fazer frente ao modelo tecnológico industrial, alertando para os seus perigos e propondo novos e abrangentes modelos de "desenvolvimento sustentável", de forma que a expressão "tutela do ambiente" passa a se confundir com uma mais ampla e poli-instrumental (desenvolvimento sustentável), que engloba não só a proteção dos ciclos naturais, mas também a de bens e interesses heterogêneos, distintos do "ambiente", entendido pura e simplesmente como o equilíbrio da natureza.[447] A bem ver, portanto, em passo com a crescente preocupação do homem com o seu *habitat* e, conforme os alertas ganharam dimensões "sistêmicas" com a proposta de uma alternativa "filosofia do desenvolvimento",[448] a proteção do ambiente foi aos poucos se confundindo com "uma mais genérica exigência de tutela da 'utilidade social dos lugares', que acabou por coenvolver de modo novo também bens ambientais mais tradicionais, como por exemplo o paisagismo ou os bens culturais, entendidos agora não mais de forma meramente estética ou patrimonial, mas também como bens que satisfazem uma necessidade de promoção humana e de bem-estar coletivo".[449]

Ante o exposto, podemos estabelecer uma distinção genérica entre dois significados comumente atribuídos ao meio ambiente:

---

[445] Cf. BECK. *Maquiavelismo ecológico*, p. 181.

[446] Cf. BECK. *Maquiavelismo ecológico*, p. 181. Desta forma, como descreve Beck, "a indústria e a economia se convertem em uma empresa *política*, no sentido de que umas inversões fortes exigem como condição prévia um consenso duradouro, e este já não se pode assegurar, senão que aparece ameaçado, com as velhas rotinas da modernização simples". (*Maquiavelismo ecológico*, p. 181).

[447] Sobre o caráter pouco preciso e passível de diferentes significações, a significar que "il termine ´ambiente´ è polisenso", veja-se GIUNTA. *Il diritto penale dell´ambiente in Italia*, p. 1100.

[448] Cf. CATENACCI. *La tutela penale dell´ambiente*, p. 14.

[449] Cf. CATENACCI. *La tutela penale dell´ambiente*, p. 15. Sobre a existência de diferentes conceituações (amplas e restritas) de "meio ambiente", veja-se CUESTA ARZAMENDI. *Contaminación ambiental*, p. 30 e ss; GIUNTA. *Il diritto penale dell´ambiente in Italia*, p. 1100 e ss.

a) Um primeiro que imprime à expressão um conteúdo mais alargado, como sinônimo de "entes físicos" ou "lugares". Nesse último sentido, por proteção do ambiente quer-se significar a "salvaguarda das diversas utilidades sociais que um certo estado daqueles mesmos 'lugares' se presta a garantir".[450] Distinguem-se, pois, como objetos para cuja proteção está endereçada a "tutela do ambiente", tanto entes naturais (ar, água, fauna, flora etc.) de valor para a conservação do meio de vida humano num certo "estado", como "bens" ou "valores" produzidos pelo homem (monumentos, espaços arquitetônicos etc.).

b) De outro lado, numa acepção mais restrita, por proteção do meio ambiente quer-se expressar a tutela exclusiva dos "elementos fundamentais para a vida: a atmosfera, o solo, as águas terrestres e marítimas".[451] Nesse caso, não só os objetos materiais para os quais vai endereçada a proteção são mais restritos (a água, o ar e o solo terrestres, fauna e flora), também distinta é a forma pela qual tais elementos são protegidos: o que, aqui, legitima a intervenção penal não é a perda de uma qualquer "utilidade social" de cada um desses elementos, mas a salvaguarda dos "ciclos biológicos naturais" úteis ao homem.

Como observa Catenacci, "entre as duas acepções, ampla e restrita, de 'ambiente' pode haver coincidência quanto ao objeto material de tutela (p. ex., um lago ou um bosque), ou quanto à finalidade última dessa (p. ex., salvaguardar a economia da população que utiliza aquele lago ou aquele bosque), mas não quanto à precisa individualização do específico bem a proteger. No caso do ambiente entendido em sentido amplo, será tutelada a *qualidade* (paisagística, histórico-cultural, econômica, etc.) ligada a um certo estado do lago ou do bosque; no caso contrário do ambiente em sentido estrito, o bem a proteger consistirá no *ciclo biológico* do qual aquele lago ou aquele bosque outra coisa não são que o espaço natural".[452]

4.2 – Resta-nos indagar, num primeiro momento e ainda que perfunctoriamente, qual foi o caminho, dentre os dois acima descritos, trilhado pelo legislador brasileiro quando estabeleceu, nos arts. 29 e ss. da Lei 9.605/98, incriminações ligadas à tutela do ambiente.

O que não significa que tenha havido, por parte da doutrina, um afincado trabalho de definição do bem jurídico, ou que as concepções até agora oferecidas sejam suficientemente densas a ponto de esta-

---

[450] Cf. CATENACCI. *La tutela penale dell'ambiente*, p. 15.
[451] Cf. CUESTA ARZAMENDI. *Contaminación ambiental*, p. 31.
[452] Cf. CATENACCI. *La tutela penale dell'ambiente*, p. 16/17.

belecer determinados parâmetros normativos exteriores aos tipos incriminadores (função que é comumente reconhecida à noção de bem jurídico). A resposta a tudo isso se encontrará a partir de uma representação da ideia contida na expressão "meio ambiente" que seja minimamente "palpável" – para poder servir de parâmetro crítico – e, ao mesmo tempo, portadora de relevância ética, enquanto valor já cristalizado na consciência social.

Sem dúvida, à semelhança do que ocorre na Itália – país em que a multiplicidade de leis que se podem reconduzir à tutela do meio ambiente e o caráter pouco homogêneo e sistematizado delas dificulta enormemente o trabalho doutrinário de identificar não só o que mais propriamente se deve entender por "ambiente" como também quais incriminações, dentre o complexo normativo existente, podem-se considerar vocacionadas à sua protecção direta e imediata –, poderíamos pensar que uma tarefa de determinação do bem jurídico seria quase impossível. Ainda mais quando olhamos para opções legislativas, como as tomadas em Portugal[453] ou Espanha, que recorrem a uma ou duas incriminações, dispostas não em legislação extravagante, mas sim, na parte especial dos respectivos códigos penais, sendo, pois, mínimo o esforço do intérprete para identificar a noção de meio ambiente, como o conjunto dos "sistemas naturais", cujo "equilíbrio" cumprirá assegurar.

Acreditamos que basta, contudo, a simples leitura dos enunciados para se concluir que a opção do legislador brasileiro foi tomada no sentido mais restrito de salvaguardar o *equilíbrio ecológico da água, ar e solo*. Mas, tendo em conta a mesma letra da Lei, poderíamos encontrar alguns traços distintivos a nos permitir afirmar que o legislador adota uma mais ampla compreensão de meio ambiente: para além do ar, da água e do solo, seriam também parte integrante da noção de ambiente a fauna e a flora naturais e os recursos do subsolo, protegidos pelos arts. 29 e ss. De fato, não seria de toda forma incoerente se entendêssemos a fauna ou a flora como objetos materiais relacionados à noção de *equilíbrio biológico* (dos sistemas naturais), na medida em que são também "elementos" cuja afetação pode implicar um "desequilíbrio ecológico".[454] Dito isso, parece-nos possível afirmar, com suficiente

---

[453] Dentre essas concepções, no direito português, vale mencionar as constantes dos trabalhos de SOUTO DE MOURA. *Crime de poluição*, p. 22 e ss; FERNANDA PALMA. *Direito penal do ambiente*, p. 444 e ss. e QUINTELA DE BRITO. *Anuário de direito do ambiente*, p. 332 e ss. O primeiro deles buscando identificar o meio ambiente como um conceito autônomo – "qualidade do ambiente".

[454] Como bem explicita CUESTA ARZAMENDI, "são múltiplas as concepções existentes quanto à extensão e ao conteúdo do conceito de ambiente. Enquanto que a partir de perspectiva amplas e unicompreensivas o ambiente chega identificar-se com o entorno (inclusive o entorno cultural), para as posições mais estritas o conceito de ambiente deve referir-se tão somente aos 'elementos

certeza, que o legislador brasileiro optou por uma noção mais restrita de meio ambiente, entendido aqui como meio ambiente "natural", ou seja, como "sistema biológico" (ecossistema). Para além do mais, fica também claro que, como objetos materiais, tipificados nas incriminações dos arts. 29 e ss., estão os "elementos fundamentais da biosfera" (água, ar e solo, flora e fauna). Mas não poucas questões ficam ainda por resolver.

Em primeiro lugar, urge determinar se, mesmo adotando uma concepção restrita de ambiente, se poderá afirmar tratar-se, também nesse caso específico, da proteção de bens entre si heterogêneos. Assim, tendo-se em consideração que o meio ambiente – mesmo entendido como meio ambiente "natural" – é composto por distintos elementos (água, solo, fauna etc.), seria permitido sustentar-se que a tutela jurídico--penal vai endereçada a cada um dos referidos elementos naturais, de forma que o recurso à expressão "meio ambiente" serviria apenas para unificar funcionalmente os singulares elementos da natureza, protegidos de forma direta pelo direito penal? Esse entendimento, que predomina entre os autores portugueses,[455] sustenta-se na ideia de que se trataria de um bem *complexo* ou de *síntese valorativa*.[456] Em outras palavras, por razões de conveniência, o legislador optaria por desmembrar o "todo" ambiente em "parcelas" autônomas, tais como "águas ou solos", "o ar" ou a "poluição sonora" (art. 279, n° 1, do Código Penal português).

---

fundamentais para a vida: a atmosfera, o solo, as águas terrestres e marítimas', *excluindo-se do mesmo a proteção da natureza (espaços naturais, fauna e flora)*. Posições *intermediárias* postulam a integração do conceito de meio ambiente, tanto através dos elementos naturais como com o resto dos recursos naturais..." (cf. CUESTA ARZAMENDI. *Contaminación ambiental*, p. 30/31- itálico nosso). Em sentido análogo, buscando esclarecer o dispositivo da Constituição Espanhola que garante proteção aos "recursos naturais", afirma Rodrígues Ramos que a expressão, sem dúvida, vai endereçada de modo expresso a "todos", ou seja, "à água, ao ar e ao solo; à *gea*, à fauna e à flora; a todas as matérias primas tanto energéticas, quanto alimentares ou de outra índole. E mais, em uma formulação ecológica, não só se deve proteger cada um dos elementos mencionados, senão também, e sobretudo, o *conjunto que formam todos eles interrelacionados* (cf. RODRÍGUES RAMOS. *Protección penal del ambiente*, p. 262).

[455] Parecem trilhar este caminho, entre outros, FERNANDA PALMA. *Direito penal do ambiente*, p. 443; QUINTELA DE BRITO. *Anuário de direito do ambiente*, p. 333 e ss.; ANABELA RODRIGUES. *A propósito do crime de poluição*, p. 111 e SOUZA MENDES. *Vale a pena o direito penal do ambiente?*, p. 99. Na doutrina estrangeira, por todos, TIEDMANN. *Droit pénal de l'environnement*, p. 268 e ss.

[456] Cf. SOUZA MENDES. *Vale a pena o direito penal do ambiente?*, p. 99. Segundo o Autor, a promoção do ambiente à categoria de *síntese valorativa* "ficou a dever-se à tomada de consciência pela Humanidade da complexidade dos processos vitais de reorganização da ecosfera, que engendrou nela o fundado temor de poder vir a engolfar-se no vórtice de um descalabro ambiental iminente (...). É por isso que todas as peças da Natureza têm valor, enquanto partes de um todo incindível" (p. 99/100).

Entretanto, a definição do objeto de proteção de tais infrações como a "pureza",[457] a "integridade" ou a "qualidade"[458] do solo, da água etc. está sujeita a grandes incoerências. Por serem múltiplas as funções que podem assumir cada uma das entidades naturais (água, ar, solo, fauna), múltiplas serão as maneiras de se delimitar o que afeta e o que não afeta a "pureza" ou a "qualidade" delas. Com efeito, é muito mais apropriado que estes mesmos elementos não se tornem merecedores de proteção em si e por si mesmos; antes, verdadeiro objeto de proteção será o dinâmico "ciclo biológico" dentro do qual cada um desses elementos interage, porque são os "ciclos vitais" (ou "ecossistemas"), e não os singulares elementos que os compõem, que estão sujeitos a um "desequilíbrio", capaz de comprometer os interesses humanos.[459] Assim, por exemplo, a liberação de resíduos tóxicos em um rio não se pune em virtude da afetação desse mesmo rio, considerado singularmente, mas sim tendo-se em conta as consequências prejudiciais para o "ciclo biológico" peculiar a um sistema natural (ecossistema), do qual o rio é parte integrante (morte da fauna local, contaminação alimentar, alteração da fauna, perigo para a saúde das pessoas etc.).

Assim se assume que "a óptica pela qual se move a concepção naturalística de ambiente é, na realidade, uma lógica unitária: objeto de salvaguarda não são pois os singulares elementos da natureza, em si e por si considerados, mas o *ciclo biológico natural* que esses, com sua presença, contribuem para perpetuar; e o 'dano ao ambiente' consiste, por consequência, não no prejuízo à pureza, à integridade, à sobrevivência ou a outro qualquer daqueles mesmos elementos singularmente concebidos, mas na ruptura do ciclo biológico que os caracteriza".[460]

4.3 – De qualquer modo, considerando como mais conveniente a segunda classificação, coisa diversa e muito mais problemática é certificar se a construção de um direito penal ambiental constituído por incriminações que visem unicamente à proteção dos *ecossistemas naturais*

---

[457] Nesse sentido, FIANDACA-TESSITORE. *Diritto penale e tutela dell'ambiente*, p. 38 e ss.

[458] Falando de uma *degradação*, ou seja, "*de uma alteração nociva ou diminuição da qualidade do ar, das águas e dos solos*": QUINTELA DE BRITO. *Anuário de direito do ambiente*, p. 338.

[459] De uma perspectiva mais ecocêntrica, afirma Cuesta Arzamendi que, para a garantia do "'equilíbrio natural básico, necessário para o desenvolvimento da vida em geral e da vida humana em particular'", é necessário que se contemplem todos os "elementos naturais não como elementos isolados e separados, mas inter-relacionados entre si como partes integrantes dos ecossistemas ou sistemas naturais – complexos 'conjuntos(s) geofísico(s) que conforma(m) a natureza' – e em cujo equilíbrio se conforma aquele âmbito 'vital idôneo e natural', condição da vida animal e das formas vegetais complexas do planeta". (cf. CUESTA ARZAMENDI. *Contaminación ambiental*, p. 31/32).

[460] Cf. CATENACCI. *La tutela penale dell'ambiente*, p. 25.

satisfaz as mais instantes exigências de restrição da intervenção punitiva. É preciso, pois, se esclarecer se a expressão "equilíbrio dos sistemas naturais", ou qualquer outra a essa semelhante, não arrisca a converter-se em mera tautologia, incapaz portanto de levar a uma interpretação distinta daquela que transforma os crimes ecológicos em meros "crimes de desobediência" à atuação administrativa, nos quais a relação ofensiva entre a conduta típica e o bem jurídico é presumida.[461]

Não se pode ignorar, com efeito, que mesmo a ideia de um ecossistema equilibrado dá azo a não poucas variantes interpretativas. Para além da ambiguidade da própria ideia de "equilíbrio" – não se sabe ao certo se um sistema ecológico "equilibrado" deve ser entendido em termos ideais, e daí seriam poucos os ecossistemas verdadeiramente equilibrados por conta da intervenção humana, ou se se refere ao *status quo* dos sistemas naturais antes da intervenção cuja relevância jurídico-penal"[462] –, até agora não se atingiu um posicionamento consensual sobre qual a melhor maneira de precisar a noção de "ecossistema" (ou sistema natural) de forma unívoca e capaz de servir, *de lege ferenda*, como parâmetro para a edição de tipos legais de crime verdadeiramente merecedores de proteção e, *de lega lata*, para uma correta aplicação dos tipos penais existentes. Essa imprecisão ou "desmaterialização" de que vimos falando fica a dever-se, como já foi sublinhado, à ausência de um "suporte naturalístico tangível", nos moldes dos clássicos bens jurídicos individuais. De resto, não seria desarrazoado afirmar que a ambiguidade aumenta em crescente com o afastamento da noção de bem jurídico de interesses individuais concretos.

Efetivamente, a evolução do bem jurídico protegido no direito penal ambiental atesta bem os efeitos do gradual alheamento, na eleição do valor digno de punição, de uma referência clara a bens jurídicos individuais, como a vida, a integridade física e a saúde das pessoas. Como exemplifica Mendoza Buergo acerca da experiência alemã, "quando se tencionou projetar a proteção penal do ambiente na Alemanha, o Projeto Alternativo de CP ali elaborado, partia de que se tratava de proteger não diretamente o meio ambiente, mas a vida e a saúde humanas frente aos perigos provenientes da deterioração ambiental enquanto que, na reforma operada nesta matéria em 1980 o legislador alemão

---

[461] Ora, se assim fosse, do que se trataria era de "não vulnerar certos *standards* máximos estabelecidos por instâncias extrapenais, que se estimam simplesmente contrários à regra que pretende manter um certo sistema, com independência de que tal vulneração do *standard* afecte de maneira efetiva o interesse final que deve constituir o motivo da incriminação" (cf. MENDOZA BUERGO. *El derecho penal en la sociedad del riesgo*, p. 71). Desenvolvidamente, veja-se a abordagem de SILVA SÁNCHEZ. *Medio ambiente*, p. 80 e ss.

[462] Esta a posição defendida por SILVA SÁNCHEZ. *Medio ambiente*, p. 80.

já se mostrou partidário do reconhecimento de bens ecológicos independentes, materializados em elementos como a água, o ar e o solo. À medida que esses se consideram como parte integrante do espaço vital do homem e, portanto, em última instância vão referidos às bases da vida humana, quer-se partir de uma tutela penal da perspectiva 'ecológico-antropocêntrica', que pode qualificar-se como a posição dominante na literatura alemã, ainda que não se deixem de ouvir vozes que postulam posições puramente 'ecocêntricas'. Em definitivo, tanto neste novo bem jurídico como em outros, observa-se um alheamento do típico entendimento do bem jurídico, orientado a bens claramente delimitados como vida, integridade física, saúde, etc., com uma clara inspiração antropocêntrica".[463]

A essa tendência de gradual autonomização da tutela do meio ambiente vão endereçadas, como se sabe, muitas críticas a apontar para os seus afeitos negativos. Diz-se, nesse sentido, que a consagração de tipos penais vocacionados para uma proteção direta de bens jurídicos coletivos (como a ordem econômica e o meio ambiente), visaria mais propriamente, à satisfação de um "exasperado pragmatismo eficientista", sacrificando assim a "rígida defesa de princípios abstratos ou de valores que transcendem ao problema que se apresenta no caso concreto".[464] Vale por dizer: os objetos materiais para os quais a tutela penal se dirige não poderiam ser chamados de bens jurídicos no sentido autêntico, na medida em que, em muitos casos, não se trataria da proteção de interesses de conteúdo e contornos precisos e com referência direta aos interesses das pessoas. Antes, seria o caso de se protegerem "funções da Administração Pública" ou um determinado "modelo de gestão ambiental",[465] já que a imposição de uma sanção penal ocorreria com a mera "inobservância de normas organizativas" ou *standards* de segurança", dando lugar a uma "sobretípica utilização da intervenção penal para a tutela da funcionalidade dos mecanismos de intervenção da administração pública, mediante a criação artificiosa de bens jurídicos de referência".[466]

---

[463] Cf. MENDOZA BUERGO. *El derecho penal en la sociedad del riesgo*, p. 70/71. Em Portugal, contrário às teses antropocêntricas do bem jurídico ambiental, alega Figueiredo Dias poder-se afirmar "que, nas sociedades dos nossos dias – especialmente nas sociedades industriais, dirigidas à produção e ao consumo de massas –, um meio de vida são constitui sem dúvida um bem jurídico em sentido próprio e autônomo, que reclama a intervenção protetora do direito penal" (cf. FIGUEIREDO DIAS. *Direito penal na protecção do ambiente*, p. 9).

[464] Cf. MOCCIA. *De la tutela de bienes a la tutela de funciones*, p. 115.

[465] Expressão tirada de SILVA SÁNCHEZ. *Reforma de los delitos contra el medio ambiente*, p. 154.

[466] Cf. MOCCIA. *De la tutela de bienes a la tutela de funciones*, p. 115/116.

De mais a mais, como efeito da crescente perda de seu potencial crítico, a assunção de tais objetos "fictícios" de tutela acarretaria ulteriores consequências no plano dogmático. Ora, sendo uma das mais importantes funções de uma precisa e concreta individualização do bem jurídico a delimitação dos seus limites materiais – de forma a poder-se distinguir entre situações típicas de lesão e de perigo e a facilitar o juízo crítico sobre o (des)respeito ao princípio da ofensividade – , ao se projetar a imposição de uma sanção penal a comportamentos humanos contrários, não a bens jurídicos como tradicionalmente se entende, mas a "funções" de organização social de contornos difusos, arrisca-se a legitimar figuras típicas excessivamente distanciadas do clássico modelo do crime como ofensa a bens jurídicos. Questão que ganha ainda maior acento crítico em âmbito como o meio ambiente em que é frequente o recurso ao esquema das normas penais em branco, que faz depender o juízo de tipicidade da normação e/ou atuação administrativas. De sorte que, na observação de Giunta, "a intervenção penal tende a assumir um papel subalterno e acessório em relação à regulamentação administrativa, enquanto destinada a assegurar o respeito pela valoração efetuada pela administração competente. Por essa razão, não se deixa de observar na doutrina que os tipos penais em questão seriam *meramente sancionatórios*; puniriam assim a desobediência ao preceito administrativo e, como tais, tutelariam exclusivamente funções administrativas de governo".[467]

4.4 – Dessa forma, para o setor da doutrina em que a eleição de bens jurídicos supraindividuais – e, consequentemente, de uma técnica legislativa vocacionada a oferecer uma proteção direta a eles – parece incompatível com o paradigma penal contemporâneo, a solução estaria em "funcionalizar os interesses gerais do Estado a partir dos indivíduos: os bens jurídicos universais – diz-nos Hassemer – só têm fundamento à medida que se correspondem com os interesses – conciliados – do indivíduo".[468] Também em alguns autores que encontram na Constituição o referente material capaz de precisar e determinar a concepção de bens jurídicos, podemos notar uma clara referência ao princípio "personalista"[469] da Constituição a limitar ou funcionalizar a

---

[467] Cf. GIUNTA. *Il diritto penale dell'ambiente in Italia*, p. 1110 – o itálico é nosso.

[468] Cf. HASSEMER. *Teoria personal del bien jurídico*, p. 281. Segundo o mesmo autor, "o fundamento desta tradição é uma concepção liberal do Estado, que não é um fim em si mesmo, mas que somente deve fomentar o desenvolvimento e asseguramento das possibilidades vitais do homem" (*Teoria personal del bien jurídico*, p. 281)

[469] Sobre o princípio e suas projeções na determinação dos bens jurídico-penais, veja-se FIANDACA. *Il bene giuridico*, p.70 e ss.

tutela penal do meio ambiente a uma afetação de interesses pessoais.[470] Por essa razão, o meio ambiente, enquanto bem jurídico, seria instrumental à proteção de bens jurídicos tradicionais ligados à pessoa e o ilícito ambiental se compreenderia, pois, como uma nova forma típica de agressão a esses últimos e não ao meio ambiente em si mesmo considerado.

Sinteticamente, dessa opção teórica poderemos extrair algumas consequências no que diz respeito à proteção jurídico-penal do meio ambiente: a) para os que partem desse posicionamento (teoria antropocêntrica pura), "o bem jurídico protegido no direito ambiental não é o meio ambiente por si mesmo", devendo ser entendido como meio (ou instrumento) para a satisfação "das necessidades da saúde e da vida do homem".[471] Noutros termos: "o direito penal do meio ambiente só deve estar a serviço da protecção da vida e saúde do homem".[472] Assim, usando-se uma terminologia comum aos penalistas, o meio ambiente – que, de acordo com a nossa argumentação *retro*, confunde-se com o conjunto dos elementos fundamentais da biosfera (água, ar e solo) enquanto condições para a harmonia dos ecossistemas naturais – não seria um bem *final* para cuja tutela estaria legitimada a imposição de uma sanção penal; seria, diversamente, um bem instrumental à proteção da saúde e da vida das pessoas; b) consequentemente, no plano dogmático, dificilmente seria sustentável a criação de figuras típicas de perigo abstrato, ou mesmo de resultado (de dano ou de perigo), que tivessem em mira a autônoma proteção do meio ambiente enquanto tal. O mesmo é dizer que só seriam legítimas técnicas de tutela absolutamente subordinadas ao pôr-em-perigo de um bem pessoal, como a saúde humana, ou seja, a afetação – como lesão ou pôr-em-perigo – do bem jurídico ambiental só conduziria à tipicidade da conduta se fosse possível apreender uma perigosidade da própria conduta para a saúde ou a vida das pessoas. Desse ponto de vista, porém, o direito penal ambiental seria constituído por comportamentos típicos,

---

[470] Nesse sentido, defendendo o relevo constitucional implícito da tutela do ambiente, entendida como forma de tutela indireta de outros bens jurídico constitucionalmente relevantes, ver ANGIONI. *Contenuto e funzioni*, p. 197 e ss. Sustentando a tese de que a tutela ambiental está endereçada à protecção da vida e de outros bens do homem, cf. PATRONO. *Inquinamento industriale e tutela penale dell'ambiente*, p. 34 e ss. Contra, por todos: MARINUCCI/DOLCINI. *Corso di diritto penale*, p. 499.

[471] Cf. HASSEMER. *Teoria personal del bien jurídico*, p. 283. Analogamente, ver MÜLLER-TUCKFELD. *Abolición del derecho penal del medio ambiente*, p. 508 e ss.

[472] Cf. MÜLLER-TUCKFELD. *Abolición del derecho penal del medio ambiente*, p. 509.

construídos como uma forma especial de comissão das modalidades clássicas de crime.[473]

Chegados a esse ponto, não seria de todo impertinente lembrar, mesmo em tom necessariamente sucinto, algo do que já ficou dito e ponderado a respeito do pensamento que agora retorna ao cerne de nossas preocupações. Com efeito, baseados no estudo precedente, é possível chegarmos a algumas conclusões que vão, agora, servir de fundamento para uma aproximação crítica da tese que batizamos de *atropocêntrica pura*. Queremos com isso demonstrar, como fundadamente afirmamos em linha anteriores, que a chamada doutrina monista-individualista (ou personalista) dos bens jurídicos se sujeita a diversas objeções a nos permitir atestar a impertinência da tese que quer limitar a tutela penal do meio ambiente à afetação direta da vida e da saúde das pessoas. Em primeiro lugar, objeta-se, nesta teorização, o fato de, querendo munir o direito penal de um modelo político criminal verdadeiramente "moralizante" e, enquanto tal, limitador de medidas legislativas de caráter expansionista, ignorar-se o surgimento de novas formas de criminalidade, resultado do desenvolvimento e transformação das estruturas sociais.[474] Ora, quem hoje duvida do valor que possui o meio ambiente para a sobrevivência da espécie humana? Quem, por sua vez, quando pensa na sua proteção a faz depender dos casos em que haja ao menos um pôr-em-perigo da vida ou da saúde das pessoas? Ademais, atenta ao seu caráter antropocêntrico extremado, essa percepção das coisas não vislumbra a existência de uma outra dimensão, constitucionalmente consagrada, do agir social: a dimensão *coletiva*, que releva o homem como ser-com e ser-para os outros.

Mas, se tudo isso é suficiente para afastar-nos de uma vertente *radicalmente antropocêntrica*, o mesmo não se poderá afirmar de uma *posição intermediária*, empenhada em conciliar a legítima (e direta) tutela de bens jurídicos supraindividuais com uma "dimensão pessoal" presente em todo e qualquer bem digno de proteção pelo direito penal. Sendo assim, o que se quer defender é que o meio ambiente só se assume como objeto de tutela enquanto valor indispensável à satisfação de necessidades humanas – enquanto meio ambiente "do homem" e "para o homem" (antropocentrismo moderado). O que não significa, obvia-

---

[473] Não é de estranhar que os defensores desta tese identificam o direito penal do meio ambiente com a edição de figuras típicas de perigo concreto para bens jurídicos como a vida e a saúde. Com efeito, para Müller-Tuckfeld, se prosperasse esta teoria, "dificilmente se poderia fundamentar um direito penal ambiental autônomo, pois este acaba reduzindo-se a casos particulares de formas de comissão dos crimes clássicos", como por exemplo o § 223 do CP alemão (lesões corporais) (cf. MÜLLER-TUCKFELD. *Abolición del derecho penal del medio ambiente*, p. 509).

[474] Uma crítica tenaz nesse mesmo sentido encontra-se em SCHÜNEMANN. *Situación espiritual de la ciencia jurídico-penal alemana*, p. 193.

mente, reduzir-se o direito penal ambiental à previsão modalidades inéditas de crimes contra a vida e a saúde das pessoas.[475]

Na Itália, todo o debate à volta da mais correta delimitação do meio ambiente, enquanto objeto de proteção pelo direito penal, deu-se por conta da ausência de previsão expressa, pela Lei Fundamental desse país, de um direito ao meio ambiente em sentido próprio. Assim, em vista da necessidade crescente de uma sua tutela e da inexistência de uma expressa consagração constitucional, o meio ambiente foi alçado como forma antecipada de bens jurídicos clássicos – esses sim dotados de dignidade constitucional –, como a saúde. Postura que, sendo, por um lado, congruente com a doutrina que faz depender o merecimento de pena de uma ao menos implícita previsão constitucional, por outro, satisfaz as exigências impostas pelo princípio "personalista", que animaria a Constituição.[476]

Ora, embora muito deste debate fique prejudicado para a realidade brasileira, tendo em vista que a nossa Constituição consagra, de forma expressa, no seu art. 225, o meio ambiente como "bem de uso comum do povo e essencial à sadia qualidade de vida...", ele nos serve de parâmetro para uma melhor compreensão do grau de vinculação entre o meio ambiente e outros bens jurídicos pessoais. Cremos, contudo, que a ideia de uma hierarquização dos bens jurídicos em função de sua proximidade com os interesses dos indivíduos – e a consequente *instrumentalização* dos bens supraindividuais aos bens fundamentais da pessoa (vida, integridade física, patrimônio etc.) – só se compreende coerentemente no contexto de um *antropocentrismo moderado*. Como bem observa Anabela Rodrigues a respeito da realidade portuguesa, a consagração, "como direito fundamental 'a um ambiente de vida humano, sadio e ecologicamente equilibrado' (art. 66 da CRP), do direito ao ambiente destaca, já ao nível constitucional, a sua *autonomia*. Ele conforma-se como um direito fundamental 'autônomo' e distinto de outros direitos também constitucionalmente protegidos que lhe são

---

[475] O que queremos não é "chegar tão longe para converter os crimes contra o meio ambiente em meros crimes contra a vida e saúde das pessoas. Mas sim, pelo contrário, por um lado neutralizar a tendência de provocar a intervenção do direito penal tão pronto como se afeta um certo ecossistema em termos que superam os limites administrativos estabelecidos, ainda que se possa excluir por completo qualquer repercussão do comportamento concreto em termos prejudiciais para a vida dos homens vivos "(cf. SILVA SÁNCHEZ. *Reforma de los delitos contra el medio ambiente*, p. 159).

[476] Fala de um princípio "personalista", que animaria a Constituição Italiana, "capaz de indicações de máxima acerca de uma nova estruturação hierárquica dos bens penalmente protegidos na parte especial do código": FIANDACA. *Il bene giuridico*, p.70 e ss. Similarmente: ANGIONI. *Contenuto e funcioni*, p. 64 e ss. Sem o mesmo apelo constitucional, mas, da mesma forma, reconhecendo a necessidade de uma hierarquização dos bens jurídicos em função maior ou menor proximidade de interesses pessoais, veja-se HASSEMER. *Teoria personal del bien jurídico*, p. 283.

'próximos' (*v. g.*, o direito à saúde ou o de propriedade)".[477] Na linha desse entendimento, o meio ambiente é considerado um bem jurídico coletivo autônomo mas, ao mesmo tempo, uma "barreira prévia de protecção de bens jurídicos existenciais".[478] É, portanto, absolutamente coerente com a Constituição a eleição da pessoa humana como "valor principal, enquanto não derivado, mas originário e fundante",[479] e assim se fazer depender a legitimidade dos bens jurídicos coletivos da existência de interesses das pessoas. No entanto, essas pessoas de que falamos, no contexto que aqui importa, devem ser entendidas numa dimensão coletiva (ou "comunizada"), o que, por sua vez, implica o completo e autônomo acolhimento dos bens jurídicos supra-individuais como interesses de titularidade coletiva – interesses da pessoa humana entendida como ser social, e, nessa medida, socialmente responsável.

Na verdade, como bem observa Silva Sánchez, "todos os autores concordam que quando, através da afetação do meio ambiente, põe-se em perigo concreto, ou mesmo abstrato (no sentido de existência de uma perigosidade real na conduta, ainda que esta não se tenha concretizado em um resultado de perigo), a vida ou a saúde das pessoas, ou mesmo outro interesses vitais destas, procede a intervenção penal. Se o debate se dá é porque, com base no anterior, um sector doutrinal é partidário de deter-se aí, por exigi-lo assim um 'conceito pessoal de bem jurídico', enquanto que para outro sector doutrinal tal concepção dos bens jurídicos ecológicos parece 'errônea' ou 'disfuncional' e pretende estender bastante mais além a intervenção do direito penal".[480] Quanto a nós, tomando por certo a inadequação da chamada teoria pessoal ou antropocêntrica radical do bem jurídico protegido no direito penal ambiental, o problema estará em determinar precisamente o conteúdo e os limites de uma concepção *moderadamente antropocêntrica*. Vale por perguntar: quais os contornos precisos de uma noção de meio ambiente apta a legitimar sua autônoma tutela por parte do direito penal, mas, ao mesmo tempo, limitada à satisfação de necessidades humanas?

4.5 – Como é sabido, a postura majoritariamente aceita diverge do rigor dos partidários da teoria pessoal do bem jurídico. Aqui estão aqueles que, sem descurar a referência à pessoa humana como padrão

---

[477] Cf. ANABELA RODRIGUES. *A propósito do crime de poluição*, p. 105.
[478] Expressão de SILVA SÁNCHEZ. *Reforma de los delitos contra el medio ambiente*, p. 157.
[479] Cf. FIANDACA. *Il bene giuridico*, p.71
[480] Cf. SILVA SÁNCHEZ. *Reforma de los delitos contra el medio ambiente*, p. 155.

para a intervenção do direito penal, advogam a plena autonomização do bem jurídico meio ambiente, passando a referência a interesses individuais a constituir mera *ratio legis*,[481] dispensando, pois, a ocorrência de uma concreta afetação destes últimos como critério para a tipicidade.[482] Em favor dessa ideia, argumenta Schünemann que, ao se dispensar ao meio ambiente uma proteção indireta, por intermédio da criação de tipos legais de lesão ou de perigo para bens pessoais, não se estaria, efetivamente, a proteger os bens jurídicos ecológicos: assim concebida, "a proteção necessária do meio ambiente acabaria num menoscabo dos interesses dos indivíduos vivos, os quais, por certo, se são lesados em sua integridade física, podem adotar por completo uma função de representação do meio ambiente maltratado, mas o fato de conservarem sua integridade física não indica necessariamente também a integridade dos bens jurídicos ecológicos".[483] Com base nessa afirmação, acaba o mesmo autor por concluir que "a redução do campo de análise ao marco das pessoas vivas e diretamente afetadas, demonstra uma profunda má compreensão dos bens ecológicos e que, no melhor dos casos, só se dispõe de soluções parciais para descrever de maneira pragmática os insuportáveis danos produzidos ao meio ambiente".[484]

Entretanto, o perigo da tese dominante é o de incorrer nos problemas já mencionados, convertendo o direito penal ambiental num instrumento meramente sancionatório das "funções" de governo da Administração Pública. De fato, esta tese, que pretende ser intermediária entre as radicais antropocêntrica e ecocêntrica, só aparentemente atinge o seu objetivo à medida que, "sem renunciar nominalmente ao conceito de bem jurídico, postula uma amplíssima configuração do mesmo que, praticamente, converte-o em um conceito dilatado (*comodin*), que por sua elasticidade permite adaptar-se a qualquer situação".[485] Posturas só pretensamente intermediárias – assim como aquelas que se

---

[481] Alertando para os problemas associados a uma concepção de bens jurídicos que não assumem verdadeiramente a função de "objetos de tutela", servindo antes com "*razões* de tutela" veja-se, MOCCIA. *De la tutela de bienes a la tutela de funciones*, p. 121.

[482] Nesse sentido, numa crítica tenaz ao antropocentrismo de Frankfurt, veja-se SCHÜNEMANN. *Situación espiritual de la ciencia jurídico-penal alemana*, p. 192. Do mesmo Autor: *Derecho penal del medio ambiente*, p. 647 e ss. Na doutrina portuguesa, por todos: FIGUEIREDO DIAS. *Direito penal na protecção do ambiente*, p. 8 e ss.

[483] Cf. SCHÜNEMANN. *Derecho penal del medio ambiente*, p. 648.

[484] Cf. SCHÜNEMANN. *Derecho penal del medio ambiente*, p. 648. "Por isso – continua –, o intento realizado pelos autores de Frankfurt, que consiste em reduzir os bens ambientais protegidos pelo direito penal do meio ambiente a bens jurídicos individuais, é tão equivocado como o intento contrário de uma redução do interesse de controle da Administração, que acaba numa confusão de (outro) meio de protecção com o objeto de protecção" (cf. SCHÜNEMANN. *Derecho penal del medio ambiente*, p. 648/649).

[485] Cf. MENDOZA BUERGO. *El derecho penal en la sociedad del riesgo*, p. 75.

pronunciam a favor de uma explícita renúncia ao conceito do bem jurídico nestes novos âmbitos –, por mais consequentes que sejam do ponto de vista da eficácia preventiva, fracassam no intuito de oferecer uma barreira político-criminal coerente em abono das garantias (formais e materiais) que permeiam o moderno direito penal, podendo, assim, culminar na "destruição do sistema de garantias que, até o momento, hão significado tanto os princípios político-criminais liberais como o sistema clássico de imputação".[486]

Por outro lado, não há razão para crer que, com o abandono de um tal posicionamento, não se estaria a dar o valor devido aos "interesses das gerações atuais e futuras do *homo sapiens*".[487] Assim – seguindo a coerente argumentação de Silva Sánchez –, não nos "parece que haja obstáculo para assumir, com Schünemann, que a ideia da 'sobrevivência da espécie humana' constitui um princípio regulador superior (...) e, a partir daí, consagrar os subprincípios relativos a uma participação relativamente igualitária de todas as gerações nos recursos naturais e, enfim, a uma necessidade de conservação e manutenção de um meio ambiente *lebensfreundlich und lebenswert*. Mas tudo isso deve referir-se ao conjunto da atuação jurídica, social e política, e, precisamente, só de modo muito cauteloso ao direito penal".[488] Por outras palavras, querer reservar para o direito penal um papel mais modesto na proteção do meio ambiente, em respeito às limitações formais e materiais que se impõem a um instrumento tão drástico de defesa social, em nada contradiz o querer, com o mesmo direito penal, a manutenção de um meio ambiente equilibrado, em benefício das pessoas vivas e das que estão por vir. Simplesmente, ao direito penal não se pode pedir o que a ele não compete, sob pena de se incorrer numa perniciosa "burla de etiquetas".

4.6 – Uma verdadeira posição intermédia, para se distinguir daqueles projetos de linha mais ou menos ecocêntrica – que, como se sabe, implicam ou um explícito abandono da noção de bem jurídico ou uma completa infecundidade como suporte crítico do direito penal –, só se consegue com um apurado trabalho de delimitação, não só da própria noção de meio ambiente como também dos interesses humanos para a satisfação dos quais o meio ambiente é *instrumental*.[489] Assim se destaca

---

[486] Cf. SILVA SÁNCHEZ. *Reforma de los delitos contra el medio ambiente*, p. 153.

[487] Conforme o pensamento de SCHÜNEMANN. *Derecho penal del medio ambiente*, p. 648.

[488] Cf. SILVA SÁNCHEZ. *Reforma de los delitos contra el medio ambiente*, p. 156.

[489] Para Mendoza Buergo, podem ser realmente "qualificáveis de posturas intermédias aquelas que demandam maiores esforços na delimitação dos correspondentes bens jurídicos a proteger

que é "precisamente devido à amplitude e falta de contornos precisos da matéria, quando não também devido à politização da mesma" que se torna urgente a necessidade de prosseguir no labor de definição e precisão do conceito, "cujas funções de *racionalização* e *limitação* são básicas não só por razões derivadas do Estado de Direito, mas também para determinar, na análise de conteúdo de ilícito das condutas sua proximidade ou alheamento da lesão do bem jurídico".[490]

Mas qual seria então a melhor maneira de definir o conceito no contexto de uma postura verdadeiramente intermediária? Foi já frisado que a intenção de minimizar a intervenção do direito penal nesta área, limitando a punibilidade à afetação direta da vida e da saúde das pessoas, acaba, numa atitude de excessiva cautela, por obscurecer a real intenção de criar instrumentos, legítimos e eficazes, para a tutela do meio ambiente. Vale por dizer: uma proteção compreendida nesses moldes só contemplaria os interesses ecológicos de forma mediata.

Na verdade, o grande erro das construções atreladas à teoria pessoal do bem jurídico não é o fato de identificarem o meio ambiente como um bem instrumental à tutela de outros bens jurídicos pessoais. O que, com efeito, parece incongruente nesta teorização está na equivocidade com que delimita tanto a própria noção de meio ambiente quanto os interesses para os quais o mesmo é instrumental.[491] A bem ver, ao atribuirmos à noção de meio ambiente um significado independente de interesses pessoais clássicos como a vida e a saúde das pessoas – ou seja, ao definirmos o meio ambiente como sinônimo de *sistemas naturais* – não estávamos a negar o seu caráter *instrumental*. Em outras palavras, a consideração do *equilíbrio dos sistemas naturais* (ou do "equilíbrio ecológico da água, ar e solo") como uma noção dotada de autonomia, não impede que se conceba a sua defesa como sendo "*instrumental* a uma pluralidade de necessidades, sejam elas individuais ou coletivas". Contudo – e aqui está um ponto verdadeiramente fulcral a ter-se em conta –, "longe de ser uma espécie de 'sinônimo' de bens, como por

---

considerando alguns que, em todo caso, não é concebível um bem jurídico que não mostre uma relação com pessoas. Desta perspectiva que defende a necessária perseverança no recurso ao pensamento do bem jurídico, considera-se criticável a posição que sustenta a inutilidade do conceito de bem jurídico no terreno dos novos riscos e a consequente renuncia a sua utilização" (MENDOZA BUERGO. *El derecho penal en la sociedad del riesgo*, p. 75/76).

[490] Cf. MENDOZA BUERGO. *El derecho penal en la sociedad del riesgo*, p. 76.

[491] Queremos com isso significar que as impostações que ora criticamos pouco servem quando se trata de "compreender em que mais propriamente consista aquele 'ambiente' cuja lesão ou pôr-em-perigo é referido pela lei como critério fundamental de *imputação de determinada consequência jurídica*" (cf. CATENACCI. *La tutela penale dell´ambiente*, p. 32), já que redundam numa simplificação que faz o meio ambiente (bem instrumental) equivaler a um ou outro dos *bens finais*, que estão na base da noção de ambiente, mas não a abarcam completamente.

exemplo a saúde, a segurança das pessoas, o paisagismo, a expressão 'ambiente' está a indicar uma entidade (o equilíbrio ecológico), objeto, enquanto tal, de específica proteção. O fato de que, pois, similar tutela seja por sua vez instrumental à tutela daqueles mesmos bens é coisa que pertence a todas as outras ordens de conceitos e que não prejudica a autonomia da noção de 'ambiente'".[492] Daí que uma correta definição do que mais propriamente se deve entender por meio ambiente permitir-nos-á uma maior concretização tanto do seu conteúdo específico quanto de sua peculiar conexão com outros bens jurídicos objetos de proteção penal.

A essa luz, levando-se em consideração as observações precedentes, será possível apontar para as mais instantes incongruências daquele setor doutrinário para o qual a tutela jurídico-penal do meio ambiente só poderia ser levada a cabo de uma forma extremamente dependente. Se vimos logo atrás que as imprecisões desse pensamento se devem à incipiente percepção da noção de meio ambiente (a) e à consequente simplificação dos interesses para a proteção dos quais essa serve de instrumento (b), convém aqui uma análise mais aprofundada dos problemas ora mencionados. Note-se, chegados a esse ponto, que uma compreensão do ambiente tributária das ideias antropocêntricas de Frankfurt, ao predicar ao bem jurídico em questão uma natureza "desmaterializada" – e, por isso, imprópria para uma definição côngrua e político-criminalmente satisfatória –, abdica implicitamente de quaisquer tentativas de delimitação que não se apoiem em um ulterior bem jurídico *final*, portador de interesses pessoais. Por consequência lógica, ficam cerceados os caminhos para uma mais apurada e precisa definição do meio ambiente em si mesmo considerado e, talvez até paradoxalmente, limitado o elenco dos interesses humanos beneficiados com a sua tutela.

Todo o dito para que possamos reiterar, retomando uma linha de argumentação momentaneamente interrompida, que a mais fecunda definição do bem jurídico protegido pelo direito penal ambiental é aquela que o compreende como sinônimo de *ecossistemas*. De sorte que o valor protegido em todos os tipos legais de crime vindos a lume para a salvaguarda do meio ambiente – e as incriminações inscritas nos arts. 29 e ss da Lei 9.605, obviamente, inserem-se neste contexto – deve ser interpretado com um significado circunscrito somente aos *sistemas naturais*, ou, mais especificamente, ao equilíbrio deles (ou ainda, se for preferível, ao equilíbrio ecológico da atmosfera, da hidrosfera e do solo terrestres). Para além de ser político-criminalmente defensável – por-

---

[492] Cf. CATENACCI. *La tutela penale dell'ambiente*, p. 32/33.

quanto restringe a intervenção do direito penal à salvaguarda de uma "entidade" já cristalizada na consciência social e, pois, merecedora de assunção como específico objeto de tutela –, a concepção do bem jurídico protegido nos crimes ecológicos como o *equilíbrio dos ciclos naturais* (ecossistemas) facilita o labor de concreção e individualização do "núcleo de desvalor", indispensável para se poder determinar se um comportamento deve ser considerado punível. À luz dessa acepção, mais fácil fica, por sua vez, a determinação dos bens ou interesses que estão na base do meio ambiente.

Assumida tal definição como a mais pertinente, urge termos em conta, como se intui do teor da argumentação até aqui empreendida, que o labor de individualização de uma noção com força heurística estaria incompleto sem uma abrangente e pertinaz individualização dos interesses finais, para cuja plena satisfação a salvaguarda dos "sistemas naturais" serve de instrumento. Nessa altura, parece oportuno inquirir se, mesmo partindo de uma acepção de meio ambiente tal como a por nós patrocinada, não seria de todo modo defensável, no empenho de melhor delimitar um conceito ainda excessivamente amplo e indeterminado, restringir a punição aos casos em que a conduta afete diretamente a vida ou a saúde das pessoas. Entretanto, sendo certo que tal postura apresenta inegáveis vantagens do ponto de vista da manutenção do sistema de garantias,[493] fato é que importa numa perniciosa simplificação das relações entre o homem e o meio ambiente. Consequentemente, a proteção penal correspondente estreita sobremaneira o horizonte criminalizador, a nos permitir afirmar, com rigor, que assim o meio ambiente só é tutelado parcialmente. Com efeito, a afirmação de que o direito penal do meio ambiente não constitui um novo e independente ramo do direito penal, tratando-se, na verdade, de um conjunto de normas empenhadas em tutelar a vida e a saúde das pessoas de novas formas de agressão, é uma afirmação só parcialmente verdadeira porque desconhece que "os benefícios que a população de um determinado território obtém da conservação dos equilíbrios ecológicos da água, ar e solo são múltiplos",[494] sendo a saúde e a vida dois desses benefícios. Assim, consoante a lição de Catenacci sobre a relação que de fato intercede entre "saúde" e "sistemas naturais", será possível asseverar-se que "a *tutela dos ecossistemas* e a *tutela da saúde* acabam por ser dois objetivos entre si conexos, mas de qualquer forma distintos: um constitui objetivo fundamental e geral do sistema; o outro, um fim que aflora em muitos pontos como 'corolário' imprescindível e irrenunci-

---

[493] Em abono dessa ideia, entre tantos, veja-se MATA Y MARTIN. *Bienes jurídicos intermédios*, p. 16 e ss.

[494] Cf. Catenacci, *La tutela penale dell'ambiente*, p. 36.

ável em relação a condutas que, além da normal perigosidade para o equilíbrio ecológico das águas ar e solo, são portadoras de perigos imediatos e direitos para a integridade física das pessoas. Longe, portanto, de estar orientada somente à saúde das pessoas, a tutela dos equilíbrios ecológicos das águas ar e solos tem, na realidade, um caráter *poli-instrumental*",[495] resultando, assim, num conglomerado, com vida própria, de interesses da mais variada ordem, incluído, obviamente, o interesse na manutenção da vida humana incólume e saudável.

Pensemos, por exemplo, em um determinado ecossistema hídrico. De forma hipotética, facilmente poderemos imaginar uma conduta que, contrariando os preceitos administrativos, degenere o equilíbrio natural daquele ecossistema de tal forma a oferecer perigos para a vida e a saúde dos habitantes próximos. Mas é só a partir de tais perigos que estaremos diante de uma ofensa ao meio ambiente capaz de legitimar a intervenção penal? Imaginemos agora que o mesmo comportamento, não oferecendo perigo para as pessoas do ponto de vista de sua integridade física, cause a morte de considerável parcela da fauna hídrica numa região pesqueira, trazendo assim prejuízos para a *economia* local; ou que a poluição seja de tal magnitude que repercuta numa rarefação da vegetação nativa, trazendo riscos para a manutenção da regular curso das águas e comprometendo assim a *segurança* da população de uma cidade localizada à margem. Ora, como se observa, também nesses exemplos hipoteticamente formulados a conduta poluente contraria interesses legítimos das pessoas, todos eles atrelados ao conceito de ambiente como "sistemas naturais". Não há motivo, portanto, para que, também nesses casos, não se possa falar de uma ofensa ao meio ambiente digna de pena. Por outro lado, não resta mais dúvida de que uma proteção do ambiente restrita aos casos de afetação da vida e da saúde das pessoas é uma proteção apenas parcial: fora do âmbito de proteção ficam todos aqueles comportamentos que, atentando contra interesses legítimos – sejam eles econômicos, de segurança, estéticos ou paisagísticos etc. –, forem irrelevantes do estrito ponto de vista da integridade psíquico-física das pessoas.

Não é nossa intenção, com tudo o que foi explanado, negar sentido à ideia de que o meio ambiente é um bem jurídico instrumental em relação à vida e à saúde ou, usando uma terminologia comum aos penalistas, que esses bens jurídicos se encontram numa mesma "linha de ataque". O que queremos é demonstrar que as modalidades de ataque possíveis para um determinado sistema natural não se resumem aos casos em que aqueles bens jurídicos se encontrem mutuamente afeta-

---

[495] Cf. CATENACCI. *La tutela penale dell'ambiente*, p. 38 (o itálico inicial nosso).

dos, de forma que fazer a punição depender dessa coincidência é tão equivocado quanto querer proteger a saúde humana somente contra comportamentos que resultem na morte de pessoas. Ora, a saúde também é, em si, um bem instrumental em relação a outros interesses finais (*v. g.* a vida humana),[496] mas ninguém quer que a tipicidade, nos crimes contra a saúde, dependa da ocorrência do resultado "morte".

4.7 – Ante a contundência dos argumentos oferecidos e o esmiuçar de algumas vias de solução para os problemas levantados, seja-nos permitido retornar à indagação atrás deixada em suspenso: qual seria então a melhor maneira de definir o conceito no contexto de uma postura verdadeiramente intermediária? Vale ainda adicionar uma outra: consoante o quadro até agora desenhado, qual deve ser a mais coesa compreensão do bem jurídico protegido pelos vigentes crimes ambientais?

Tudo visto e ponderado, fácil é intuir que, quanto a nós, ambas as respostas convergem para a noção de *sistemas naturais* (ou ecossistemas). Mas essa não seria uma conceituação útil somente *de lege ferenda*, uma vez que não há, nos tipos de crime dos arts. 29 e ss., qualquer menção a um conceito de meio ambiente que nos permita concluir que a tipicidade depende não somente do desrespeito ao preceituado pela Administração? Ora, mesmo tendo presente que uma tal visão das coisas é ajuizada da própria letra da lei – com o que fica já explícito a nossa perplexidade com a impropriedade técnica e o casuísmo do legislador brasileiro –, forçoso é reconhecer que ela destoa da verdadeira noção de ambiente, sendo, pois, passível de perniciosas imprecisões. Deve-se, portanto, interpretar os tipos de crime objeto de nossa análise de forma semelhante ao estabelecido no art. 325, inciso primeiro, do código penal espanhol: os comportamentos "poluentes" descritos no tipo, só serão considerados puníveis quando forem aptos a "prejudicar gravemente o equilíbrio dos sistemas naturais". A referência ao equilíbrio dos sistemas naturais releva a maneira com que o legislador espanhol incorporou ao tipo uma noção unívoca de meio ambiente, constituindo um critério material indispensável ao juízo de tipicidade. Da mesma forma, tanto por questões de política criminal – só uma compreensão do tipo nesses moldes se mostra capaz de proporcionar uma interpretação em consonância com o mandamento de tutela exclusiva de bens jurídico-penais e em acordo com a mais correta e político-criminalmen-

---

[496] Nesse sentido, afirma Fiandaca que "a tutela da saúde ou da própria incolumidade pública não se resolve na tutela de bens completamente autônomos, mas concretiza uma tutela 'antecipada' da vida ou da integridade dos indivíduos singulares" (cf. FIANDACA. *Il bene giuridico*, p. 71).

te defensável noção de "ambiente natural" – quanto por questões dogmáticas – porque só a exata individualização do significado atribuído a tal conceito permite uma adequada apreciação dos pressupostos de punibilidade –, devemos interpretar os crimes ambientais inscritos na Lei 9.605/98 como constituídos para a tutela do equilíbrio ambiental, ou, melhor dizendo, do "equilíbrio dos ecossistemas naturais". De sorte que, tanto em uma prospectiva de reforma do sistema quanto para uma mais coerente interpretação do direito vigente, o paradigma "tutela do ambiente" deve ser entendido como idêntico a "tutela do equilíbrio ecológico da hidrosfera, da atmosfera e do solo terrestres".

Porém, tal impostação seria pouco convincente, se olvidássemos algo verdadeiramente manifesto e ajustado à linearidade da presente argumentação: que o conceito de *sistemas naturais*, dada a sua imprecisa definição, está sujeito a não poucos enganos interpretativos. Particularmente, a ambiguidade do conceito pode dar azo ao equívoco de uma concepção de cunho ecocêntrico, "que considera os ciclos biológicos (...) como *bens finais* de tutela e, pois, uma sua alteração como um 'dano ao ambiente'; uma concepção, em suma, que, confundindo tutela do ambiente com tutela da *natureza*, considera a protecção dos ecossistemas como um fim em si mesmo, e não, ao invés, como funcional à satisfação de necessidades humanas (esta última concepção dita *antropocêntrica*)".[497] Para obviar incompatibilidades dessa ordem sem, com isso, redundarmos nos erros de concepções antropocêntricas *extremadas*, cremos que a solução estará em melhor delimitar o significado de um "ecossistema equilibrado", determinando, da forma mais clara e abrangente possível, os interesses humanos potencialmente prejudicados com um eventual "desequilíbrio". Desse modo, oferecem-se ao intérprete condições de encontrar um suficiente grau de determinação, de forma a poder renunciar à imposição de uma pena nos casos de mera "desobediência", fazendo, assim, a punição depender de um desvalor especificamente jurídico-penal.

Coerentemente, se fôssemos apontar, *de lege ferenda*, uma alternativa redação típica em sintonia com essa orientação diríamos, seguindo, mais uma vez, os ensinamentos de Catenacci, que, depois de estabelecer como específico desvalor, indispensável, portanto, para a intervenção penal, a ocorrência de uma "grave alteração do equilíbrio ecológico", deve o legislador "numa posterior norma definidora" especificar que tal alteração deverá ser tida como grave, sempre que ofereça "potencial prejuízo: – para a segurança, a saúde ou o bem estar das pessoas, para os recursos econômicos ambientais ou para uma das utilidades sociais

---

[497] Cf. CATENACCI. *La tutela penale dell'ambiente*, p. 38

para as quais, na zona poluída, aquele equilíbrio é manifestamente instrumental, – ou para a conservação de formações físicas, geológicas, geomorfológicas e biológicas submetidas a um especial regime de tutela segundo a lei vigente no momento da comissão do fato".[498] Com isso, a intervenção penal seria mais tímida, pois adstrita a um ou dois tipos penais, porém coerente com os padrões de legitimação do direito penal. Ademais, normas incriminadoras como as previstas na legislação ambiental brasileira, além de imprecisas, extremamente abrangentes e casuístas, pecam não só pela ausência de dignidade penal (por preverem crimes "sem bem jurídico"), como também pelo *déficit de eficiência*, que torna a nossa legislação penal ambiental extremamente "simbólica" e inoperante.

Mas, sendo tudo isso um fato, temos para nós que nada impede que tal seja uma tese operativa *de lege lata*, devendo o intérprete redimensionar o teor literal dos dispositivos penais de forma a só punir criminalmente uma conduta prevista como crime pela Lei 9.605/98, quando ela redundar numa "ofensa" ao *equilíbrio ecológico*. E, como se disse, alterar gravemente o *equilíbrio dos sistemas naturais*, será o mesmo que causar potenciais prejuízos para a saúde, o bem-estar, a economia, o patrimônio, a flora e a fauna etc.

Cremos que assim se atinge uma posição verdadeiramente intermediária entre as radicais ecocêntrica e antropocêntrica. Cremos, por outro lado, que assim se foge daquelas construções que, numa atitude de renúncia mais ou menos explícita ao conceito de bem jurídico, transformam o direito penal ambiental numa extensão do direito administrativo sancionador.

---

[498] Cf. CATENACCI. *La tutela penale dell'ambiente*, p. 270

Parte II
Técnicas de tutela no âmbito
do Direito Penal do meio ambiente

Capítulo I – A acessoriedade administrativa no âmbito do Direito Penal do meio ambiente

1. A necessidade de se recorrer a ulteriores mediações e integrações normativas de tipo extrapenal. O recurso à normação penal em branco (a ser preenchida por prescrições administrativas) como uma consequência indispensável da natureza do bem jurídico "ambiente"

Na parte anterior do trabalho, tentamos apresentar uma contribuição para a edificação e determinação do bem jurídico protegido pelo direito penal do meio ambiente: uma concepção capaz de oferecer ao legislador um padrão político-criminal para futuras reformas legislativas, mas que, ao mesmo tempo, servisse ao aplicador como referência para uma interpretação coerente da legislação vigente, nomeadamente dos tipos legais previstos pela atual Lei 9.506/98. Entretanto, os problemas a tratar não se reduzem somente à determinação do bem jurídico protegido; sobram, no plano dogmático, questões a serem resolvidas que dizem respeito principalmente à *técnica de tutela* empregada pelo legislador.

De nada serviria a eleição de uma noção material do valor protegido pelo direito penal do meio ambiente se, por exemplo, o julgador se contentasse com o mero desrespeito às atuações da Administração;[499] do mesmo modo se, a descrição legislativa de uma conduta abstratamente perigosa para o meio ambiente, mesmo independentemente de

---
[499] Sobre os problemas relacionados à configuração dos crimes ambientais como ilícitos de desobediência, veja-se, entre outros, CATENACCI. *La tutela penale dell´ambiente*, p. 51 e ss. e 239 e ss.; PATRONO, *I reati in matéria di ambiente*, p. 680 e ss.; SCHÜNEMANN, *Cuadernos de doctrina y jurisprudencia penal*, p. 632 e ss.; HASSEMER, *RBCC*, 31 e ss.

atuações ou normações extrapenais, fosse condição suficiente para o preenchimento do tipo.[500]

Em contrapartida, a proteção dos novos interesses sociais, entre os quais está o meio ambiente – ou, como quer determinado setor doutrinário, a proteção dos denominados *interessi difusi* –, demanda o recurso a técnicas de tutela de questionável legitimidade. Em outras palavras, "o direito penal não pode afrontar a proteção do meio ambiente por meio das técnicas de tutela clássicas. Assim, não é possível, nesses crimes, a fixação do núcleo do desvalor do resultado no dano produzido pelo ato contaminante; a textura do bem jurídico e os focos de risco que a atividade industrial e produtiva projetam sobre o mesmo, determinam que o legislador penal deva adotar a técnica estrutural própria dos delitos de perigo. Em igual medida deve afastar-se a pretensão de uma configuração autônoma dos tipos penais nesta matéria, com ignorância à legislação ambiental e ao modelo institucional de meio ambiente que parte da própria Constituição".[501]

A construção de figuras dogmáticas excessivamente dependentes de disciplinas extrapenais, seguindo o modelo da normação penal em branco, deve-se à existência de uma extensa teia normativa[502] e ao fato de o direito penal estar obrigado a intervir num domínio em que há atividades potencialmente perigosas para o bem jurídico em questão, mas que são consentidas pelo modelo institucional em vigor. É dizer: o modelo adotado pelo legislador penal é sempre resultado da colisão de interesses atrelados à manutenção de um ecossistema equilibrado, por um lado, e à necessidade de desenvolvimento econômico, por outro.[503]

---

[500] Porque os tipos penais criados seguindo o modelo da acessoriedade administrativa comportam os mesmos problemas relacionados aos chamados crimes de perigo abstrato – cf. GIUNTA. *Il Diritto penale dell'ambiente in Italia*, p. 1115. Veja-se também SOUSA MENDES. *Vale a pena o direito penal do meio ambiente?*, p. 142. Ver *infra*, Caps. II e III.

[501] "Por conseguinte, na tutela penal do meio ambiente não se pode prescindir de mediações e técnicas de integração normativa com relação ao modelo legal e institucional de meio ambiente, porque a tipificação das fontes ou situações de perigo para o bem jurídico tem como pressuposto indefectível a disciplina do ambiente fora do direito penal" (Cf. MORALES PRATS *La estructura del delito de contaminación ambiental*, p. 476).

[502] Com efeito, "o legislador, quando elabora normas penais visando a proteção do ambiente, não se encontra num espaço jurídico livre, mas está antes a ocupar um domínio tomado por normas administrativas. Uma complexa rede de disposições administrativas não pode deixar de formar a estrutura em que se articulam as regras do jogo da utilização do ambiente..." (cf. ANABELA RODRIGUES. *Revista de direito ambiental*, p. 21).

[503] Esta relação de conflito, conforme precisa FARIA COSTA, "só se torna problemática, só ascende à categoria de problema jurídico – isto é, só ascende a situação fática complexa cuja redução e forma canônica é susceptível de ser levada a cabo por uma ou várias vias de aproximação teórica – quando (...) se criou um desequilíbrio profundo entre o ciclo de exploração dos recursos naturais e o ciclo do seu remoçamento, a que se tem de somar, como manifesta causa impeditiva do normal desenvolvimento deste último ciclo, a existência de enormes quantidades de elementos poluentes, criados precisamente pelo ciclo de exploração. Um círculo, este verdadeiramente vicioso. Acres-

A existência de interesses contrapostos (ou contrainteresses[504]) impõe que se não ofereça uma proteção absoluta, porque assim se estaria a sacrificar, por meio de uma tutela mais ampla e irrestrita do bem jurídico penalmente protegido, a satisfação dos interesses antagônicos, também eles de relevância constitucional.[505] Nesse contexto, "é portanto necessária uma obra de mediação e de contemporização entre os bens tutelados penalmente e os interesses antagônicos, a qual se traduz ora na fixação de *standards gerais e abstratos* – limites de aceitabilidade das várias substâncias poluentes, elencadas em tabelas próprias (...) –, ora (ou também) na remissão por parte do legislador a *concretos procedimentos administrativos*".[506]

Além do mais, para além dessas razões de cunho político, o modelo de *acessoriedade administrativa*[507] parece também inevitável por conta de outros argumentos. Em primeiro lugar, em respeito ao "princípio da unidade do ordenamento jurídico e da proibição de contradições que deriva daquele", há quem afirme "que o direito penal, em nenhum caso, pode ameaçar com uma pena comportamentos que estão tolerados explicitamente pelo ordenamento jurídico".[508] Por outro lado, em virtude do caráter subsidiário do direito penal, tem-se realçado a impossibilidade de sobreposição entre punição penal e tolerância administrativa, não podendo o direito penal proibir "o que o direito administrativo

---

cente-se, por outro lado, e em jeito de necessário afeiçoamento teórico, que a projeção racional dos efeitos que um tal desequilíbrio poderia provocar à la longue constitui em si mesma o sinal que faz despertar a consciência ética da comunidade para aquela realidade. Por consequência, é com esta e nesta perplexidade, perante uma realidade normativa que sócio-culturalmente aponta em sentidos diversos, se não mesmo antagônicos – de um lado, necessidade de protecção do meio ambiente, de outro, necessidade de desenvolvimento econômico –, que o problema se perfila. E se perfila envolto na normatividade correspondente" (cf. FARIA COSTA. *O Perigo*, p. 305). No mesmo sentido, ver SILVA SÁNCHEZ. *Reforma de los delitos contra el medio ambiente*, p. 173; ANABELA RODRIGUES. *Revista de direito ambiental*, p. 21 e ss.

[504] Cf. MARINUCCI/DOLCINI, *Corso di diritto penale*, p. 546 e ss.

[505] Assim, "ad una tutela incondizionata dei *beni ambientali* si oppongono molteplici *interessi antagonistici*, di indiscutibile rilievo colletivo, e spesso di rango costituzionale: gli interessi dell'iniziativa econômica, della produzione, della competitivit'a in termini di costi; e anche esugenze vitali di prima grandezza" (cf. MARINUCCI/DOLCINI, *Corso di diritto penale*, p. 548).

[506] Cf. MARINUCCI/DOLCINI. *Corso di diritto penale*, p. 548.

[507] Um dos únicos estudos de densidade e comprometimento sobre o tema da acessoriedade administrativa em relação à legislação ambiental brasileira encontramos no trabalho de LUIS GRECO. *A relação entre o Direito Penal e o Direito Administrativo no Direito Penal Ambiental: uma introdução aos problemas da acessoriedade administrative.*,RBCC, vol. 58, p. 152 e ss.

[508] Cf. HEINE. *Accesoriedad administrativa*, p. 293. Na síntese de Anabela Rodrigues: "do ponto de vista da unidade da ordem jurídica, a técnica das normas penais em branco que reenviam para disposições não penais permite estabelecer a concordância perfeita entre as duas matérias", vez que uma atuação autônoma do legislador penal seria dificilmente sustentável porque, como se sabe, não haveria como atuar "no vazio", sem levar em consideração a rede normativa extrapenal existente (cf. ANABELA RODRIGUES. *Revista de direito ambiental*, p. 21). No mesmo sentido, cf. PALAZZO. *Tutela penal del ambiente en Italia*, p. 69 e ss.

permite de modo eficaz em sectores já regulados por este".[509] É também frequente o argumento de que para o legislador penal, é sempre problemática a tarefa de "determinar de modo abstrato a partir de que grau, por exemplo, uma contaminação do ar deixa de ser admissível e se torna intolerável. A falta de critérios autônomos e de valores-limite firmes conduziria ao estabelecimento de fronteiras difusas do âmbito do punível, com o consequente perigo de que ou os tipos penais formulados de modo tão vago simplesmente não se observem ou a iniciativa humana e o progresso técnico se vejam limitados".[510] Daí por que, no direito penal do meio ambiente de um modo geral e salvo algumas raras exceções, não se encontram "normas penais que não remetam a competência de pontualizar o próprio âmbito de operatividade a atos administrativos ou a normas que os disciplinam".[511]

Tendo em linha de conta a quase totalidade dos crimes ambientais vigentes a partir de 1998, sobram exemplos: assim o crime previsto no art. 29 da Lei 9.605, que prevê punição penal para quem "Matar, perseguir, caçar, apanhar, utilizar espécimes da fauna silvestre, nativos ou em rota migratória, *sem a devida permissão, licença ou autorização da autoridade competente, ou em desacordo com a obtida*"; da mesma forma o crime de "Penetrar em Unidades de Conservação conduzindo substâncias ou instrumentos próprios para caça ou para exploração de produtos ou subprodutos florestais, *sem licença da autoridade competente*" (art. 52), ou o de "comercializar motoserra ou utilizá-la em florestas e nas demais formas de vegetação, *sem licença ou registro da autoridade competente*" (art. 51).

Diante dessa realidade, a técnica de tutela eleita deve estar em consonância com o modelo de gestão ambiental institucionalizado, mormente por normas do direito administrativo, o que implica uma forte dependência ou *acessoriedade*. Em contrapartida, a necessidade de o modelo de proteção penal dispensada estar em sintonia com a disciplina legal extrapenal não pode significar uma dependência extrema do direito penal por meio do recurso às *normas penais em branco*. Pelo contrário, é preciso ter em conta que há distintas formas de acessoriedade administrativa, devendo-se optar por aquela que confira ao direi-

---

[509] Cf. SILVA SÁNCHEZ. *Reforma de los delitos contra el medio ambiente*, p. 175.

[510] Cf. SILVA SÁNCHEZ. *Reforma de los delitos contra el medio ambiente*, p. 175. Nesse sentido, evidenciando as dificuldades "de uma descrição esgotante e detalhada da matéria proibida" neste âmbito, cf. FIGUEIREDO DIAS, *Direito penal na protecção do ambiente*, p. 16; ANABELA RODRIGUES *in* A *propósito do crime de poluição*, p. 123; SOUTO DE MOURA *in O crime de poluição*, p. 21.

[511] Cf. CATENACCI. *La tutela penale dell'ambiente*, p. 53. Sobre a inevitabilidade de um direito penal ambiental assessorado por disposições administrativas, com referência às opções legislativas levadas a cabo na Alemanha, CATENACCI-HEINE *in Tensione tra diritto penale e diritto amministrativo*, p. 922 e ss.

to penal condições de disponibilizar uma proteção destacada, capaz de satisfazer as exigências político-criminais – e também aquelas que surgem de um ponto de partida especificamente dogmático –, que distinguem o "penal" dos outros ramos do direito, especialmente do direito administrativo.

Particularmente, o recurso legislativo a figuras típicas construídas sob o modelo da acessoriedade administrativa – para além de alguns problemas específicos da relação entre direito penal/direito-atos administrativos,[512] que veremos logo em seguida – entra em tensão com o princípio constitucional da *reserva legal*,[513] na medida em que a formulação de normas penais em branco retira do legislador penal o poder de determinar os limites da atuação proibida, deixando-o a cargo da Administração Pública. Por outro lado, a tipificação de crimes formulados a partir dessa mesma técnica merece redobrada atenção da perspectiva do princípio da *ofensividade*, ao menos se se quiser que os crimes em questão continuem a proteger um qualquer bem jurídico, e não as *funções de controle e governo* da sociedade (função normalmente atribuída aos entes administrativos).[514]

À vista de tudo o que já ficou considerado, a eleição do modelo de intervenção mais equilibrado (ou harmônico) deve iniciar-se a partir da consideração dos distintos sistemas de acessoriedade existentes, para daí se poder decidir com maturidade qual grau de dependência deverá assumir o direito penal nesta matéria.[515]

---

[512] Lembrando-se que o problema não pode ser tratado da mesma forma no Brasil, nomeadadente porque a questão deve levar em conta as peculiaridades do direito administrativo brasileiro, conforme veremos a seguir. Nesse sentido, a advertência precisa de LUIS GRECO in *A relação entre o Direito Penal e o Direito Administrativo no Direito Penal Ambiental: uma introdução aos problemas da acessoriedade administrativa*, RBCC, vol. 58, pg. 160 e ss.

[513] Cf. GIUNTA. *Il Diritto penale dell'ambiente in Italia*, p. 1115; CATENACCI-HEINE, *Tensione tra diritto penale e diritto amministrativo*, p. 926 e ss.; Rodrígues-Árias, *Protección del medio ambiente*, p. 81 e ss. Sobre a (in)compatibilidade dos crimes ambientais com o princípio da legalidade, transpondo o problema para o sitema punitivo brasileiro, LUIS GRECO in *A relação entre o Direito Penal e o Direito Administrativo no Direito Penal Ambiental: uma introdução aos problemas da acessoriedade administrativa*. RBCC, vol. 58, pg. 163 e ss.

[514] Sobre a difícil compatibilidade dos crimes ambientais com o princípio da ofensividade, Patrono in *I reati in matéria di ambiente*, p.676 e ss; MOCCIA *in De la tutela de bienes a la tutela de funciones*, p. 115 e ss.; BAJNO *in La tutela dell'ambiente nel diritto penale*, p. 72 e ss.; MARINUCCI/DOLCINI in *Corso di diritto penale*, p. 549 e ss.

[515] Nesse sentido, atentando para a equivocidade do conceito de *acessoriedade* e a necessidade de se precisar "os vários graus ou formas de acessoriedade", veja-se GONZALEZ GUITIAN in *Accesoriedad en la protección del medio ambiente*, p. 119 e ss.

2. Diferentes modelos e graus de conexão entre o direito penal e o direito administrativo. Problemas relacionados à dependência do direito penal a *atos* concretamente praticados pela Administração

Antes de um maior aprofundamento em relação aos tópicos que têm sido objeto dos maiores debates à volta do tema da dependência administrativa em direito penal ambiental, cabem aqui algumas precisões conceituais, já que a transposição do tema para o direito brasileiro deve considerar algumas particularidades concernentes ao nosso enfoque doutrinário.

Quando o assunto é abordado pela doutrina estrangeira, a distinção que se faz é, num primeiro momento, entre duas formas de remissão do tipo penal ao direito administrativo: a remissão em relação a *atos* concretamente praticados pelos entes administrativos (como, *v.g.* uma licença ou uma autorização) e a remissão a *normas* de direito administrativo (*v.g.* uma portaria ou um decreto). Ocorre contudo que, no Brasil, doutrinariamente, o último tipo de remissão também seria considerado um ato, só que de alcance geral. Portanto, sempre que nos referirmos à primeira espécie de acessoriedade (acessoriedade de atos), que foi exaustivamente empregada pelo legislador de 1998, estaríamos nos referindo, segundo o direito administrativo brasileiro, à *acessoriedade em relação ao ato administrativo individual*; em contrapartida, se nos referirmos à acessoriedade a normas de direito administrativo, tal seria o caso, no direito pátrio, de uma espécie de remissão a um *ato administrativo geral*.[516] Dito isso, manteremos o debate recorrendo à nomenclatura europeia, atentando o leitor para que não incorra no equívoco de uma equiparação automática.

2.1. Seguindo uma classificação efetuada por Heine, poderemos distinguir os diferentes modelos de acessoriedade administrativa em três grandes grupos.

O primeiro deles é aquele em que a intervenção penal aparece de forma (1) *absolutamente dependente da administração*,[517] e o segundo,

---

[516] Cf. GRECO, Luis. *A relação entre o Direito Penal e o Direito Administrativo no Direito Penal Ambiental: uma introdução aos problemas da acessoriedade administrativa*. RBCC, vol. 58, pg. 160 e ss.

[517] Nesse modelo, prevalecente em países como a França, a Inglaterra e a Turquia, a função do direito penal está associada à garantia do "cumprimento das decisões do direito administrativo", assegurando assim a "execução administrativa", o "*controlo* e a supervisão pelas autoridades" ou "o cumprimento dos *standards* jurídico-administrativos" (cf. HEINE, *Accesoriedad administrativa*, p. 293 e ss.). Isto se dá, por exemplo, quando a sanção penal é aplicada com o simples descumprimento de um ato administrativo ou de uma obrigação de prestar contas ou submeter-se ao

inversamente, ocorre quando a intervenção penal se dá de forma (2) *absolutamente independente da administração*. Exemplos desse último esquema são aqueles ilícitos-típicos em que o bem jurídico é de tal forma relevante que o legislador deixa de considerar o desrespeito às normas ou atos da administração como condição para a punibilidade: crimes de perigo comum para a vida ou a saúde das pessoas,[518] em que a constatação do resultado de perigo, mesmo estando o comportamento de acordo com as disposições administrativas ou acobertado por uma autorização emanada pela autoridade competente, pode dar lugar à punição.[519] Também se incluem aqui figuras típicas de perigo geral, em que o comportamento, por si mesmo, oferece um "perigo" de tal magnitude que independe da ocorrência de um resultado (mesmo que de perigo concreto) para o bem jurídico protegido (*v. g.* a manipulação de elementos radioativos ou a liberação de substâncias venenosas, arts. 56 e 35 da Lei 9.605/98). Contudo, adverte Heine, pode ser muito variável o "limite" de gravidade a partir do qual a função jurídico-administrativa de "determinação de equilíbrio de interesses contrapostos" pode ser desdenhada: "este limite pode ser muito diferente de acordo com a variedade e importância dos interesses, o estado dos conhecimentos das ciências naturais e a avaliação dos riscos".[520] Ademais, raros são os casos de independência absoluta, já que, mesmo quando a norma penal não faz menção a uma qualquer "desobediência" às disposições administrativas, muitos dos comportamentos perigosos estarão permi-

---

controlo da autoridade competente. Conforme acentua HEINE, um tal modelo de conexão "pode parecer congruente em estados, como a Grã-Bretanha, onde há apenas meios coercitivos administrativos. Tampouco há que se ignorar que esta subordinação absoluta do direito penal à actuação administrativa sintoniza-se com uma *mudança* parcial do Estado": de um Estado "legislador", que se preocupa em regular, a partir da edição de normas jurídicas, a maior parte do comportamento humano, nota-se uma tendência (que se destaca no âmbito do direito do meio ambiente) de se delegar o poder de decisão do parlamento para os entes administrativos ou mesmo para entidades não estatais. Contudo, dessa forma, o direito penal deixa de cumprir sua função precípua de protecção de bens jurídicos e passa a constituir um mero *reforço sancionatório* das finalidades perseguidas pela Administração (*Accesoriedad administrativa*, p. 295).

[518] Seria assim, por exemplo, o art. 54 da Lei 9.605/98, na sua primeira parte, quando dispõe: "art. 54. Causar poluição de qualquer natureza em níveis tais que resultem ou possam resultar em danos à saúde humana..."

[519] A um tal modelo parece aproximar-se o art. 280 do CP português, já que, para além de ser majoritário o entendimento de que esta incriminação protege diretamente "a vida, a integridade física de outrem ou bens patrimoniais alheios de valor elevado", a punição terá lugar de forma autônoma em relação à oportunidade administrativa. Ver, nesse sentido, o posicionamento de ANABELA RODRIGUES *in Comentário conimbricence*, p. 982 e ss.

[520] Cf. HEINE. *Accesoriedad administrativa*, p. 297. Pensemos, por exemplo, na questão dos valores-limite de tolerabilidade determinados pelo próprio legislador penal: "estes *standards* não evitam riscos mortais latentes para a população; definitivamente, não são mais que decisões tecnicamente disfarçadas sobre riscos produzidos socialmente adequados e todavia intoleráveis – e, por isso, posteriormente são modificáveis no processo de harmonização" (*Accesoriedad administrativa*, p. 297)

tidos pelo direito administrativo, fato que não pode passar despercebido aos olhos do julgador.[521] De mais a mais, no que a nós concerne, é importante ter presente que o legislador de 1998 esteve atento a uma tal realidade mesmo nos tipos suprarreferidos, já que menciona: art. 56 ... "em desacordo com as exigências estabelecidas em leis ou nos seus regulamentos"; art. 35, II ... "substâncias tóxicas ou outro meio *proibido pela autoridade competente*". Além do que, na grande maioria desses casos de *independência absoluta*, o bem jurídico meio ambiente não é protegido diretamente, já que o direito penal condiciona a sua intervenção à afetação direta de bens jurídicos pessoais (como a vida e a saúde), sendo o meio ambiente, em si mesmo considerado, afetado só por via indireta.

A essa luz, sabendo que a opção por um modelo *excessivamente dependente* merece ser afastada de pronto por conta dos motivos já acima enunciados, o mesmo se poderá dizer de um modelo de intervenção *excessivamente autônomo* (ou *absolutamente independente*).[522] Vê-se, desse modo, que a procura de um "modelo de intervenção penal equilibrado" para a proteção do meio ambiente suscita, necessariamente, o problema da "harmonização das necessidades de tutela do bem jurídico com as garantias do princípio da legalidade penal (taxatividade e cer-

---

[521] A esse respeito adverte Morales Prats que, "na hipótese de um modelo de tutela penal do ambiente *excessivamente autónomo*, produz-se a ignorância da própria lógica interna do modelo institucional de meio ambiente pelo qual se optou extrapenalmente, com o consequente risco de intervenções do direito penal orientadas não tanto para salvaguardar os interesses que se reclamam social e institucionalmente..." (cf. MORALES PRATS, *La estructura del delito de contaminación ambiental*, p. 476).

[522] A inviabilidade de um modelo de intervenção penal do meio ambiente absolutamente independente e a consequente necessidade de se conviver com um direito administrativo determinante, sob várias formas, de níveis de "tolerância" às agressões ambientais, leva o legislador penal a ter que optar, do específico ponto de vista das técnicas legislativas, por uma de duas fórmulas fundamentais: "um direito penal de *absoluta* e um direito penal de *parcial* dependência administrativa" (cf. CATENACCI-HEINE. *Tensione tra diritto penale e diritto amministrativo*, p. 922). "O desconhecimento da exigência que, do ponto de vista das técnicas de tutela, suscita um *modelo de intervenção penal equilibrado* para a tutela do ambiente, pode produzir múltiplas consequências perturbadoras: 1º Na hipótese de um modelo de tutela penal do ambiente *excessivamente autónomo*, produz-se a ignorância da própria lógica interna do modelo institucional de meio ambiente pelo qual se optou extrapenalmente, com o consequente risco de intervenções do direito penal orientadas não tanto a salvaguardar os interesses que se reclamam social e institucionalmente quanto a por em questionamento o próprio modelo funcional de meio ambiente. 2º Pelo contrário, se se adopta um modelo de intervenção penal *excessivamente dependente* do modelo institucional extrapenal de meio ambiente (principalmente expresso através da legislação ambiental), de cunho meramente sancionador, em claro desprezo à relativa autonomia do direito penal na hora de fixar os postulados valorativo-teleológicos da intervenção punitiva, o princípio da ofensividade ao bem jurídico se desvanece. Nesta hipótese o direito penal acaba por tutelar aspectos formais da própria legislação ambiental ou meras *funções administrativas de prevenção ou controlo* no sector ambiental" (cf. MORALES PRAT., *La estructura del delito de contaminación ambiental*, p. 476/478). Veja-se também, desenvolvidamente, CATENACCI. *La tutela penale dell´ambiente*, p. 51 e ss.; HEINE. *Accesoriedad administrativa*, p. 290 e ss.; CATENACCI-HEINE. *Tensione tra diritto penale e diritto amministrativo*, p. 922.

teza dos tipos penais), por um lado, e com as exigências de articulação com o emaranhado legal-institucional, por outro".[523]

Por isso, é ponto quase unânime na doutrina que a busca de um modelo de intervenção harmônico redunda, inevitavelmente, num esquema de (3) *dependência relativa* (direito penal *relativamente dependente* do direito administrativo). Para esse grupo convergem as incriminações vindas a lume para a proteção direta do meio ambiente (ou de seus elementos separadamente: água, solo, fauna, flora etc.) nas quais existe a preocupação de se determinar um *quantum* de ofensividade a estar presente no comportamento típico. Com efeito, não bastará "a mera desobediência administrativa, ou seja, a contravenção do ordenamento jurídico-penal – sem ter em conta seus efeitos ecológicos – sendo antes requeridas consequências que (pelo menos potencialmente) possam prejudicar o meio ambiente".[524] Aí se inserem, por exemplo, o art. 325 do CP espanhol, o art. 279 do CP português,[525] assim como os §§ 324 e ss. do StGB alemão[526] e devem se inserir todos os crimes previstos pela Lei 9.605/98, que tem como objetivo essencial a proteção do *meio ambiente* como bem jurídico-penal autônomo.

Contudo, sendo de longe preferível um direito penal ambiental só parcialmente dependente da Administração, fato é que esta opção esbarra em não poucos problemas dogmáticos. De um lado, muitos são os argumentos a demonstrar o quão falaciosas podem ser as tentativas de construção de um modelo de dependência relativa, atentando para o fato de que a grande maioria das incriminações pretensamente coerentes com uma concepção político-garantista do crime como "lesão ou exposição a perigo de um bem jurídico-penal" só o são aparentemente: concretamente, grande parte dos ilícitos-típicos que compõem o núcleo do direito penal do meio ambiente se resumiriam a ilícitos de "mera desobediência", em dissintonia com o princípio da ofensivida-

---

[523] Cf. Morales Prats, *La estructura del delito de contaminación ambiental*, p. 478/479.

[524] Cf. Heine, *Accesoriedad administrativa*, p. 296; Catenacci-Heine, *Tensione tra diritto penale e diritto amministrativo*, p. 922.

[525] Defendendo a ideia de que o art. 279 do CP Português "consagraria um grau de acessoriedade que implicaria numa dependência absoluta", Anabela Rodrigues, *Revista de Direito Ambiental*. p. 22 e ss.

[526] No primeiro deles é unanimemente proclamada a preocupação do legislador em não tipificar os comportamentos poluentes como infração pura e simples das leis ambientais: pelo contrário, no próprio preceito penal, foram fixados critérios de desvalor substancial que aludem à exposição a perigo do equilíbrio dos sistemas naturais ou da saúde das pessoas (sobre a discussão quanto à interpretação do art. 325 do CP espanhol reformado, dentre vários autores, veja-se MORALES PRATS. *La estructura del delito de contaminación ambiental*, p. 475 e ss). Assim também, por exemplo, o § 324 do StGB, que pune a "poluição das águas ou modificação degenerativa de suas qualidades essenciais" (cf. CATENACCI-HEINE. *Tensione tra diritto penale e diritto amministrativo*, p. 923 e ss.).

de e voltados para a proteção, não de autênticos bens jurídicos, mas da própria *função administrativa* de proteção do ambiente,[527] enquanto instrumento político-institucional de "governo"[528] e contenção das atividades poluentes: "daqui derivariam o largo emprego de técnicas de criminalização de tipo sancionatório e a formação de um sistema penal orientado a reprimir o inadimplemento de obrigações administrativas. A punibilidade de condutas, como o cumprimento de uma certa atividade sem autorização ou a inobservância das prestações ditadas pela Administração Pública, não se fundaria na idoneidade ofensiva daquelas mesmas condutas no confronto com os equilíbrios ecológicos das águas, ar e solo, mas na *mera desobediência* e assim, no fato de que com esse se vem a romper aquela conexão de 'colaboração' entre empresa e administração pública que o legislador impôs ao mundo econômico".[529]

Por outro lado, opções legislativas por tipos normativos abertos são objeto de severas críticas do ponto de vista da legitimidade constitucional, porque, com o uso excessivo da normação penal em branco, o legislador estaria a abrir mão de suas prerrogativas, infringindo assim o *princípio da separação de poderes*.[530] Ademais, o abuso frequente de elementos normativos indeterminados e da remissão a "autorizações" ou "obrigações" determinadas pela autoridade administrativa competente entraria em contradição com os princípios da *taxatividade* e *igualdade*, ambos com refração constitucional.

Ora, uma análise coerente sobre a pertinência dessas questões terá lugar fundamentalmente em duas etapas entre si conexas: primeiramente, com uma abordagem dos pontos controversos que surgem na relação das funções administrativas de "governo" e prevenção das atividades potencialmente atentatórias ao meio ambiente com o direito penal, levando em consideração cada uma das questões que surgiram, tanto em sede dogmática, quanto jurisprudencial, como resultado dessa tentativa de harmonização da intervenção penal e os pressupostos for-

---

[527] No dizer de HASSEMER, "o direito penal não intervém autonomamente, antes fica na dependência do direito administrativo. Ou seja, a entidade que controla o respeito pelas fronteiras do direito penal deixou de ser o juiz para ser a Administração. O direito penal transformou-se, por esta via, num instrumento auxiliar da Administração, passando a depender, para a demarcação das respectivas fronteiras, da intervenção da Administração" (cf. HASSEMER, *RBCC*, p. 31). Veja-se também: CATENACCI. *La tutela penale dell'ambiente*, p. 61 e ss; PATRONO. *I reati in matéria di ambiente*, p. 678 e ss; MÜLLER-TUCKFELD. *Abolición del derecho penal del medio ambiente*, p. 515.

[528] Cf. *infra*, Parte II, Cap. II, 1 e ss.

[529] Cf. CATENACCI. *La tutela penale dell'ambiente*, p. 66.

[530] Cf. CATENACCI-HEINE. *Tensione tra diritto penale e diritto amministrativo*, p. 926 e ss.

mais[531] e materiais que lhe são intrínsecos, com a função administrativa de gestão e planificação do "desenvolvimento industrial";[532] para além disso, um outro ponto que merecerá a nossa atenção está relacionado com a compatibilidade dos crimes formulados como "mera desobediência" com aquela concepção político-garantista, por nós já desenvolvida,[533] que condiciona a intervenção do direito penal à existência de

---

[531] Não nos debruçaremos de forma mais detida sobre a análise da compatibilidade do modelo de acessoriedade administrativa, tanto de *atos* quanto de *direito*, com os princípios *formais* limitadores do poder punitivo, muitos deles constitucionalmente garantidos. Contudo, vale ressaltar que essas críticas vêm sendo rebatidas por entendimentos jurisprudenciais tendentes a uma suavização ou relativização da severidade dos referidos princípios. Assim entendeu o *Bundesverfassungsgericht* alemão que o princípio da *taxatividade* não poderia ser supervalorizado a ponto de impedir uma adaptação legislativa "à mudança das circunstâncias e à particularidade do caso concreto" (cf. HEINE/CATENACCI. *Tensione tra diritto penale e diritto amministrativo*, p. 927). Em conformidade, "a 'amplitude' das fórmulas de remissão (inobservância de 'obrigações administrativas', ausência 'da autorização requerida', etc.) corresponderia na realidade a um critério de economia legislativa" (*Tensione tra diritto penale e diritto amministrativo*, p. 927), não sendo portanto necessariamente uma fórmula geradora de incertezas. O fato de essas normas conferirem genericamente um poder discricionário à administração pública ou determinarem os "pressupostos na presença dos quais uma certa atividade necessita de autorização" não implicaria, pois, um juízo inequívoco de inconstitucionalidade (*Tensione tra diritto penale e diritto amministrativo*, p. 927). O princípio da taxatividade, noutros termos, teria seu conteúdo redimensionado não só por conta da natureza mutável dos conhecimentos científicos e da consequente necessidade de adaptação dos instrumentos administrativos de controlo e prevenção, mas também por "exigências de justiça e equidade" (*Tensione tra diritto penale e diritto amministrativo*, p. 928). Assim, a ordem jurídica poderá exigir um grau maior ou menor de conhecimento dos deveres de acordo com os destinatários dos mesmos. No caso específico do meio ambiente, será de esperar que os destinatários das normas proibitivas, levando em consideração o conhecimento específico (ou especializado) que lhes é necessário para o exercício de atividades tão complexas – assim como "a particular ressonância dos temas ambientais pela opinião pública" –, terão plena consciência do caráter prejudicial de seu comportamento (*Tensione tra diritto penale e diritto amministrativo*, p. 928). Também quanto ao princípio da *divisão de poderes* e ao princípio da *igualdade*, entendeu a Corte Constitucional alemã não haver afronta atribuição de amplos poderes à administração pública na determinação do caráter ilícito do fato punível. Considerando a inevitabilidade da outorga ao poder administrativo de uma certa margem de discricionariedade, o fato de que condutas de idêntico conteúdo ofensivo sejam consideradas lícita e ilícita de acordo com a eventualidade (ou oportunidade) deveria, nessa linha de entendimento, ser considerado como um risco necessário, e, portanto, não contraditório com a igualdade de tratamento: "o tratamento diferenciado de condutas análogas não ofende por si mesmo o princípio da igualdade; cabe portanto à doutrina e à jurisprudência (...) fornecer critérios homogêneos de interpretação das normas que legitimam tal diferenciação" (*Tensione tra diritto penale e diritto amministrativo*, p. 928). No entanto, até que ponto o Tribunal Constitucional alemão tomou consciência real do desenvolvimento da jurisprudência nesta matéria, especialmente no confronto das incriminações em questão e a forma de acessoriedade por elas instituída (seu papel e sua eficácia) com o juízo de *dignidade penal*?

[532] Quando o direito penal assume a atividade administrativa "de governo" como objeto de proteção jurídico-penal, "a inserção de valorações político-administrativas na dinâmica da punibilidade pode gerar a convicção de que do direito penal seja subtraído qualquer espaço de manobra e criar na praxe o perigo de fortes contradições entre jurisprudência administrativa e ordinária". Tal perigo, e a ideia de que haveria uma descontinuidade entre decisões penais e administrativas, levou a doutrina a direcionar preocupações mais sérias e a aprofundar a discussão sobre questões pontuais da chamada *Verwaltungakzessorietat*, nomeadamente em relação aos efeitos dos atos administrativos no juízo de *merecimento de pena* (cf. HEINE/CATENACCI. *Tensione tra diritto penale e diritto amministrativo*, p. 929 e ss.).

[533] Cf. *supra*, Parte I, Cap. I, 3.

uma "ofensa a bens jurídicos dotados de dignidade penal (bens jurídico-penais)" – ou, mais precisamente, o confronto da estrutura do ilícito-típico com o princípio da *ofensividade* a saber se o bem jurídico meio ambiente é protegido diretamente, intervindo o direito penal somente a partir de uma ofensa para o equilíbrio ambiental, ou se este mesmo bem jurídico é atingido somente de forma mediata, tratando-se as incriminações em questão de mero reforço sancionatório das atividades administrativas.

2.2. Com o propósito de alcançar as especificidades imanentes ao chamado modelo de *dependência relativa*, uma vez que nesse se inserem (ao menos pretensamente) os crimes previstos na Lei 9.605/98, nomeadamente os inscritos nos arts. 29 a 61, o primeiro passo será delinear as diversas formas de remissão existentes. Nesse empenho, poderemos distinguir, na esteira de Catenacci, ao menos duas espécies fundamentais de "rinvio": a) com eficácia *modificativa* ou *extintiva* e b) com eficácia "tipificante". A remissão com eficácia modificativa ou extintiva ocorre quando uma específica atuação da Administração Pública tem o poder de "corrigir" ou de tornar inaplicável um preceito penal.[534] Por sua vez, de "remissão com eficácia tipificante" falamos quando o dispositivo penal em questão está só parcialmente definido, tendo a remissão a preceitos extrapenais a função de complementar o conteúdo da norma incriminadora, o que acontece "geralmente elevando-se a 'desobediência' a *atos* ou *preceitos* de natureza administrativa a elemento constitutivo, *implícito* ou *explícito*, da conduta típica".[535]

Sendo muito mais frequente a segunda espécie de remissão, dentre as descritas logo acima, é sobre ela que iremos nos debruçar de forma mais detalhada, a começar pela descrição dos mais importantes subgrupos ou subespécies, para daí encontrarmos o modelo de dependência adotado pelo legislador penal de 1998 como técnica de acessoriedade. Dessa forma, quando o legislador penal eleva a desobediência a *atos* ou *preceitos* de natureza administrativa a elemento do tipo (sem a qual, portanto, a conduta não se deixa subsumir), pode fazê-lo por distintas maneiras, a saber: 1. punindo atividades produtivas que, em desacordo com a legislação setorial existente, são praticadas sem a devida

---

[534] Cf. CATENACCI, *La tutela penale dell'ambiente*, p. 53. De mais a mais, essa forma de acessoriedade pode ser implícita ou explícita: "A volte il rinvio è *esplicito*, nel senso che è lo stesso amministrativo ad essere espressamente richiamato dalla norma incriminatrice; in altri casi, invece, quello stesso rinvio è *implicito*: il collegamento con l'atto amministrativo realizza cioè attraverso il richiamo delle norme che disciplinano *l'esercizio dei poteri di cui quello stesso atto è espressione*" (*La tutela penale dell'ambiente*, p. 61).

[535] Cf. CATENACCI. *La tutela penale dell'ambiente*, p. 57.

autorização ou licença, sendo que a lei penal se basta com sancionar a realização de tal comportamento em desacordo aos limites de uma autorização ou licença concedida, ou nos casos de ausência ou revogação delas;[536] 2. punindo como crime a inobservância de uma *injunção* ou de uma *norma* emanada pela administração ou de natureza administrativa.[537]

Numa distinção mais simplista, que engloba a quase totalidade das técnicas de dependência relativa no direito penal ambiental, podemos estabelecer duas espécies mais genéricas de acessoriedade: a acessoriedade em relação a *normas* e a acessoriedade em relação a *atos* de direito administrativo:[538] "no primeiro caso, o tipo penal estabelece como crime a infração de deveres que estão descritos nas normas administrativas; no segundo, a lei penal remete a um ato concreto da administração: uma autorização ou uma permissão dirigidos ao sujeito ativo".[539]

2.3. À primeira vista, ambos os modelos conseguem garantir uma efetiva coordenação e harmonização das decisões do direito penal com o direito administrativo. Contudo, a opção de harmonização que faz a intervenção penal depender de *atos concretamente praticados* (recorrendo à terminologia brasileira: acessoriedade em relação ao *ato administrativo individual*[540]) pela autoridade vem sendo questionada tendo em conta a multiplicidade de fatores negativos que apresenta.[541]

---

[536] Cf. CATENACCI. *La tutela penale dell'ambiente*, p. 57. "Le norme che regolano il rilascio delle autorizzazioni vengono così automaticamente richiamata dalla fattispecie incriminatrice, quali *elementi normativi*, secondo lo schema: '*chiunque pone in essere la condotta x senza la prescrita autorizzazioni (o com autorizzazioni negata o revocata) è punito*', contribuendo così all'esatta individuzione del fatto tipico" (*La tutela penale dell'ambiente*, p. 57/58).

[537] Assim, nesse último caso, a partir da formulação de uma norma penal em branco, o legislador remete ao direito administrativo (ou seja, à legislação administrativa existente) ou ao poder da administração pública de emitir injunções ou de editar regramentos específicos sobre os limites de tolerância para uma certa atividade potencialmente poluente as capacidade de delimitação entre o permitido, e o proibido do ponto de vista jurídico-penal.

[538] Lembrando que a distinção considera conceitos do direito administrativo alemão e que, se fôssemos tratá-la com apego à doutrina administrativa brasileira seria, em ambos os casos, acessoriedade em relação a atos administrativo (Cf. LUIS GRECO. *A relação entre o Direito Penal e o Direito Administrativo no Direito Penal Ambiental: uma introdução aos problemas da acessoriedade administrative.*,RBCC, vol. 58, pg. 160 e ss).

[539] Cf. GONZALEZ GUITIAN. *Accesoriedad en la protección del medio ambiente*, p. 122.

[540] Cf. GRECO, Luis. *A relação entre o Direito Penal e o Direito Administrativo no Direito Penal Ambiental: uma introdução aos problemas da acessoriedade administrative.* RBCC, vol. 58, p. 161.

[541] Ver, por exemplo, SCHÜNEMANN. *Derecho penal del medio ambiente*, p. 636 e ss.; CATENACCI. *La tutela penale dell'ambiente*, p. 245 e ss.; GONZALEZ GUITIAN. *Accesoriedad en la protección del medio ambiente*, p. 122 e ss; MÜLLER-TUCKFELD. *Abolición del derecho penal del medio ambiente*, p. 515; HEINE. *Acesoriedad administrativa*, p. 296 e ss.

Primeiramente, essa alternativa técnica faz com que o direito penal adote estruturas que lhe são alheias: "o acentuado consenso da execução administrativa, vocacionada tendencialmente à orientação e, seu *soft law*, representado pelos princípios de proporcionalidade, tolerância, etc. debilita – por estar inserto nele – um ordenamento penal que é de aplicação obrigatória como 'pilar da ordem de valores da sociedade'. Isso se constata quando a administração atua informalmente em vez de emitir os correspondentes atos administrativos necessários ou quando, emitindo-os, não apresentam pontos de referência idôneos para o direito penal".[542] A consequência de tudo isso é a *não aplicação das normas penais* em casos em que, à obviedade, a sanção penal deveria ser imposta. Ainda mais, identifica-se por parte dos órgãos administrativos um "poder de seleção",[543] muitas vezes não muito criterioso que leva o poder administrativo a fiscalizar casos sem muita gravidade, enquanto as condutas efetivamente prejudiciais ao equilíbrio ambiental acabam por ser toleradas por meio de "soluções e negociações aceitáveis a longo prazo".[544] É o caso de se falar, portanto, da existência de um "déficit de eficiência"[545] como consequência da dependência do direito penal frente às atuações administrativas.

Ainda a respeito do modelo de *acessoriedade de atos*, do ponto de vista material, para além das específicas implicações do confronto de um tal modelo de criminalização com o princípio da ofensividade, há outras relacionadas ao *grau de conexão* do direito penal com o direito administrativo e os efeitos da *tolerância* imanente à atuação da autoridade. Existem casos em que a atividade administrativa de fiscalização e/ou autorização é exercida de uma forma "errônea ou pelo menos atípica".[546] A questão que aqui se coloca é a de se saber se esses atos devem ser considerados em todos os seus efeitos ou se, pelo fato de serem "contrários ao direito", não impedirão que a sanção penal seja aplicada.

Sobre esse ponto, é importante uma primeira distinção, que releva se os atos administrativos são atos *permissivos* ilícitos ou *proibitivos* ilícitos.

---

[542] Cf. HEINE. *Accesoriedad administrativa*, p. 296.

[543] Desenviolvidamente, ver CATENACCI. *La tutela penale dell'ambiente*, p. 226 e ss. Cf. GRECO, Luis. *A relação entre o Direito Penal e o Direito Administrativo no Direito Penal Ambiental: uma introdução aos problemas da acessoriedade administrative*. RBCC, vol. 58, pg. 183 e ss.

[544] Cf. HEINE. *Accesoriedad administrativa*, p. 297.

[545] Cf. ANABELA RODRIGUES. *Revista de Direito Ambiental*. p. 22; GONZALEZ GUITIAN. *Accesoriedad en la protección del medio ambiente*, p. 122.

[546] Cf. HEINE. *Accesoriedad administrativa*, p. 303.

Em relação aos primeiros (1), grande parte da doutrina opina favoravelmente à admissão de atos administrativos ilegais até que sejam declarados *nulos*.[547] Mas a verdade é que esse tópico tem dado lugar a posicionamentos variados: "a algumas posições (aliás bastante isoladas), segundo as quais ao juiz penal seria atribuível um autônomo (mas limitado) poder de *accertamento* sobre a invalidade do ato,[548] ou segundo as quais a punibilidade restaria limitada às hipóteses de inobservância de um ato perfeitamente válido, opõe-se aquele que se pode considerar o pensamento dominante, caracterizado por sua vez – ao menos aparentemente – por uma mais coerente aplicação do princípio da unidade do ordenamento jurídico":[549] havendo o ato administrativo de permissão, haveria a paralisação do direito penal.

No entanto, seria absolutamente reprovável se, através de autorizações ou licenças obtidas por meio fraudulento, por meio de engano, suborno ou ameaças à autoridade, o agente pudesse amparar-se nesses atos para afastar a reação penal até que, eventualmente, eles fossem invalidados. Assim também no caso de "autorizações manifestamente antiquadas" que autorizam a prática de condutas que, posteriormente, vêm a causar lesões incontestáveis ao bem jurídico protegido pela norma penal. Em contrapartida, o acolhimento das teses que pretendem viabilizar a intervenção nos casos acima descritos parece contrariar o princípio da "unidade do ordenamento jurídico",[550] segundo o qual

---

[547] De modo que "só os actos administrativos ineficazes, ou seja, os que têm graves deficiências, como por exemplo as ordens contrárias aos tipos penais, são considerados nulos (inclusive juridico-penalmente)" (cf. HEINE. *Accesoriedad administrativa*, p. 303). Cf. também GRECO, Luis. *A relação entre o Direito Penal e o Direito Administrativo no Direito Penal Ambiental: uma introdução aos problemas da acessoriedade administrativa*. RBCC, vol. 58, p. 172 e ss.

[548] Cf. SCHÜNEMANN. *Derecho penal del medio ambiente*, p. 636 e ss. Segundo SCHÜNEMANN, para a fundamentação da tese de que "a tipicidade deve ser excluída pela simples *existência* da autorização administrativa, ainda quando esta for, por sua vez, ilegal", a doutrina tradicional recorre à teoria do direito público sobre a "*eficácia* de um ato administrativo contrário ao direito, que atualmente também se têm plasmado nas leis de procedimento administrativo e segundo a qual os atos administrativos contrários ao direito, e com isso também as autorizações contrárias ao direito outorgadas pelas autoridades administrativas, só são nulos, ou seja, juridicamente ineficazes, em casos excepcionais de erro especialmente grave. Geralmente só são anuláveis, vale por dizer, são inválidas até o momento de sua anulação, circunstância a partir da qual se pode concluir que uma conduta ecologicamente prejudicial amparada por uma autorização administrativa contrária à lei mas eficaz, não pode ser antijurídica" (cf. SCHÜNEMANN. *Derecho penal del medio ambiente*, p. 637).

[549] Cf. CATENACCI-HEINE. *Tensione tra diritto penale e diritto amministrativo*, p. 931. Retomando a distinção entre *rechtswidrigkeit* (antijuridicidade) e *Nichtigkeit* (nulidade)**,** esta doutrina considera que só no segundo caso a invalidade do ato pode sempre ser relevada pelo juiz penal e que, consequentemente, ao se avaliar as características da ofensa ao bem ambiental, o ato administrativo pode ser desaplicado; no caso contrário de *rechtswidrigkeit* o ato só será invalidado quando ainda susceptível de impugnação (*Tensione tra diritto penale e diritto amministrativo*, p. 931).

[550] Sobre o problema, ver CATENACCI-HEINE. *Tensione tra diritto penale e diritto amministrativo*, p. 931.

nada do que está permitido pelo ordenamento jurídico de um modo geral pode ser considerado ilícito pelo direito penal.

Nesse ponto, com efeito, devemos perguntar-nos sobre quais são as situações que se legalizam por intermédio de uma autorização administrativa. Como se sabe, a concessão de uma autorização administrativa para agir de determinada forma possui como regra o "efeito legalizador" de tornar lícito todo o comportamento que se situe dentro dos limites estabelecidos pelo ato administrativo. Dentre as consequências desse efeito legalizador, está a impossibilidade de se punir criminalmente um comportamento que foi permitido pelo órgão administrativo. O problema é que não se pode conferir a esse "efeito legalizador" consequências absolutas porque assim se estaria a legitimar situações, no mínimo, incoerentes: imaginemos, por exemplo, a emissão de substâncias tóxicas em determinado ecossistema hídrico que, dentro dos limites de um ato administrativo permissivo, viesse a causar graves prejuízos para a saúde das pessoas ou para um certo sistema natural. Para além disso, existe também a possibilidade contrária, ou seja, a chance de um determinado agente ser punido por desrespeitar os limites impostos por um ato administrativo que impõe deveres exorbitantes, que excedem os limites razoáveis.[551]

É por essa e outras razões que as posições absolutas, que conferem ao dito efeito legalizador consequências amplas desde que a permissão seja válida, tendem a retroceder, em privilégio de posturas que advogam uma relativização e limitação dos efeitos permissivos de uma autorização ou licença. Será assim sempre que o ato autorizativo for *manifestamente nulo*[552] ou nos casos de *abuso de direito.*[553] Com efeito, a solução para esse tipo de problemas vem sendo encontrada recorrendo-se ao conceito de *abuso de direito*[554] ou por meio do elenco de uma

---

[551] Vale por inquirir: deve ser considerado punível um determinado comportamento poluente praticado fora dos limites estabelecidos por um ato permissivo viciado emanado pela administração pública? Ou, ainda: será punível o comportamento poluente que se concretiza na desobediência a um dever ilegítimo? (cf. CATENACCI-HEINE. *Tensione tra diritto penale e diritto amministrativo*, p. 930).

[552] Não parece ser este o posicionamento de Luis Greco, quando afirma que "atos autorizativos ainda que (não manifestamente) ilícitos excluem já o tipo dos crimes ambientais que a eles se refiram na descrição da conduta típica" Cf. GRECO, Luis. *A relação entre o Direito Penal e o Direito Administrativo no Direito Penal Ambiental: uma introdução aos problemas da acessoriedade administrative.* RBCC, vol. 58, p. 179 e ss.

[553] Sobre o problema, desenvolvidamente, Cf. GRECO, Luis. *A relação entre o Direito Penal e o Direito Administrativo no Direito Penal Ambiental: uma introdução aos problemas da acessoriedade administrativa.* RBCC, vol. 58, p. 175 e ss.

[554] Contra a posição dominante, decidiu o tribunal de Hanau que mesmo no caso de não haver nulidade do ato, a eficácia desse poderá ser atacada recorrendo-se à categoria do *abuso de direito*. A noção de abuso de direito, "tradicionalmente limitada aos casos em que o beneficiário tenha dolosamente incorrido em erro, corrompido ou ameaçado o funcionário competente", deveria

ampla gama de causas de nulidade, nada disso infelizmente vem sendo objeto de estudo no direito brasileiro. Em relação aos casos de abuso de direito, tenha-se em conta a previsão legal do § 330 n. 5 do StGB, que "equipara os casos de ausência do ato autorizativo àqueles em que o mesmo foi obtido por meio de ameaça, corrupção, colusão ou fraude por meio de declarações falsas ou incompletas".[555]

Por outro lado, se as coisas se colocam nesses termos em relação aos atos *permissivos*, o mesmo não se poderá dizer quanto os atos de caráter *proibitivo* ilícito (2). Conforme explicita Luís Greco, enquanto "a doutrina ao que parece *dominante* prossegue em sua vinculação ao direito administrativo" ascende "uma *forte opinião minoritária*" que "questiona essa conclusão com poderosos argumentos. Punir aqui seria sancionar a mera desobediência, que não tem ainda conteúdo de injusto suficiente para constituir um ilícito penal".[556]

2.4. Uma outra questão de grande relevo prático para a interpretação dos ilícitos baseados na desobediência a um ato administrativo permissivo é o da "tolerância da autoridade" – que, na doutrina alemã,

---

estender seu alcance aos casos em que o beneficiário do ato suponha ser ele viciado e não se manifeste às autoridades competentes sobre essa suposição (cf. CATENACCI-HEINE. *Tensione tra diritto penale e diritto amministrativo*, p. 932). Contra a viabilidade dogmática da teoria do abuso de direito, ver Schünemann, *Derecho penal del medio ambiente*, p. 643.

[555] Em relação aos casos de *abuso de direito*, é importante lembrar-se a previsão legal pelo art. 333 do CP do crime de corrupção ativa e, mais precisamente, do art. 67 da Lei 9.605/98. Sobre uma *posição minoritária* encabeçada por Schünnemann e Frisch, nomeadamente no que diz respeito ao automatismo da vinculação do direito penal aos atos administrativos permissivos, Cf. GRECO, Luis. *A relação entre o Direito Penal e o Direito Administrativo no Direito Penal Ambiental: uma introdução aos problemas da acessoriedade administrativa*, RBCC, vol. 58, pg. 175 e ss. Assim se posicionamento de Schünemann, para quem a solução estará em "liberar o direito penal do pensamento juspublicista" (cf. SCHÜNEMANN. *Derecho penal del medio ambiente*, p. 637). Por sua vez, opina HEINE que, "se as características funcionais de uma autorização constituem faculdades de disposição e funções de controlo da autoridade, e a posição de confiança do solicitante se deve garantir através da clareza jurídica da regulação em questão, então o critério central para determinar o conteúdo de uma autorização há de ser o exame das circunstâncias e da decisão, matizados pelo sentido objetivo do ato administrativo. Assim, em princípio só estarão permitidas aquelas ações que não difiram da correspondente autorização que permite a exploração respeitando as regras técnicas atuais ou conectando o ato administrativo favorecedor com obrigações básicas (concretas) do explorador" (cf. HEINE. *Accesoriedad administrativa*, p. 307/308). Se a valoração do risco estatístico redunda na constatação de concretos perigos, por exemplo, para a saúde das pessoas e o agente atua conforme o conteúdo permissivo da autorização, seu comportamento não será punível porque a ação foi praticada dentro dos limites do *risco permitido*. No que diz respeito, contudo, ao abuso de uma autorização, quando a empresa poluente causa lesões de forma consciente, não há que se falar em risco permitido: "a dogmática do risco permitido tem demonstrado que não se pode justificar a confiança no funcionamento das regras de cuidado, fixadas para limitar o perigo, quando é patente que as medidas prescritas não bastam para reduzir um perigo latente ao grau mínimo tolerável". (*Accesoriedad administrativa*, p. 309/310).

[556] Cf. GRECO, Luis. *A relação entre o Direito Penal e o Direito Administrativo no Direito Penal Ambiental: uma introdução aos problemas da acessoriedade administrativa*. RBCC, vol. 58, p. 175 e ss.

vem referido com a expressão *Behordliche Duldung* – com práticas ilícitas e, eventualmente, criminosas. Falamos em tolerância da autoridade quando a conduta típica, que tem como pressuposto a desobediência a um ato emanado pela administração pública, deixa de ser punível não por conta da compatibilidade do comportamento com o conteúdo do ato, mas simplesmente pelo fato de que a autoridade competente, para praticá-lo, não o fez por qualquer motivo. Sobre essa questão, também há pontos de vista diversos: para uns, o poder da administração de corroborar tacitamente com uma conduta poluente possui a vantagem de permitir uma "gestão rápida e eficiente da política ambiental",[557] adequando a função administrativa de "governo" do ambiente a esquemas menos rígidos de legalidade; para outros, no entanto, não passaria de uma forma juridicamente lícita de a Administração, e consequentemente o direito penal, sucumbirem aos *lobbys* da indústria.[558]

No entanto, contrariamente à opinião de que uma tal política de tolerância deve ter efeito legalizador – até porque, caso contrário, se estaria a afrontar o princípio do Estado de direito –, "não se deve desconhecer que assim se destruiria a confiança no direito penal se este (...) tivesse que aceitar sem o menor reparo a execução informal como 'patologia ambiental', porque tivesse (como os atos administrativos formais) estritos efeitos vinculantes".[559] Assim, para que a tolerância da Administração tenha o efeito de afastar a imposição de uma pena, será preciso, segundo Heine, que a decisão tomada de não intervir ou de ser complacente com uma conduta poluente tenha "uma função comparável à das autorizações formais". Materialmente, a tolerância administrativa não poderá ser ilícita, ou seja, não poderá apontar para um sentido incoerente com aquele que nortearia um qualquer ato formalmente praticado de acordo com o direito vigente.[560]

Como demonstram Catenacci/Heine, a posição doutrinal mais rigorosa encara o problema da tolerância administrativa como uma barreira à eficácia e à própria razão de ser das incriminações criadas para a proteção do meio ambiente. A *Behordliche Duldung*, segundo os mes-

---

[557] Cf. HEINE/CATENACCI. *Tensione tra diritto penale e diritto amministrativo*, p. 933.

[558] Cf. HEINE/CATENACCI. *Tensione tra diritto penale e diritto amministrativo*, p. 933. Com efeito, "alguns consideram esta forma de atuação das autoridades como uma censurável conspiração e colaboração entre Estado e economia. Outros enfatizam que a habilidade funcional das leis, em certa medida, baseia-se justamente em que por um caminho informal se realizem as adaptações necessárias para o sistema e veem nisto uma forma de atuar adequada para solucionar situações complexas" (Cf. HEINE. *Accesoriedad administrativa*, p. 312.).

[559] Cf. HEINE. *Accesoriedad administrativa*, p. 313.

[560] Já do ponto de vista formal, "requer-se que a autoridade ambiental, com conhecimento de todos os factores relevantes para a decisão, adopte uma 'decisão de tolerância' e esta se expresse numa resolução de tolerância'" (cf. HEINE. *Accesoriedad administrativa*, p. 313).

mos autores, incita a administração pública a tornar generalizada uma *praxis* que desvia a acessoriedade administrativa "das garantias conexas à formalização dos procedimentos administrativos". Assim, a alternativa mais viável para se tentar contornar o problema, "diminuindo o 'efeito legalizador' que apresentaria o mero 'silêncio' da autoridade, é restringir a equiparação da tolerância da autoridade com um verdadeiro ato permissivo aos casos em que a autoridade competente, uma vez instaurado um procedimento (mesmo que informal) de indagação, *decida* não intervir e tal decisão seja documentável através de um ato administrativo".[561]

3. Que modelo de *acessoriedade administrativa* consagra a Lei 9.605? Alguns apontamentos conclusivos.

3.1. Nesse ponto, é a ocasião de identificarmos qual modelo técnico de dependência administrativa instituiu o legislador de 1998 para os tipos penais que criou. Numa primeira leitura, poder-se-ia pensar tratar-se de normas penais a serem complementadas por concretas atuações da administração, nos moldes da referida técnica de *acessoriedade de atos*, ou seja, não se trataria de uma remissão às *normas* de direito administrativo vigentes (que a doutrina brasileira considera *atos administrativos de caráter geral*), sendo indispensável uma interferência *direta* dos entes administrativos encarregados de fiscalizar e coordenar as atividades econômico-produtivas, eventualmente ofensivas ao *equilíbrio dos ecossistemas naturais*.

E de fato esta primeira análise não estará equivocada se não descuidarmos de algumas particularidades, positivadas pelo casuísmo do legislador. Dizendo de outra forma: ponderando-se tudo o que foi dito com a realidade brasileira, *de lege lata*, é indiscutível que se aponte a preponderância do referido esquema de *acessoriedade de atos*. Assim, na Seção I do Capítulo V da Lei 9.605, que tipifica os "crimes contra a Fauna", encontramos como elementos típicos as expressões: "sem a devida permissão, licença ou autorização da autoridade competente, ou em desacordo com a obtida" (art. 29); "sem a autorização da autoridade ambiental competente" (art. 30); "sem parecer técnico oficial favorável e licença expedida por autoridade competente"(art. 31); "pescar em período no qual a pesca seja proibida ou *em lugares interditados por órgão competente*" (art. 34), etc.

---

[561] Cf. HEINE/CATENACCI. *Tensione tra diritto penale e diritto amministrativo*, p. 934.

Contudo, sendo, de fato, preponderante o recurso a essa técnica de dependência, também nas Seções II e III, não devemos desatender que o legislador de 1998 também recorreu à *acessoriedade a normas* (ou *atos administrativos de alcance geral*), além de encontrarmos tipos penais (ao menos pretensamente) *independentes* do direito administrativo. Exemplos dessa última técnica descobrimos em tipos penais fundamentais, como no do art. 33, que prevê sanção penal a quem "Provocar, pela emissão de efluentes ou o carregamento de materiais, o perecimento de espécimes da fauna aquática existente em rios, lagos, açudes, lagoas, baías ou águas jurisdicionais brasileiras"; ou, no artigo 54, ao definir a conduta de "Causar poluição de qualquer natureza, em níveis tais que resultem ou possam resultar em danos à saúde humana, ou que provoquem a mortandade de animais ou a destruição significativa da flora". Por outro lado, o modelo de dependência a *normas* está presente quando o legislador constitui elementos típicos tais como: "em desacordo com as determinações legais"(art. 45); "com infringência das normas de proteção" (art. 38) etc. Além disso, há casos em que os modelos se misturam, como no art. 60: "Construir, reformar, ampliar, instalar ou fazer funcionar, em qualquer parte do território nacional, estabelecimentos, obras ou serviços potencialmente poluidores, *sem licença ou autorização* dos órgãos ambientais, ou *contrariando as normas legais e regulamentares pertinentes*".

Como é sabido, foge dos objetivos do presente estudo dispor e classificar cada tipo penal de acordo com a técnica de dependência administrativa eleita. Basta, num juízo um tanto impreciso, retomar as críticas que se têm feito em relação à técnica de remissão a atos de direito administrativo, sem dúvida a que prevalece nos vigentes crimes ambientais. Por outro lado, merecem também fortes objeções a tentativa de se criarem *tipos penais absolutamente independentes* da administração.[562]

3.2. Diante de tantas objeções, é opinião que vem progressivamente ganhando adeptos a de que tais problemas se minimizariam, *de lege ferenda*, se a remissão legal fosse dirigida a normas de direito administrativo, e não a atos emanados pela administração para regulamentar fatos concretos.[563] Uma relação de dependência ou acessoriedade nesses moldes, como ocorre, por exemplo, na Áustria e Espanha, poderia, de fato, assegurar que a intervenção penal ocorra de uma maneira menos seletiva, já que a punibilidade não dependeria de uma atuação concreta da autoridade competente. Por outro lado, o esquema de acessoriedade

---

[562] Conforme as críticas lançadas *infra*, no ponto 2.1

[563] Ver, por todos, CATENACCI. *La tutela penale dell'ambiente*, p. 245 e ss

a normas de direito administrativo permite que se resolva toda a discussão à volta dos efeitos absolutos de um ato administrativo permissivo ou proibitivo.

No entanto, mesmo dito esquema de dependência em relação a *normas* de direito administrativo não está isento de problemas. Para além das frequentes objeções suscitadas pela afronta a alguns princípios formais de garantia, nomeadamente os decorrentes do princípio da legalidade penal,[564] tem-se atentado para o fato de que também "esse modelo técnico-legislativo pode conduzir a uma paralisação da proteção penal do meio ambiente"[565] e, se não o caso de uma *paralisação*, ao menos se poderá concluir que um tal modelo leva a uma sua "redução, abaixo dos limites necessários, com incidência, ademais, de modo desigual em uns casos (os de grande contaminação, produzidos em determinados setores econômicos estreitamente vinculados à Administração Pública) e em outros (os de menor relevância, inclusive ilícitos de bagatela)".[566]

De resto, há que se questionar a pertinência deste modelo sob dois prismas diferentes, ambos de grande repercussão na prática: o primeiro, sobre o qual nos debruçaremos mais esmiuçadamente no capítulo que segue, tem a ver com a construção de tais crimes como ilícitos de desobediência, com o que se desdenha a necessidade de constatação, no momento da aplicação concreta do tipo, de uma relação de ofensividade entre o comportamento contrário às leis e regulamentos administrativos e o bem jurídico protegido pela norma incriminadora;[567] o segundo tem a ver com o poder exclusivo conferido à administração de estabelecer *espaços de risco permitido*.

Como se sabe, de acordo com a mais acertada e recente doutrina, faz parte da teoria da imputação objetiva ao tipo a noção de *risco permi-*

---

[564] Sobre a compatibilidade do crime de poluição com o princípio da *legalidade*, nas suas duas vertentes de reserva de lei e de legalidade das incriminações, concluindo pela ilegalidade dos atos administrativos emitidos sem amparo em Lei anterior, assim como pela impossibilidade de regulamentos sancionarem penalmente condutas sem amparo numa Lei prévia, veja-se QUINTELA DE BRITO. *Anuário de direito do ambiente*, p. 341 e ss. Concluindo pela constitucionalidade do mesmo dipositivo, já que "a norma penal 'orienta suficientemente os destinatários' quanto às condutas efetivamente proibidas' e que a segurança daqueles 'não é afetada pela indeterminação' da referida norma, ANABELA RODRIGUES. *A propósito do crime de poluição*, p.125. Crítico em quanto ao modelo de acessoriedade frente ao direito administrativo, e especificamente à dependência em relação a normas regulamentares, cf. SILVA SÁNCHEZ. *Delitos contra el medio ambiente*, p. 170 e s. Ver também, desenvolvidamente, CATENACCI. *La tutela penale dell'ambiente*, p. 176 e ss.

[565] Cf. SILVA SÁNCHEZ. *Delitos contra el medio ambiente*, p. 168.

[566] Cf. SILVA SÁNCHEZ. *Delitos contra el medio ambiente*, p. 168.

[567] Cf., entre outros, PATRONO. *I reati in matéria di ambiente*, p. 676 e ss; Moccia, *De la tutela de bienes a la tutela de funciones*, p. 115 e ss.; Bajno, *La tutela dell'ambiente nel diritto penale*, p. 72 e ss.; MARINUCCI/DOLCINI. *Corso di diritto penale*, p. 549 e ss.

tido. O risco permitido constitui, assim, uma figura dogmática que permite excluir a tipicidade dos comportamentos que comprovadamente apresentem um diminuto grau de probabilidade de ofensa ao bem jurídico.[568] Se é assim, a apreciação da ocorrência ou não de espaços de risco permitido, por tratar-se de uma figura dogmática jurídico-penal, deve caber ao julgador, e não à Administração. Para além de estar em jogo a própria autonomia das ponderações empreendidas em sede de aplicação da norma criminal, a determinação de espaços de risco permitido exclusivamente pela Administração apresenta inegáveis desvantagens de cunho político, ao menos quando se parte da "ideia de que o direito penal, com todos os seus inconvenientes e deficiências, descreve, contudo, um espaço significativamente mais neutro frente à política e os grupos de interesse que o que configuram os regramentos administrativos".[569]

De qualquer modo, mais ou menos transponíveis os problemas levantados, é quase a unanimidade dos autores debruçados sobre o tema a atestar que qualquer intervenção penal, nesse campo, que se queira minimamente praticável deve, recorrer à técnica da acessoriedade em relação a normas de direito administrativo.

Temos para nós que essa missão de reivindicar uma maior autonomia, dentro dos limites legais, à dogmática penal e, consequentemente, aos tribunais, demanda não só um aprofundado estudo dos regramentos administrativos vigentes, em contraste com os interesses ecológicos, como também uma benévola evolução jurisprudencial a fixar limites, tendo em conta obviamente a particularidade dos casos concretos, contra uma vinculação absoluta e automática aos *standards* técnicos, normas administrativas, disposições regulamentares etc. Mas nada disso vem acontecendo até agora.

A conclusão é, mais uma vez, contrária ao casuísmo do legislador brasileiro, que criou uma Lei pretensamente ampla e apta a cercear com acuidade atividades contrarias ao *interesse ecológico*, mas concebeu tipos imprecisos e disformes, em dissintonia com os princípios do merecimento – já que grande parte dos tipos não têm como objeto material um bem jurídico definido – e da necessidade de pena – ante a forte dependência administrativa, o caráter puramente sancionatório dos tipos e o consequente *déficit de eficácia*, que tornam a legislação penal ambiental um conjunto de crimes, cuja função é meramente simbólica.

---

[568] Cf. ROXIN. *Derecho Penal PG*, § 11 nm. 36 e ss.; Frisch, *Imputación objetiva*, p. 21 e ss

[569] Cf. SILVA SÁNCHEZ. *Delitos contra el medio ambiente*, p. 172.

Capítulo II – Os crimes ambientais como ilícitos baseados na desobediência ao Direito Administrativo e o princípio *nullum crimen sine iniuria*

1. O risco de se estar dispensando proteção, não a verdadeiros bens jurídico-penais, mas a "funções de controlo ou gestão por parte da administração"

Se a melhor interpretação da relação de interdependência entre o direito penal ambiental e os aparatos administrativos é aquela que procura afastar a formulação de tipos legais de crime como ilícitos baseados em obrigações (deveres) de obter autorizações ou licenças ou de respeitar o conteúdo das obtidas, não se poderá concluir, com isso, que a construção de figuras típicas a partir do modelo de acessoriedade em relação a normas de natureza administrativa redunda necessariamente no respeito ao "paradigma da ofensividade".[570] Isso porquanto, para além das questões dogmáticas concernentes à *Verwaltungsasekzsorietat*, devemos nos indagar sobre o *conteúdo material* das condutas que são descritas pelo legislador como ofensivas para o bem jurídico. No que diz respeito aos tipos legais de crime da Lei 9.605, devemos, pois, perscrutar de qual significado se revestem as condutas definidas em relação ao bem jurídico protegido (equilíbrio dos sistemas naturais), de modo a se poder analisar se o objetivo perseguido pelo legislador foi o de uma proteção (mesmo que antecipada) do meio ambiente, ou se, antes, sua intenção fora a construção de ilícitos de "mera desobediência" a preceitos de natureza administrativa.[571]

---

[570] Na expressão de FARIA COSTA. *O perigo*, p. 625.

[571] Queremos com isso significar que, para além de estarmos perante tipos legais com forte dependência a fontes normativas extrapenais, em muitos casos essa dependência como que se converte no elemento fulcral para o juízo de tipicidade. Dessa forma, às questões dogmáticas relativas à acessoriedade administrativa há que se ter em consideração um outro problema não menos importante: o de que com essa dependência nos aproximamos do modelo dogmático do *perigo abstrato*. Cf., nesse sentido, MORALES PRATS. *La estructura del delito de contaminación ambiental*, p. 476.

Ao se acolher uma noção metajurídica de bem jurídico, constitucionalmente ancorada, tal como a que fora por nós delimitada, oferece-se ao legislador e ao intérprete um padrão intransponível: *só há crime com a ofensa a um bem jurídico-penal (ou a um bem jurídico digno de tutela penal)*. Por outro lado, como se viu, a mais fecunda e político-criminalmente vinculante concepção do bem jurídico protegido pelo direito penal ambiental é aquela que o define como sinônimo de ecossistemas (ou sistemas naturais). Assim, sendo esse o nosso objeto de referência (a noção de ecossistemas naturais), dele deverão partir as bases axiológicas para sabermos se as incriminações em apreço estão verdadeiramente em *contraste* com um direito penal vocacionado para a proteção de bens jurídicos, ou se, ao contrário, será visível uma relação de ofensividade entre o comportamento típico e os ecossistemas naturais.

Conforme já viemos advertindo ao longo da presente investigação, as técnicas de proteção, frequentes no direito penal secundário, em que se recorre ao direito administrativo como base fundamentadora do ilícito penal, são alvo de variadas críticas. Efetivamente, é fácil notar que um tal modelo técnico-legislativo se assemelha ao antigo *Verwaltungsstrafrecht*,[572] em que a desobediência a formalidades de origem extrapenal – como a inobservância a disposições normativas partidas da Administração, a prática de atividades sem autorização etc. – convoca o direito penal a atender a uma função "meramente sancionatória".[573] Com isso, afastando-se de sua tarefa primordial de proteção subsidiária de bens jurídicos, o direito penal se assume como um instrumento repressivo a serviço das funções administrativas "de governo" da vida social: "a ameaça de punir a 'mera desobediência' a atos e preceitos de natureza administrativa assumiria assim a função de assegurar, ao máximo, a pretensão do Estado ao amparo dos cidadãos na promoção do bem-estar; e o específico desvalor daquela 'desobediência' estaria não em se haver causado um prejuízo para um verdadeiro 'bem jurídico', mas no prejuízo que com esta é causado à atividade administrativa 'de promoção'".[574]

Depois da retomada da doutrina do bem jurídico como padrão de legitimidade para o direito penal e do efeito que essa mesma doutrina

---

[572] Sobre o *direito penal administrativo* tal como surgido a partir da Revolução Francesa e o Estado de Direito formal remetemos o leitor para a Parte I, Cap. II, 1.1 e ss. Desenvolvidamente, veja-se, por todos, FIGUEIREDO DIAS. *RLJ*, p. 263 e ss.

[573] Nesse sentido, GIUNTA. *Il diritto penale dell'ambiente in Italia*, p. 1110; BAJNO. *La tutela dell'ambiente nel diritto penale*, p. 353; FIANDACA-TESSITORE. *Diritto penale e tutela dell'ambiente*, p. 37 e ss.; CATENACCI. *La tutela penale dell'ambiente*, p. 61. Sobre o caráter de 'mera desobediência' do ilícito penal administrativo, veja-se também FIGUEIREDO DIAS. *RLJ*, 366 e ss.

[574] Cf. CATENACCI. *La tutela penale dell'ambiente*, p. 61/62.

surtiu da perspectiva das técnicas dogmáticas de estruturação do ilícito-típico, não é de estranhar que a configuração atual do direito penal ambiental venha sendo condenada incisivamente.

Do ponto de vista dogmático, a tipificação de crimes formulados com apoio em normas de natureza administrativa, que têm por objeto bens jurídicos coletivos, levanta notórios problemas de compatibilidade com o princípio da *ofensividade*,[575] porque a recorrência ao elemento típico "desobediência ao preceito administrativo", apesar de ser de certo modo indispensável, não confere por si mesma um *significado desvalioso* ao comportamento proibido. Pelo contrário, o efeito de uma tal técnica de tutela arrisca-se a ser o oposto, à medida que o julgador se basta com a desobediência administrativa para o preenchimento do tipo, dispensando assim a constatação de uma qualquer vinculação material entre a conduta e o bem jurídico.[576]

Por outro lado, de uma perspectiva mais propriamente político-criminal, a preferência resignada do legislador por este modelo de criminalização levou a doutrina a se deparar com uma opção, quase que explicitamente tomada, por reprimir criminalmente ataques não a verdadeiros bens jurídicos, mas sim às mencionadas *funções*, atribuídas à Administração, de controle ou "governo" da sociedade. Daí a já paradigmática contraposição, muito recorrente no âmbito do direito penal ambiental, entre *tutela de bens* e *tutela de funções*,[577] [578] afastando, assim, a tese daqueles que advogam uma total equiparação entre bens jurídicos e funções administrativas.[579] Dessa perspectiva, a equiparação tutela de

---

[575] Sobre o princípio da ofensividade, MUSCO. *Bene giuridico*, p. 116 e ss.; MARINUCCI/DOLCINI. *Corso di diritto penale*, p. 150 e ss.; FIANDACA. *Il bene giuridico*, p. 49 e ss. Desenvolvidamente, MANTOVANI. *Diritto Penale (PG)*, p. 192 e ss; PALAZZO. *Valores constitucionais e direito penal*, p. 80 e ss; SILVA SÁNCHEZ. *Derecho penal contemporáneo*, p. 291. Na doutrina portuguesa, ver FARIA COSTA. *O perigo*, p. 620 e ss.

[576] Cf. SILVA SÁNCHEZ. *Reforma de los delitos contra el medio ambiente*, p. 162 e ss.

[577] Cf. PATRONO. *I reati in matéria di ambiente*, p.676 e ss; MOCCIA. *De la tutela de bienes a la tutela de funciones*, p. 115 e ss.; Cf. HASSEMER. *Il bene giuridico*, p. 110.; BAJNO. *La tutela dell'ambiente nel diritto penale*, p.. Contra: MARINUCCI/DOLCINI. *Corso di diritto penale*, p. 549 e ss.

[578] A discussão à volta da tutela de *funções administrativas de governo*, muito difundida na doutrina italiana, é equivalente ao debate, mais desenvolvido nos autores germânicos, entre monismo e pluralismo, no que tange ao bem jurídico protegido pelo direito penal secundário. Assim, "l'idea che la nozione di 'bene giuridico' racchiuda anche (...) la tutela di 'funzione', si è sviluppata negli ultimi vent'anni soprattutto nella dottrina d'oltr'alpe. Si tratta, in sostanza, di quegli AA. che, se pur non accenti e premesse teoriche diverse, si raccolgono attorno all'idea che i bene giuridici siano da intendersi come '*unità funzionali di* valore' (*werthafte Funktionseinheiten*), ossia come entità tutelabili non in quanto in sè e per sè espressione di valore (come inveccade per i beni individuali: vita, libertà, patrimônio, etc.), ma in ragione del loro essere condizione indispensabile per assicurare 'la prospera convivenza di uomini liberi nella nostra società' " (cf. CATENACCI. *La tutela penale dell'ambiente*, p. 72, nt. 52).

[579] Para além dos autores germânicos que, numa postura de cunho mais ou menos funcionalista, advogam a legitimidade da protecção directa de bens jurídicos supraindividuais – assim cf., por

bens = tutela de funções só parecerá "conciliável com uma concepção juspositiva de bem jurídico: concepção que reduz o bem a mera categoria formal. A tutela de funções, na realidade, não poderá transformar-se em tutela de bens – mesmo que instrumentais – sem o completo esvaziamento da função crítica do bem jurídico".[580]

Sendo assim, a evitar os perniciosos equívocos anteriormente descritos, a nossa preocupação essencial a partir de agora, será, partindo de elementos interpretativos renovados pela via de uma interpretação teleológica do tipo, buscar a melhor forma de se compreender dogmaticamente o *crime de poluição*. Portanto, como a nossa preocupação mais premente é o enquadramento dogmático dos tipos incriminadores da Lei 9.506 e sua interpretação de forma coerente com os mandamentos político-criminais limitadores do direito de punir, urge perscrutarmos qual foi a *técnica de estruturação típica* empregada pelo legislador de 1998.

2. Os crimes ambientais como ilícitos de mera desobediência. A exigência de estruturas típicas de perigo e dificuldade em se radicar o núcleo do desvalor do resultado em um dano ou até mesmo em um perigo de dano a ser concretamente produzido

A quase vinte anos da reforma legislativa que deu lugar aos crimes ambientais no CP português, opinava Figueiredo Dias a favor da construção desses como *crimes de desobediência* "à entidade estadual encarregada de fiscalizar os agentes poluentes e competentes para lhes conceder autorizações ou lhes impor limitações ou proibições de atividade".[581] Essa era, de resto, a solução técnico-legislativa proposta pelo *Alternativ-Entwurf* alemão para a criminalidade ambiental: "com tal proposta se pretendia inicialmente enriquecer os crimes de perigo, como disse o próprio Projeto Alternativo, com características que estão tipicamente ligadas à exposição a perigo da vida e da integridade física já que se parte da ideia de que tal ação transgressora contém já um determinado 'relevo criminal', o de não temer o risco para a vida ou a integridade física. Dessa maneira, estimavam os redatores do Projeto

---

exemplo, SCHÜNEMANN. *Situación espiritual de la ciencia jurídico-penal alemana*, p. 193; TIEDEMANN. *Poder económico*, p. 12 e ss. – posicionam-se favoravelmente à tutela de funções administrativas MARINUCCI/DOLCINI. *Corso di diritto penale*, p. 549 e ss. Em sentido contrário, veja-se PATRONO. *I reati in matéria di ambiente*, p. 676 e ss.

[580] Cf. PATRONO. *I reati in matéria di ambiente*, p. 676/677.

[581] Cf. FIGUEIREDO DIAS. *Direito penal na proteção do ambiente*, p. 18/19.

Alternativo, haveria uma verdadeira *'lex estricta et praevia'*, com a consequência de que com segurança evitar-se-ia o risco de um processo penal e não se consideraria típica a ação se esta se mantivesse dentro dos limites fixados pelos órgãos administrativos".[582] Também para Figueiredo Dias, tal estruturação típica viabilizar-se-ia como uma solução aos problemas imanentes à construção de crimes de perigo abstrato, nos quais "a punibilidade resulta simplesmente da presunção legal de que certas espécies de conduta são adequadas à produção de certos perigos".[583]

Com a reforma que deu luz ao crime de poluição, este posicionamento foi herdado por Anabela Rodrigues. Atendo-se especificamente à configuração do art. 279 do CP português, defendeu a autora a pertinência de sua interpretação como um "crime de desobediência" às determinações dos órgãos administrativos, no sentido de que a desobediência constituiria precisamente a ilicitude típica.[584] Assim se contornariam os problemas relacionados à construção de crimes de perigo abstrato e o "inadmissível alargamento da punibilidade que se provoca, bem como a falta de dignidade penal de tais crimes (*KavaliersDelikte*)".[585] Por outro lado, à crítica usual de que, com a criação de crimes de desobediência, se estaria a proteger *funções administrativas* – neste caso específico, "o respeito pelas prescrições e limitações impostas pela Administração" –, responde a Autora com um recurso argumentativo: "a desobediência que aqui está em causa é uma desobediência *qualificada*, no sentido de que *implica um dano para o ambiente*".[586] Nesse passo – ainda argumenta –, "poluição com relevância penal é só, como o legislador claramente indica, a que ocorra 'em medida inadmissível' (cf. art. 279, n° 1). Só dessa forma se assegura com a incriminação, como se

---

[582] Cf. MENDOZA BUERGO. *Delitos de peligro abstracto*, p. 58.

[583] Nessa linha argumentativa, para Figueiredo Dias, "mesmo que esta solução fosse suportável à luz dos princípios da legalidade e da culpa, é indiscutível que tais delitos perderiam então a sua dignidade penal e a sua relevância ético-social seria descaracterizada; tornar-se-iam, agora sim, em meros 'Kavalliersdelikte' aos quais se não liga um autêntico sentido de desvalor e de censura e que, por isso, nem sequer devem constar de leis de caráter penal, mas sim de leis de mera ordenação social, de caráter não penal" (Cf. FIGUEIREDO DIAS. *Direito penal na protecção do ambiente*, p. 17).

[584] Cf. ANABELA RODRIGUES. *A propósito do crime de poluição*, p. 123.

[585] Cf. ANABELA RODRIGUES. Além do mais, segundo Anabela Rodrigues, "a possível construção destes crimes como crimes de *perigo concreto* põe em evidência a dificuldade de se fazer a prova da causalidade relativamente ao perigo real de uma concreta conduta para o bem jurídico protegido. Finalmente, os crimes de *dano* `pressupõem uma intervenção tardia do direito penal', mas são sobretudo as dificuldades 'de uma descrição detalhada e esgotante da matéria proibida que pesam na opção de não configurar os crimes ecológicos deste modo" (*A propósito do crime de poluição*, p. 123).

[586] Cf. ANABELA RODRIGUES. *A propósito do crime de poluição*, p. 125.

pretende, a protecção *imediata* do ambiente". Portanto – continua –, "o que se destaca é que a proteção *imediata* do ambiente é obtida, ainda que de forma derivada ou translata, exatamente devido à configuração desse crime como *desobediência, em que esta implica um dano para o ambiente*".[587] A essa luz, no entender de Anabela Rodrigues, o crime tipificado no art. 279 seria um *crime de desobediência*, mas, ao mesmo tempo, um crime de *dano* para o bem jurídico meio ambiente.

A bem ver, entretanto, uma tal percepção tem mais efeito argumentativo que prático-teórico, na medida em que não oferece concretamente elementos axiológicos para impedir uma aplicação do tipo legal de crime absorvida pelo esquema da "mera desobediência": a partir da vulgarização do conceito de *dano* – e, acrescente-se, para um bem jurídico cujo conteúdo não se esclarece –, a autora, ilusoriamente, pretende afastar as críticas dirigidas aos ilícitos-típicos *meramente sancionatórios* e, ao mesmo tempo, oferecer uma compreensão dogmática distinta daquela que vê, neste crime, uma figura típica de perigo abstrato.

Ora, para a distinção entre crimes de dano, crimes de perigo abstrato e de perigo concreto, o elemento distintivo básico é o grau de afetação do bem jurídico tutelado.[588] A diferenciação se efetua tendo em conta a relação, entre a conduta prevista no tipo e o bem jurídico: nos crimes de lesão "exige-se para a tipicidade do fato a produção da lesão do bem jurídico ou do objeto que o encarnava, enquanto que nos de perigo não se exige este efeito, produzindo-se um claro adiantamento – maior ou menor segundo a espécie do perigo – da proteção do bem a fases anteriores a seu efetivo menoscabo ou lesão".[589] Para sabermos interpretar se uma determinada figura típica é crime de dano ou, contrariamente, de perigo abstrato, deveremos ter atenção não só para o caráter ofensivo do comportamento criminalizado, mas especialmente a própria configuração do bem jurídico. Dependendo da ideia que se tenha do bem jurídico, fulcro da incriminação, diferente poderá ser a compreensão em relação à técnica de tutela empregada.[590] E é por isso que "hoje já é quase lugar comum, aceito geralmente pela doutrina, o reconhecimento do quão relativa e variável resulta a delimitação a que se alude, assim como a dificuldade de precisar em relação a figuras de-

---

[587] Cf. ANABELA RODRIGUES, *A propósito do crime de poluição*, p. 125.

[588] Cf. GRASSO. *I reati di pericolo e i reati di attentato*, p. 691.

[589] Cf. MENDOZA BUERGO. *Delitos de peligro abstracto*, p. 11.

[590] Sobre a interferência da noção do bem jurídico na construção e aplicação do ilícito e as vantagens de se manter a vinculação a um bem pessoal como garantia político-criminal, ver MATA Y MARTÍN. *Bienes jurídicos intermédios*, p. 22 e ss.

litivas concretas, uma distinção que aparece clara no plano teórico, mas nem tanto no prático".[591]

Por isso também que crimes como o do art. 279 português e a *quase totalidade dos crimes ambientais previstos pela legislação brasileira* dão lugar às mais divergentes interpretações quando se entende que eles tutelam diretamente bens jurídicos coletivos ou supraindividuais. Em âmbitos como o meio ambiente, em que os referentes empíricos são abstratos e de contornos imprecisos, a distinção entre lesão efetiva e perigo acaba por ser muito maleável, ficando à mercê de sutis diferenciações na formulação do bem jurídico, assim como de compreensões diversas sobre o que se deve precisar como lesão ou perigo. E isso vale também para tipos que fogem do esquema de dependência administrativa, como os previstos nos artigos 33 e 54 da Lei 9.605/98.

Existe um respeitável setor doutrinário, encabeçado por Klaus Tiedemann, para o qual os problemas referentes aos crimes de perigo abstrato só têm sentido quando se quer que eles protejam sempre bens jurídicos individuais, ou seja: "o perigo parece abstrato unicamente se é referido a interesses patrimoniais individuais, enquanto que, se se tomam em consideração aspectos supraindividuais (sociais) do bem jurídico (...), esses interesses são violados (e não unicamente expostos a perigo) pelo crime".[592] Pensamos nós, entretanto, que uma tal via compreensiva não prospera, desprovida que está de vantagens dogmático-interpretativas e confrontante com os princípios limitadores do direito de punir. A criação de uma noção mais elástica de dano[593] – a fazer dos

---

[591] Cf. MENDOZA BUERGO. *Delitos de peligro abstracto*, p. 11.

[592] Cf. TIEDEMANN. *Poder económico*, p. 36. Pensamos, contudo, que sua linha argumentativa é pouco convincente, sobretudo se repararmos que, numa passagem anterior desta mesma obra, o autor induz-nos a pensar o perigo abstrato como a única técnica de tutela congruente com o direito penal econômico. Nas suas palavras: "é sabido que, em especial, os crimes de perigo abstrato, brindam facilidades para sua prova, porquanto neles não é relevante que o dano se tenha produzido efetivamente. Mas a introdução desta classe de tipos penais implica uma considerável ampliação da punibilidade, que só é aceitável se já o mero perigo abstrato é merecedor de sanção. Contudo, não é só a facilidade para a prova o que tem conduzido ao emprego do perigo abstrato para a descrição dos fatos econômicos puníveis, mas, fundamentalmente, a necessidade de proteger interesses jurídicos supraindividuais em relação aos quais e para cuja efetiva tutela não parece imaginável outra configuração típica" (*Poder económico*, p. 36).

[593] Nesse ponto, na linha do questionamento empreendido por FARIA COSTA, seria conveniente indagarmos: "quando é que se pode considerar, em termos jurídico-penais, que um bem é ofendido?" (cf. FARIA COSTA. *O perigo*, p. 628). Ora, se o dano/violação, como "primeiro nível de ofensividade", é facilmente identificável quanto temos como objeto de análise bens jurídicos dotados de um suporte material tangível – e aqui nos deparamos com o exemplo paradigmático do bem jurídico "vida" –, o mesmo não se poderá dizer acerca de bens jurídicos imateriais, como a honra ou a dignidade: "o primeiro nível de ofensividade que podemos perceber de um ataque a um determinado bem jurídico pode surpreender-se na chamada nadificação. Ou seja: no total aniquilamento do próprio bem jurídico. O que, se, por um lado, de forma sugestiva, nos traz indicações precisas sobre o primeiro nível de ofensividade, também, por outro, nos desperta para a impossibilidade de um tal sucesso se operar para outros bens jurídicos. Um bem jurídico singularmente

crimes que protegem bens jurídicos coletivos crimes de dano para esses – acaba como que esvaziando o tipo de conteúdo material, à medida que reduz a análise sobre a tipicidade da conduta criminalizada à violação formal de um dever.[594] Seria o caso, portanto, de um dano fictício que acaba por coincidir com o esquema do perigo abstrato ou presumido, já que não são oferecidas quaisquer alternativas para a interpretação do tipo que não seja a mera presunção de ofensividade material:[595] "a relação causal entre ação e afetação de bem jurídico está, em outra palavras, cabeça abaixo", porque a lesão do bem jurídico supraindividual se determina "a partir do risco desaprovado inerente à ação", daí se podendo concluir que não se trata de um "ilícito de resultado num contexto de legitimação ligado ao bem jurídico".[596]

A respeito dos crimes ambientais vindos a lume com a Lei 9.605, poucos são os doutrinadores que os reconhecem como crimes de perigo abstrato. Na verdade, desdenhando a necessidade de se precisar com clareza o bem jurídico, por tratar-se de um *interessi difusi* ou de um bem jurídico de amplo espectro, a doutrina majoritária optou por considerar a configuração dos vigentes ilícitos ambientais como crimes *materiais*, sendo que assim se aproximam do modelo de ofensa presumida por nós criticado. Assim, por exemplo, a posição Luis Regis Prado, quem, apesar de excessivamente crítico quanto às imprecisões e o casuísmo do legislador, define os crimes contra a fauna, fauna e de poluição, em grande parte, como crimes "materiais", ou seja, crimes em que a consumação se dá com a ocorrência de um resultado natura-

---

imaterial pode ser ofendido violentamente, mas por mais forte a aguda que se concretize esta violação ela nunca poderá chegar à nadificação" (*O perigo*, p. 628). Ainda sobre a maleabilidade do conceito de dano ou de ofensa, nomeadamente em relação a determinados bens jurídicos de conteúdo impreciso, cf. FERREIRA DA CUNHA, *Constituição e crime*, p. 107, nt. 299 e ss.; MUSCO. *Bene giuridico*, p. 131 e ss. Especificamente sobre a dificuldade de se precisar a realização de um dano para o meio ambiente, veja-se PALAZZO. *Tutela penal del ambiente en Italia*, p. 69 e ss., quem adverte para a "extrema dificuldade de se verificar materialmente a alteração significativa daqueles componentes ambientais que constituem a base naturalística do valor ambiental". Veja-se também: SOUSA MENDES. *Vale a pena o direito penal do meio ambiente?*, p. 106 e ss.

[594] Cf. SILVA DIAS. *Entre comes e bebes*, p. 69. De acordo com a lição de Figueiredo Dias, no direito penal secundário, a natureza peculiar dos bens jurídicos protegidos faz com que, ao nível do agente, os ilícitos-típicos se apresentem "como *delitos de dever*, na sua subespécie de *delitos específicos*; isto é, como delitos aos quais é consubstancial a violação – para além do dever geral que está na base de qualquer tipo-de-ilícito – de um dever específico anterior (e, em regra, também exterior) à norma penal, e cujos destinatários se caracterizam por uma especial relação, *v. g.* de tipo profissional, com o conteúdo ilícito do facto" (cf. FIGUEIREDO DIAS, *RLJ*, p. 48/49).

[595] Cf. MOCCIA. *De la tutela de bienes a la tutela de funciones*, p. 115 e ss. "De modo que com isso se faz perder o critério da intensidade do ataque ao bem jurídico parte de seu valor, tanto como critério de distinção quanto como critério fundamental de *atribuição de merecimento de pena*" (Cf. MENDOZA BUERGO. *Delitos de peligro abstracto*, p. 13).

[596] Cf. KINDHÄUSER. *Delitos de peligro abstracto*, p. 445.

lístico.[597] Ora, essa orientação não estaria destituída de razão se não fosse o descuido em diferenciar crimes materiais, formais e de mera atividade, dos crimes de dano, de perigo concreto e de perigo abstrato. A primeira distinção leva em conta a exigência ou não, para o juízo de tipicidade objetiva, de ocorrência de um resultado naturalístico, desprendido da ação, para que haja a consumação. Assim, os crimes do art. 29 – "Matar, perseguir, caçar, apanhar, utilizar espécimes da fauna silvestre, nativos ou em rota migratória..."-, ou o do art. 32 – "Praticar ato de abuso, maus-tratos, ferir ou mutilar animais silvestres, domésticos ou domesticados, nativos ou exóticos" – são todos crimes *materiais*, por exigirem um "resultado" sem o qual o crime não se consuma. Por sua vez, o crime do art. 30 – "Exportar para o exterior peles e couros de anfíbios e répteis em bruto..." – seria um crime de *mera atividade*, já que o tipo não descreve um resultado diferente da ação incriminada, em outras palavras, basta o agir típico para a consumação do crime.[598] Essa distinção, contudo, releva apenas o objeto material do crime, descuidando-se do bem jurídico, que é o elemento teleológico, critério de legitimação e, ao mesmo tempo, de interpretação típica.

Entretanto, quando se parte para uma classificação político-criminalmente interessada dos crimes ambientais, é inevitável que se reconheça que estamos, *de lege lata*, diante de crimes de perigo abstrato em relação ao bem jurídico "meio ambiente" ou "equilíbrio dos sistemas naturais". Assim, aquele que mata uma espécie da fauna silvestre pratica, sem dúvida, um resultado típico, previsto no art. 29 da Lei 9.605/98. Mas há um concreto dano ou ofensa ao bem jurídico? A resposta é quase sempre negativa, com o que se conclui que o dano ao bem jurídico fulcro da incriminação é sempre presumido. São, pois, crimes materiais ou de mera conduta, quando em consideração o objeto material descrito no tipo, *mas sempre crimes de perigo abstrato*, quando em consideração o bem jurídico-penal "meio ambiente".[599]

É por tudo isso que aquela pretensão de fazer dos crimes atuais crimes ambientais como crimes de "desobediência" que implicariam um dano ao ambiente não deve prevalecer; porque, como se viu, a con-

---

[597] Cf. PRADO, Luis Regis. *Crimes contra o ambiente*. Editora RT, p. 64 e ss.

[598] Seguindo a classificação de Regis Prado, cf. PRADO, Luis Regis. *Crimes contra o ambiente*. São Paulo: Editora RT, p. 64 e ss. Essa parece ser também a orientação de CONSTANTINO, Carlos Ernani. *Delitos Ecológicos*. 3. ed. Franca: Lemos e Cruz, 2005, p. 134 e ss.

[599] Atento para o fato de serem os crimes ambientais em vigor crimes de perigo abstrato, na sua forma de perigo presumido, está NUCCI, Guilherme de Souza. *Leis Penais e Processuais Penais Comentadas*. São Paulo: RT, p. 506 e ss. Assim, alerta, com propriedade, por exemplo, com relação ao crime do art. 29: "Embora exista a forma *matar*, prevista no art. 29, é fundamental considerar que eliminar um animal pode não colocar em risco a preservação da fauna (...)"(p. 507).

cepção de um dano ausente de conteúdo material[600] – para um bem jurídico que é impreciso e dependente das *funções de governo* administrativas – não afasta, antes acentua, os problemas dogmáticos e de legitimidade referentes aos crimes de perigo abstrato.[601] Veremos, ademais, como uma interpretação pertinente sobre a técnica de tutela de que fez uso o legislador será tão mais profícua quanto mais convincente for a resposta a duas indagações relativamente autônomas, mas, ao mesmo tempo, coimplicadas: a primeira delas tem a ver com a busca por uma mais precisa e acurada delimitação do bem jurídico protegido;[602] a segunda, num empenho de caráter eminentemente dogmático, com a técnica de configuração do tipo (especialmente quanto à antecipação da tutela) e sua compatibilidade com os princípios de garantia.

3. Crimes de perigo abstrato como mecanismo técnico mais adequado em matéria ambiental?

3.1 – Assim, afastadas as teses de que se trataria de crimes de *dano* ou de crimes de *perigo concreto*[603] para o meio ambiente, a única alternativa que sobra é compreender os ilícitos ambientais como crimes de *perigo abstrato*.

De fato, a técnica dos crimes de perigo abstrato, mesmo apresentando manifestos problemas dogmáticos e de legitimidade, é proclamada por grande parte da doutrina como a única solução técnico-legislativa capaz de oferecer uma proteção *eficaz*, abarcando todos os comporta-

---

[600] Ora, na linha do raciocínio de FERNANDA PALMA, "se a tipicidade depende do crivo da contradição com normas ou ordens da Administração, que fornecem o critério da relevância típica, então *o dano ambiental é determinado pela autoridade administrativa*. Se houver dano material elevado e mesmo assim se tiver respeitado o comando da Administração não haverá conduta típica. Se, pelo contrário, houver dano pouco significativo ou objectivamente admissível, mas associado à desobediência, o agente será punível á luz do disposto no art. 279, uma vez que esta norma incriminadora delimita a conduta típica através de uma actividade em si mesma considerada danosa" (cf. FERNANDA PALMA. *Direito penal do ambiente*, p. 444).

[601] Nesse mesmo caminho, sobre o crime do art. 279, admitindo que "a técnica de criminalização da desobediência às injunções administrativas anda de mãos dadas com o esquema do perigo abstracto", ver SOUSA MENDES. *Vale a pena o direito penal do ambiente?*, p. 142. Na doutrina italiana, a mesma conclusão encontramos em GIUNTA. *Il Diritto penale dell'ambiente in Italia*, p. 1115. No que diz respeito ao projeto alternativo alemão, deve-se admitir que, independentemente de o seu propósito "ter sido dotar de maior conteúdo de ilícito os tipos de perigo abstrato, reconhece-se em princípio que, ainda assim, dogmaticamente segue-se tratando, no caso dos tipos sugeridos pelo projeto, de crimes de perigo abstrato, pois tal acréscimo não alteraria a própria estrutura do tipo que se incorpora, é dizer, nos crimes de perigo abstrato" (cf. MENDOZA BUERGO. *Delitos de peligro abstracto*, p. 59).

[602] Questão sobre a qual nos debruçamos *supra*, Parte I, Cap. II, 4.

[603] Sobre a dificuldade de se construir figuras típicas de *perigo concreto* para o meio ambiente, ver os argumentos *infra*.

mentos ofensivos para o meio ambiente.[604] Assim, de par com o surgimento de novos bens jurídicos de feição coletiva, tem-se predicado como um segundo campo problemático da mais recente evolução do direito penal – associado, muitas vezes, a uma interpretação sociológica da sociedade moderna como uma *sociedade de riscos*[605] – a expansão extraordinária da figura dogmática do perigo abstrato.[606] O acentuar dos riscos como manifestação própria da sociedade contemporânea[607] e a insegurança social (muitas vezes excessiva ou irracional)[608] daí decorrente leva o legislador penal a intervir com os seus instrumentos repressivos "não para evitar a produção de danos concretos, mas para

---

[604] Cf., por todos, TIEDEMANN. *Poder econômico*, p. 36.

[605] Na linha do pensamento de ULRICH BECK. *Risk Society*, passim. Veja-se também, do mesmo autor, *Maquiavelismo ecológico*, p. 181 e ss. Na doutrina portuguesa, transportando as conclusões de Beck para o direito penal, FIGUEIREDO DIAS. *Sociedade do risco*, p. 7 e ss.; SILVA FERNANDES. *Sociedade de risco*, p. 31 e ss.

[606] Cf. BARJA DE QUIROGA. *Moderno derecho penal para una sociedad de riesgos*, p. 300 e ss.; PÉREZ DEL VALLE. *Sociedad de riesgos y reforma penal*, p. 61 e ss.; MENDOZA BUERGO. *El derecho penal en la sociedad del riesgo*, p. 78 e ss. Criticamente, veja-se, por todos, HERZOG, *Límites al control penal de los riesgos sociales*, p. 317 e ss.

[607] O que de mais espantoso nos parece estar relacionado ao *topos* da "sociedade e risco" é o fato de, segundo a concepção de Beck, os riscos emergentes a partir dessa nova realidade possuírem natureza, em tudo e por tudo, diversa dos *riscos normais* ou "vulgares" do passado. Efectivamente – diz-se – os riscos actuais são indetectáveis, ocultos em complexas relações causais, ilimitados no espaço e no tempo (cf., BECK. *Risk Society*, p. 11 e ss.). Assim, "não só a noção do tempo é afectada pelos novos riscos. Também a noção de espaço, que se encurta, ou se funde em um só conceito, que se pode definir como 'glocalidade' (a expressão é de Robertson, utilizada por Beck), isto é, que os novos riscos são simultaneamente locais e globais. Os seus efeitos são transfronteiriços, expandindo-se por vezes através de longas regiões do globo terrestre, bem como tornam muito difícil, quando não impossível, o cálculo do círculo de pessoas e bens afectados por eles. As novas ameaças transcendem tanto as gerações como as nações" (cf. SILVA FERNANDES. *Sociedade de risco*, p. 61); Assim também, FARIA COSTA. *O perigo*, p. 306 e ss. Além do mais, "os novos riscos são *indetectáveis* e *invisíveis* à percepção comum. Este factor, esta 'invisibilidade social', ainda segundo Beck, e à semelhança de muitos outros tópicos políticos, deve ser trazido à consciência das pessoas, só assim se podendo dizer, conclui, que eles constituem uma ameaça actual" (cf. SILVA FERNANDES. *Sociedade de risco*, p. 63). Contudo, no sentido (contrário) de que grande parte desse sentimento social de insegurança ultrapassa em muito os níveis de risco real, vide *nota seguinte*.

[608] Como decorrência direta desse quadro, a comunidade torna-se insegura e amedrontada. E diante desses novos riscos emergentes do desenvolvimento técnico-científico, cresce também, um pouco por todo lado, o clamor social por medidas que resultem em alguma sorte de efeito preventivo. Ora, que existe de fato o acentuar do sentimento social de insegurança não se questiona. Coisa diversa é querer crer que esta insegurança corresponde aos níveis *reais* de perigo: "nossa sociedade pode se definir melhor como a sociedade da 'insegurança sentida' (ou como a sociedade do medo). Com efeito, umas das características mais significativas das sociedades da era pós-industrial é a sensação geral de insegurança, isto é, a aparição de uma forma especialmente aguda de se viver o risco. É certo, desde logo, que os 'novos riscos' – tecnológicos e não tecnológicos – existem. Mas também o é que a própria diversidade e complexidade social, com sua enorme pluralidade de opções, com a existência de uma sobre-informação à qual se soma a falta de critérios para a decisão sobre o que é bom ou mal, sobre em que se pode confiar e em que não, constitui um germe de dúvidas, incertezas, ansiedade e insegurança" (cf. SILVA SÁNCHEZ. *Expansion*, p. 32). Em outras palavras, a insegurança que se radica no ambiente social quase nunca é expressão fiel da insegurança de facto existente.

possibilitar *segurança*".[609] Consequentemente, as incriminações concebidas nesses moldes têm como elemento distintivo a criminalização de comportamentos neutros do ponto de vista de sua ilicitude material, já que a aplicação da pena tem lugar com a simples prática do comportamento (presumidamente perigoso) descrito no tipo.

Mas, como se sabe, "a presunção ou generalização da carga de perigo para o bem jurídico protegido comporta evidentes problemas de legitimidade, que se podem sintetizar na fricção com os princípios da lesividade e da culpabilidade por falta de um ilícito material, produzidos ao se impor uma pena por fatos que, individualmente, não mostram uma perigosidade suficiente para se poder responsabilizar o autor".[610] Certamente, como salienta Moccia, "é evidente que, entendendo legítima a incriminação de condutas consideravelmente distanciadas da agressão, debilita-se completamente a função de delimitação do bem jurídico, a partir do momento em que a incriminação de qualquer conduta, inclusive a mais inócua do ponto de vista de sua danosidade social, pode sempre reconduzir-se à tutela de fundamentais, mesmo que remotos, bens jurídicos".[611] A partir do momento em que se considera legítima – porque compatível com o princípio da tutela exclusiva de bens jurídico-penais – a edição de ilícitos-típicos de perigo abstrato ou presumido, essa presunção de lesividade acaba por converter qualquer criminalização antecipada numa legítima intervenção do Estado na esfera de liberdade dos indivíduos.

3.2 – Frente a isso, comprovada a incoerência de um tal modelo dogmático, que "formaliza" o papel do intérprete inviabilizando uma interpretação teleológica do tipo, resta saber se há outras alternativas para uma estruturação dogmática dos crimes de perigo abstrato que os torne minimamente defensáveis.

Entre os autores italianos, particularmente atentos à importância garantista do princípio da ofensividade (ao qual se empresta suporte constitucional),[612] poder-se-ia pensar que técnicas dogmáticas

---

[609] Cf. KINDHAUSER. *Universitas* 1992, *apud*, MENDOZA BUERGO. *El derecho penal en la sociedad del riesgo*, p. 79.

[610] Cf. MENDOZA BUERGO. *El derecho penal en la sociedad del riesgo*, p. 80.

[611] Cf. MOCCIA. *De la tutela de bienes a la tutela de funciones*, p. 115 . "O ordenamento acaba assim por configurar uma disciplina meramente dirigista, que se expressa numa detalhada regulamentação a serviço da qual se dispõe a sanção penal, renunciando à repressão das condutas que imediatamente se orientam ao ataque do bem. Castiga-se, portanto, a inobservância de normas organizativas e não a realização de factos socialmente danosos" (cf. MOCCIA. *De la tutela de bienes a la tutela de funciones*, p. 115).

[612] Cf. , por todos, MARINUCCI/DOLCINI. *Corso di diritto penale*, p. 150 e ss.

de antecipação, assemelhadas ao modelo do perigo abstrato, seriam imediatamente desdenhadas, porque incompatíveis com o paradigma que restringe o campo de intervenção do direito penal às condutas causadoras de uma *lesão* ou de uma *exposição a perigo* (materializada num resultado perigoso, independente da ação que o originou) para o bem jurídico. Entretanto, ante o surgimento de novos bens jurídicos de cunho supraindividual e o resultante estabelecimento de renovadas exigências de tutela, as posições mais recentes vêm perdendo o antigo rigor,[613] em sintonia com aquelas posturas mais complacentes com a inevitabilidade, legitimidade e eficácia das formas de intervenção fortemente antecipada.

Assim, não obstante os inconvenientes acabados de referir, é opinião cada vez mais aceita que, para a proteção do meio ambiente, os crimes de perigo abstrato são, de fato, admissíveis, desde que concorram algumas condições (lógico-jurídicas e político-criminais): a) a legitimidade das formas de proteção antecipada está condicionada, em primeiro lugar, ao grau de importância do bem jurídico protegido, no sentido de que tão mais defensável será a antecipação da tutela quanto mais relevante for o interesse tutelado em comparação com o bem "liberdade individual" ameaçado pela pena criminal;[614] b) por outro lado, argumenta-se frequentemente que a técnica do perigo abstrato só se mostra operativa nos casos em que não se pode recorrer ao pôr-em-perigo concreto como forma de garantir uma intervenção restrita a comportamentos merecedores de pena. Desde logo, a inviabilidade de se fazer a punibilidade da conduta depender da realização de um resultado de perigo dá-se notadamente em duas situações específicas (ambas muito recorrentes como contra-argumento, no âmbito do meio ambiente): a excessiva amplitude do bem jurídico objeto da incriminação, que impossibilita a determinação de elementos valiosos tangí-

---

[613] Não obstante, há aqueles que permanecem ainda descrentes em relação à validade e pertinência do recurso à figura do *perigo abstrato*. Assim, por exemplo, MOCCIA. *De la tutela de bienes a la tutela de funciones*, p. 115 e ss. Crítico dessa tendência no âmbito do meio ambiente, PATRONO. *I reati in matéria di ambiente*, p. 678 e ss.

[614] Na formulação de Fiandaca: "l'antecipazione della tutela penale potrà considerarsi tanto piú esente da obiezioni, quanto piú elevato è il rango del bene esposto a rischio" (cf. FIANDACA. *La tipizzazione del pericolo*, p. 442). Similarmente, referem Marinucci/Dolcini "que entre os bens constitucionalmente relevantes se deixam delinear *diferenças de categoria* que se traduzem em *diversos graus de importância*, e, por conseguinte, de *merecimento de pena* (...). Se, por acaso, em um determinado momento histórico o legislador defender que um bem constitucional – de per si merecedor de protecção penal – tem *necessidade*, precisamente, desta forma de protecção, poderá levar a cabo uma tutela de tal modo ampla e intensa que abarque também *perigos remotos*, como os incarnados por actos meramente *preparatórios, apenas se* o bem em jogo é um bem fundamental – vale por dizer, indispensável para a integridade das instituições e a própria sobrevivência da sociedade..." (cf. MARINUCCI/DOLCINI. *Constituição e escolha dos bens jurídicos*, p. 191/192). Veja-se também CATENACCI. *La tutela penale dell'ambiente*, p. 150.

veis de suporte ontológico, capazes de servir como parâmetro para a aferição de um resultado de perigo independente da ação que os tenha originado;[615] e a dificuldade de se imputar a um sujeito específico a ocorrência desse mesmo resultado, por problemas relacionados à comprovação do nexo de causalidade entre a conduta e o resultado de perigo;[616] c) finalmente, é também condição para a aceitação da figura do perigo abstrato que o legislador adote uma adequada tipificação, descrevendo criteriosamente a conduta presumidamente perigosa.[617] Ademais, mesmo contendo o tipo uma descrição da matéria proibida suficientemente precisa, restará ainda como padrão de legitimidade a possibilidade de uma *interpretabilitá in chiave di offesa*,[618] nos moldes de uma interpretação teleológica do tipo, que releva a ilicitude material em contraste com a "formalização" do papel do aplicador a permitir uma subsunção automática (formal) das condutas previstas no tipo. Só que, no debate sobre as possibilidades de se interpretarem teleologicamente os crimes de perigo abstrato, reina um grande desencontro de opiniões, efeito dos múltiplos modelos dogmáticos de interpretação concebidos doutrinariamente.[619] De qualquer modo, a esse ponto retornaremos logo adiante.

a) Em relação ao bem jurídico protegido pelo direito penal ambiental, é certo que esse possui suficiente grau de importância a permitir o adiantar das barreiras de proteção, uma vez que o *equilíbrio dos sistemas naturais* se descortina, de forma crescente, no atual momento histórico, como um valor indispensável à existência humana. De resto, a proclamação de um ecossistema equilibrado como condição básica para a sobrevivência da espécie humana se desenha com particular clareza quando se determinam os interesses humanos para a salvaguarda

---

[615] Cf. PALAZZO. *Tutela penal del ambiente en Italia*, p. 69 e ss.

[616] Desenvolvidamente, cf. CUESTA AGUADO. *Causalidad de los delitos contra el medio ambiente*, p. 111 e ss. Veja-se também, TIEDEMANN. *Derecho penal del ambiente*, p. 181 e ss.; Cf. SCHÜNEMANN. *Situación espiritual de la ciencia jurídico-penal alemana*, p. 198 e ss.; PALAZZO. *Tutela penal del ambiente en Italia*, p. 78 e ss. Contrário a essa tendência, propugnando a possibilidade de se "ridimensionare grandemente i problemi connessi alla verificabilità empirica dell'attitudine lesiva delle condotte di 'disobbedienza', così da autorizzare addirittura la costruzione di una fattispecie di *pericolo concreto*", ver CATENACCI. *La tutela penale dell'ambiente*, p. 274.

[617] Cf. GRASSO. *L'anticipazione della tutela penale*, p. 707. "In termini generali si deve, per altro, osservare che i reati di pericolo astratto, se effettivamente la condotta tipizzata è, secondo le regole di esperienza, *pericolosa*, hanno una *'specifica funzione di protezione'* di beni giuridici; il *soggetto agente non viene punito, quindi, nè per una mera disobbedienza, nè per una periculosità soggettiva*". Também: CATENACCI. *La tutela penale dell'ambiente*, p. 157.

[618] CATENACCI. *La tutela penale dell'ambiente*, p. 151.

[619] Sobre as diferentes tentativas teóricas de construção dos crimes de perigo abstrato, ver D'avila. Fabio Roberto. *Ofensividade e crimes ofensivos próprios*, Studia Iuridica. Coimbra: Coimbra Editora, p. 112 e ss. Também: MENDOZA BUERGO. *Delitos de peligro abstracto*, passim.

dos quais o meio ambiente é instrumental (vida, patrimônio, integridade física etc.).[620] Daqui, portanto, a sua inequívoca dignidade penal enquanto "barreira prévia para a proteção de bens jurídicos existenciais".[621] Ademais, há em relação ao ordenamento jurídico brasileiro, a previsão constitucional, que garante a todos o "direito a um meio ambiente ecologicamente equilibrado, bem de uso comum do povo e essencial à sadia qualidade de vida..." (art. 225, *caput*, da Constituição Federal).

b) Também não se pode negar que é no direito penal ambiental que mais se evidenciam dificuldades relativas à constatação de um vínculo causal entre ação e resultado de perigo.[622] É assim, de resto, que alguns autores, da sorte de Schünemann, justificam o recurso aos crimes de perigo abstrato em matéria ambiental. Depois de cunhar de unilateral e imprecisa a concepção sociológica da sociedade contemporânea como uma "sociedade de riscos", afirma este autor que "a peculiaridade da sociedade industrial atual estriba unicamente no extraordinário incremento das interconexões causais. Pois devido à extremamente densa rede de industrialização existente, em muito âmbitos resulta impossível explicar, por exemplo, a produção de danos para a saúde dos habitantes de uma determinada zona através de uma só relação de causalidade, com base na qual se pudesse identificar, por exemplo, a emissão de substâncias tóxicas por parte de uma determinada fábrica como causa. Pelo contrário, é característico da sociedade industrial atual a existência de relações causais múltiplas cujo esclarecimento em detalhe é de todo ponto impossível com os métodos e instrumentos científico-naturais atuais". Assim, "se se projeta como missão do direito penal a de garantir a proteção de bens jurídicos (...), e se busca em cada caso aquele ponto em que há de apoiar-se a palanca preventiva das normas jurídico-penais, o trânsito do delito de resultado para o moderno delito de perigo abstrato praticamente deriva da natureza das coisas".[623]

---

[620] "Ora, in linea di principio può anche ritenersi che essi rappresentino un bene di *così alto rango* da potersi *equiparare al* (o addirittura *precalere sul*) bene della libertà personale: visto infatti il rapporto di presupposizione necessaria che, in molti casi, lega la tutela dell'ambiente a beni tradizionalmente considerati di primaria importanza, e constatata l'intensità, nell'attuale momento storico, dei fenomeni di inquinamento che di quei bene 'accellerano'la progressive compromissione, l'alto rango del bene 'ecosistemi'potrebbe quanto meno ricavarsi *per relationem*, com riferimento ai singoli bene che di volta in volta la protezione dell'equilibrio ecologico di acque, aria e suolo contribuisce a preservare (vita, incolumità fisica, patrimonio etc.)" (cf. CATENACCI. *La tutela penale dell'ambiente*, p. 152, n. 73).

[621] Cf. SILVA SÁNCHEZ. *Reforma de los delitos contra el medio ambiente*, p. 157.

[622] Cf. CUESTA AGUADO. *Causalidad de los delitos contra el medio ambiente*, p. 121 e ss.; SILVA SÁNCHEZ. *Delitos contra el medio ambiente*, p. 75 e ss.

[623] Cf. SCHÜNEMANN. *Situación espiritual de la ciencia jurídico-penal alemana*, p. 198/9.

c) É, com efeito, em relação à técnica de redação típica e à adoção do mais pertinente modelo dogmático de interpretação que tem permanecido mais viva a discussão sobre os *limites* e a *legitimidade* dos esquemas técnicos de intervenção antecipada. Além dos posicionamentos mais radicalmente críticos, que simplesmente negam qualquer justificação à ideia de se fazer fundamentar a imposição de uma pena numa mera presunção de lesividade,[624] muitas têm sido as propostas de entrosamento do conceito de perigo abstrato com as categorias dogmáticas do sistema. Obviamente, em vista dos limites a que se propõe a presente investigação, não nos permitiremos tratar exaustivamente de cada uma delas, muito menos abordar, de forma suficientemente abrangente, todo o debate suscitado à volta da legitimidade dos crimes de perigo abstrato.[625] O que se pretende nesta parte derradeira do trabalho – já que, como dissemos, o crime ambientais previstos pela Lei 9.605 só se deixam compreender como crimes de perigo abstrato – é apenas desenvolver algumas das construções mais significativas sobre o tema, com o preciso propósito de alcançar o modelo de interpretação mais dogmaticamente coerente e político-criminalmente defensável para os crimes ambientais. Como logo veremos, a percepção dos crimes de perigo abstrato será tão mais pertinente quanto mais pertinente for o modelo dogmático de interpretação e sua compatibilidade com os princípios limitadores. Assim, "cumpre verificar se, e dentro de quais limites, poder-se-á considerar consentida *un'interpretazione in chiave di ofesa* dos tipos mais marcadamente estruturados segundo modelos 'meramente sancionatórios' e por isso tradicionalmente adstritos ao paradigma da tutela de 'funções de governo'".[626]

3.3 – Há quem considere que os crimes ambientais, construídos com apoio na técnica de dependência administrativa, não contradizem o princípio da ofensividade porque os comportamentos aí incriminados possuiriam, já enquanto tais, um conteúdo ofensivo.[627] Estaríamos, pois, diante de comportamentos dotados de uma *carga lesiva implícita*, "em todos os casos em que a conduta punível, longe de adquirir des-

---

[624] Conforme a linha de pensamento da chamada Escola de Frankfurt. Nesse sentido, MÜLLER-TUCKFELD. *Abolición del derecho penal del medio ambiente*, p. 511 e ss; HASSEMER. *Il bene giuridico*, p. 109 e ss. Na doutrina Italiana, veja-se Patrono, *I reati in matéria di ambiente*, p. 678 e ss.

[625] Desenvolvidamente, sobre a fundamentação material e o enquadramento dogmático da figura do perigo abstracto, ver FARIA COSTA. *O perigo*, p. 273 e ss. Também: MENDOZA BUERGO. *Delitos de peligro abstracto*, *passim*; D'AVILA, Fabio Roberto. *Ofensividade e crimes ofensivos próprios*, Studia Iuridica. Coimbra: Coimbra Editora, p. 112 e ss.

[626] Cf. CATENACCI. *La tutela penale dell'ambiente*, p. 75.

[627] Cf. PALAZZO. *Tutela penal del ambiente en Italia*, p. 76 e ss.; CATENACCI. *La tutela penale dell'ambiente*, p. 128 e ss. Contra: PATRONO. *I reati in matéria di ambiente*, p. 676.

valor somente pelo fato de realizar-se através de uma 'desobediência', resulta, *já enquanto tal*, possuidora de uma atitude lesiva" para o equilíbrio dos sistemas naturais, "e a modalidade 'inobservância ao preceito administrativo' assume uma função de mera coordenação com os aparatos 'de governo'".[628]

Por consequência, para os defensores da legitimidade de tais incriminações, haveria uma grande distinção entre a "mera desobediência", associada à configuração dos crimes de perigo abstrato no âmbito do direito penal do meio ambiente, e a "mera desobediência" como modelo técnico de configuração dos ilícitos do chamado *Verwaltungsstrafrecht*: enquanto, no primeiro caso, se trataria de um inconveniente intransponível para a proteção direta de tais interesses (autênticos bens jurídico-criminais), sendo possível encontrarmos um "desvalor material", mesmo que presumidamente, só no segundo modelo é que se poderia falar com rigor de figuras típicas inofensivas para bens jurídico-penais e vocacionadas, portanto, para a proteção de meros interesses administrativos.[629] Assim, em relação aos crimes ambientais a presença da "desobediência" não seria suficiente para se atestar a dependência do direito penal às funções administrativas de governo, porque em grande parte dos casos se tratará de um *comportamento potencialmente prejudicial para o equilíbrio ecológico*.[630]

O grande mérito dessa última abordagem é exatamente a procura por uma interpretação dos crimes ambientais vigentes, particularmente aqueles centrados na inobservância a atos e/ou normas de direito administrativo, que corresponda a um esquema interpretativo conforme ao modelo político-garantista, que faz a legitimidade da imposição de penas criminais depender de a conduta ser digna ou merecedora de punição. Em comparação com as teorias que se afirmam no paradigma da "tutela de funções" e da "mera desobediência", para refutar de pronto a pertinência político-criminal e dogmática de um tal modelo de criminalização, a vantagem está no fato de, considerando-se que, com uma crítica tão severa, este último setor doutrinário afasta, preconceituosamente, as possibilidades de uma interpretação alternativa (mais rica em garantias), aquela outra concepção se mostra preocupada em

---

[628] Cf. CATENACCI. *La tutela penale dell'ambiente*, p. 128.

[629] "Nel primo caso si tratta di un *inconveniente* legato all'ambigua tipizzazione di condotte che il legislatore intende punire perchè ritenute, comunque, pericolose per beni giuridici in chiave empirico-effetuale; nel secondo caso, invece, di un elemento caratterizzante *già in astratto* norme incriminatrici cui, nelle intenzioni dello stesso legislatore, è affidata la tutela di un mero interesse al 'governo'di un certo settore della vita sociale" (cf. CATENACCI. *La tutela penale dell'ambiente*, p. 75).

[630] Cf. PALAZZO. *Tutela penal del ambiente en Italia*, p. 76.

demonstrar a inexistência de um verdadeiro contraste entre as figuras típicas em exame e um direito penal da proteção de bens jurídicos. Resta saber, contudo, até que ponto o padrão teórico-interpretativo oferecido consegue sublimar um conteúdo de desvalor que se autonomize da "mera desobediência" ao preceituado pela administração.

De acordo com a linha de pensamento que viemos considerando, a compatibilidade dos ilícitos baseados na "desobediência ao preceito" com o princípio da exclusiva proteção de bens jurídicos surgiria como consequência de uma implícita ofensividade, característica comum à maioria daqueles crimes, de forma que a "desobediência" ao preceito administrativo – ou, se for o caso, a prática de determinada conduta "sem a devida autorização" – deveria ser entendida como mera "causa de exclusão da tipicidade", uma vez que o merecimento de pena do comportamento criminalizado viria como efeito de aquele mesmo comportamento ser considerado, *em si mesmo*, perigoso para um ou mais bens jurídicos.[631] Assim, não seria a "'desobediência' enquanto tal, mas a idoneidade ofensiva das condutas que acompanham tal desobediência o que constituiria, portanto, nestes casos, o primeiro e fundamental 'porque' do recurso à pena".[632] Nessa linha, ao punir a desobediência a preceitos administrativos ou o exercício não autorizado de atividades poluentes, o legislador buscaria "reprimir *não a 'mera desobediência'*, mas a realização, *através da mera desobediência*, de condutas consideradas *em si* abstratamente idôneas para prejudicar aqueles 'bens da vida' cingidos ao paradigma 'tutela do ambiente'". Naquela escala ideal que vai da repressão da "mera desobediência" até a lesão ou concreta exposição a perigo de bens jurídicos, essas incriminações se localizariam em uma posição intermediária: "longe de serem totalmente 'privadas de um bem jurídico', tais incriminações assumem o prejuízo potencial

---

[631] De tal maneira que, em relação por exemplo, às figuras típicas fundadas na necessidade de uma autorização administrativa, "il fondamento dell'obbligo di autorizzazione all'esercizio di una certa attività, risiede nella sua (presunta) periculosità, e nella necessità pertanto di sottoporla ad una sorta di 'esame di ammissione', finalizzato a sua volta a ridurrea al minimo i rischi che essa comporta per determinati beni giuridici. Si tratta, con più precisione, di attività apesso *utili* (o addirittura *necesarie*), ma *instrinsecamente* periculose per determinati bene (vita, incolumità publica e individuale, patrimonio etc.), e che perciò l'ordinamento giuridico ritiene ammissibili solo a condizione che vengano a loro volta rispettate determinate norme cautelari, atte a 'ridimensionare l'attitudine offensiva; situazioni, insomma, in cui la P.A. si limita a selezionare e ad 'ammetere' determinate condotte, sulla base di un accertamento circa il loro essere corredate di accorgimenti tecnici, tali da rendere meno probabile che, per loro tramite, si realizzi un pregiudizio per i beni di volta in volta tutelati" (cf. CATENACCI. *La tutela penale dell'ambiente*, p. 131).

[632] Cf. CATENACCI. *La tutela penale dell'ambiente*, p. 141. Dessa perspectiva, "as atividades sujeitas ao controlo *enquanto potencialmente contaminantes* são de per si 'perigosas' para a integridade do ambiente, com a consequência de que seu exercício implica já e em todos os casos num 'perigo' para o bem jurídico: o procedimento administrativo autorizador legitima, em nome de contrapostos interesses humanos e sociais e segundo um juízo de tolerabilidade, uma atividade intrinsecamente prejudicial" (cf. PALAZZO. *Tutela penal del ambiente en Italia*, p. 76).

como elemento intrínseco à conduta incriminada, segundo uma técnica de tipificação, própria dos crimes de perigo *presumido*".[633]

Parece-nos, no entanto, que tal modelo de interpretação dos crimes ambientais, que pretende amenizar as críticas dirigidas à formulação deles como "crimes de desobediência" a partir de uma reinterpretação do seu conteúdo ofensivo, não atinge o seu objetivo, ao não oferecer elementos concretos para inviabilizar uma interpretação automática do tipo. Se tais figuras se caracterizam pela tipificação de uma conduta cujo conteúdo ofensivo é apenas presumido pelo legislador, obviamente nos depararemos com situações (talvez a maioria delas) em que aquele juízo presumido de periculosidade se revelará falso. O direito penal, assim, intervirá, mesmo quando a conduta seja desprovida de qualquer conteúdo de perigo para o bem jurídico, com o que se retorna ao esquema da "mera desobediência":[634] os chamados crimes de perigo *presumido* arriscam-se a "reprimir a mera desobediência do agente, vale por dizer, a simples inobservância a um preceito penal, sem que a esta se acompanhe uma efetiva exposição a perigo do bem jurídico".[635] Obviamente, o efeito será um indesejável alargamento dos limites do princípio da ofensividade, afastando a possibilidade de um papel efetivo desse na interpretação da norma incriminadora: se a simples *inobservância ao preceito*, quando dotada de um conteúdo desvalioso decorrente da mera presunção do legislador, é considerada ofensiva para o bem jurídico, então ao interprete não será necessária a constatação daquele "núcleo de desvalor" antes indispensável para que a conduta fosse considerada "merecedora de pena".

A essa luz, só se pode cunhar de falsa a ideia segundo a qual a compatibilidade dos crimes de perigo abstrato, no campo do meio ambiente, com o princípio da ofensividade, nomeadamente daqueles (como os previstos pelo art. 29 e ss.) construídos a partir da técnica da *Verwaltungsasezorietat*, seria viabilizada pela previsão de uma conduta, *em si mesma*, presumidamente capaz de prejudicar o equilíbrio dos

---

[633] Cf. CATENACCI. *La tutela penale dell'ambiente*, p. 75.

[634] Concordamos, pois, com Patrono, quando demonstra o quão paradoxal poderá parecer ao se "considerare normativamente non periculose per l'ambiente tutte quelle attività di scarico, emissione, etc. autorizzate, in quanto l'autorizzazione rende sempre lecito un fatto originariamente offensivo, e nello stesso tempo, di per sè periculose per l'integrità dell'ambiente, in quanto potenzialmente inquinanti, le attività di scarico, emissione, svolte in mancanza di autorizzazione comportando il loro esercizio comunque un pericolo per il bene giuridico. Nella realtà delle cose, queste ultime condotte potrebero essere del tutto neutre, quanto a disvalore, e rivelarsi meno inquinanti di quelle *normativamente* considerate non pericolose, in quanto autorizzate, e nessun potere di valutazione dell'inofensività del fatto è attribuito al giuduce considerata la natura esclusivamente *formale* delle fattispecie criminose incentrate sull'assenza di autorizzazione" (cf. PATRONO. *I reati in matéria di ambiente*, p. 679).

[635] Cf. FIANDACA/MUSCO. *Corso*, p. 175.

ecossistemas. Isso em razão da "necessidade de que o núcleo da ação punível consista em algo mais que uma simples infração de normas administrativas e de que, portanto, o direito penal determine o conteúdo específico de lesividade dos comportamentos que merecem uma reação penal".[636]

3.4 – Ainda mais radicalmente e na mesma linha do paradigma da ofensa presumida recém-criticado, há um argumento frequente, em defesa da técnica dos crimes de perigo abstrato para a tutela do meio ambiente, que se sustenta na incapacidade de o bem jurídico ser afetado por uma *ação isolada*,[637] com o que se tornaria imprescindível a criação de delitos de acumulação (os *Kumulationsdelikte*).[638] Por *delitos de acumulação* refere-se a doutrina a uma espécie peculiar de crimes, "nos quais a ação individual não mostra sequer a periculosidade abstrata que se presume ou se considera motivo para a punição de condutas individuais nas espécies tradicionais de crimes de perigo abstrato". Para os apologistas dessa modalidade típica, seria legítima a tipificação e punição de comportamentos, em si mesmos completamente desprovidos de perigosidade, se a prática repetida deles puder dar lugar a uma afetação do bem jurídico protegido.[639] Sendo assim, "um tipo acumulativo não exige que a ação individual implique numa lesão ou numa exposição a perigo, mas somente que esta pertença a uma *classe de ações* que *quando se realizam num número muito elevado de vezes*, podem dar lugar a uma lesão ou uma exposição a perigo",[640] de forma que aquele comportamento, individualmente considerado, não será sequer abstratamente ofensivo para o bem jurídico.

---

[636] Cf. MENDOZA BUERGO. *Delitos de peligro abstracto*, p. 487. "Não se pode duvidar que, em consideração a múltiplos interesses, pode ser imprescindível que a Administração controle as condições de realização, dentro de certas margens de segurança, de determinadas actividades nas quais estão implicados importantes perigos e que também pode ser necessário reforçar com sanções o cumprimento das actividades de controlo da Administração. O que parece questionável, é que se deva responder à mera lesão da proibição ou do mandato de controlo da Administração com uma sanção penal, desvinculando-na de qualquer consideração sobre sua peculiar lesividade da perspectiva da tutela especificamente penal" (*Delitos de peligro abstracto*, p. 487/488).

[637] O argumento é frequentemente utilizado, muitas vezes, por sectores do pensamento estanhos ao mundo do direito, como crítica aos dogmas jurídicos da responsabilização. Com efeito, "em múltiplas situações pode ocorrer que se dê a ação contaminante e que esta não possa reconduzir-se a nenhum risco de entidade suficiente criado por uma fonte concreta de risco, mas à mera acumulação de riscos irrelevantes para o direito penal, com o que ocorreria a impunidade" (cf. SILVA SÁNCHEZ. *Reforma de los delitos contra el medio ambiente*, p. 164).

[638] Sobre essa figura dogmática e suas implicações, veja-se KINDHÄUSER. *Delitos de peligro abstracto*, p. 446; SILVA SÁNCHEZ. *Expansion*, p. 131 e ss.; MENDOZA BUERGO. *Delitos de peligro abstracto*, p. 61 e ss.; MÜLLER-TUCKFELD. *Abolición del derecho penal del medio ambiente*, p. 511 e ss.

[639] Cf. SILVA SÁNCHEZ. *Expansion*, p. 131 e ss.

[640] Cf. MENDOZA BUERGO. *Delitos de peligro abstracto*, p. 61/62.

Certo é que a adoção dos *kumulationsdelikte* encerraria "uma capacidade significativa de simplificar os problemas de imputação, dando assim supostamente 'resposta' a um grupo de casos (no meio ambiente) em que a causalidade frequentemente só é sustentável na base de apreciações estatísticas e em que, mesmo assim, os danos se fundamentam como efeitos somativos, cumulativos e sinergéticos de uma pluralidade de riscos",[641] que, considerados separadamente, deveriam ser tidos como irrelevantes para o direito penal. Em contrapartida, não menos certo é que a figura dos tipos acumulativos "não sanciona concretas condutas lesivas, mas *constrói* relações de perigo entre condutas 'abstratamente' perigosas e fontes sociais de perigo".[642] Por isso a incompatibilidade de tais figuras dogmáticas com postulados irrenunciáveis ao direito penal contemporâneo, nomeadadamente com o princípio da culpabilidade, com a teoria da imputação objetiva e com o princípio da exclusiva proteção de bens jurídico-penais.

Em atenção ao princípio da culpabilidade, só poderemos responsabilizar o sujeito por sua própria conduta, praticada ao abrigo de sua vontade. Seria, portanto, uma afronta aos limites à responsabilização daí decorrentes, se se considerasse punível um comportamento singular por produzir um "resultado" que se *presume* como consequência não daquele mesmo comportamento singular, mas de uma série de outras ações, completamente desvinculadas daquela primeira e alheias à vontade do sujeito individual.[643] Ademais, "à medida que a imputação se funda, não no perigo da própria conduta, mas sim no que ocorreria 'se todos fizessem o mesmo', a fundamentação do ilícito tem lugar *ex iniuria tertii*, resultando inadmissível à luz dos princípios clássicos de imputação".[644] Ora, como se depreende da moderna teoria da imputação objetiva, a imposição de uma pena criminal estará sempre condicionada à realização de uma ação objetivamente desvaliosa, o que, de fato, não ocorre nos *Kumulationsdelikte*.[645] Daí as insistentes objeções

---

[641] Cf. SILVA SÁNCHEZ. *Reforma de los delitos contra el medio ambiente*, p. 166.

[642] Cf. MÜLLER-TUCKFELD. *Abolición del derecho penal del medio ambiente*, p. 511.

[643] Nessa linha, analisando a interpretação do crime do par. 324 do CP alemão como um delito acumulativo, constata Müller-Tuckfeld que "os delitos acumulativos têm perfeito sentido como categoria de análise, e inclusive poderiam tê-lo também como categoria crítica", porque a sua própria conceituação contribui para que se constate que as acções isoladas nem chegam a ser abstractamente perigosas, "infringindo assim o princípio da culpabilidade" (cf. MÜLLER-TUCKFELD. *Abolición del derecho penal del medio ambiente*, p. 513).

[644] Cf. SILVA SÁNCHEZ. em referência ao pensamento de Seelmann (*Reforma de los delitos contra el medio ambiente*, p. 166).

[645] Ora, "se a responsabilidade penal pressupõe a realização de uma conduta objetivamente desvaliosa e para determinar isso é decisiva a ideia de que a imputação de tal conduta como tipo de ilícito só é possível se a conduta *concreta* houver criado um risco objectivo juridicamente desva-

formuladas contra os delitos de acumulação e outras construções dogmáticas semelhantes,[646] aos quais se atribuem os deméritos de uma perniciosa "flexibilização" das categorias dogmáticas que integram o sistema, acompanhada de uma "desintegração" dos princípios de garantia.[647] Tudo isso como consequência de uma tendência expansiva (ou maximalista),[648] preponderante nos mais recentes processos de criminalização, e da assunção de uma lógica eficientista, desatenta aos elementos valorativos (materiais), limitadores do direito de punir. Por decorrência lógica, facilmente se conclui que essas figuras dogmáticas contrastam com um direito penal vocacionado para a proteção exclusiva de bens jurídico-penais, na medida em que a ofensividade da conduta não é sequer presumida.

---

lorado – o qual não ocorre neste caso – dificilmente poderemos fundamentar aqui a existência de um ilícito" (cf. MENDOZA BUERGO. *Delitos de peligro abstracto*, p. 491).

[646] Obviamente que tudo o que aqui se critica em relação aos *Kumulationsdelikte* deverá valer em igual teor para todas as construções a essa semelhantes – assim, por exemplo, as teses que defendem a bondade de se configurar os crimes ambientais como ilícitos de "mera desobediência" às funções administrativas – uma vez que em todas elas estaremos na presença de crimes de *perigo abstrato*, na sua modalidade de perigo *presumido*. Identificando as diversas formas em que o perigo abstrato se apresenta, veja-se MENDOZA BUERGO. *Delitos de peligro abstracto*, p. 52 e ss. e p. 478 e ss.

[647] Cf. HASSEMER. *Il bene giuridico*, p. 109 e ss; Baratta, *Integración-.prevención*, p. 11 e ss; Silva Sánchez, *Expansion*, p. 113 e ss.

[648] Sobre o debate entre *maximalismo* e *minimalismo*, ver ROXIN, por todos, *in La evolucion de la política criminal*, p.89 e ss.

Conclusões finais
Os crimes ambientais como crimes de perigo abstrato
Fundamentos para uma interpretação coerente com o "paradigma da ofensividade"

---

1. (ponto de partida) Perigo abstrato e bem jurídico-penal. A necessidade de critérios materiais de desvalor e delimitação do bem jurídico. Implicações dogmáticas da opção por um *antropocentrismo moderado*

Afastadas as possibilidades de se interpretarem os crimes ambientais como ilícitos-típicos de dano ou mesmo de perigo concreto para o meio ambiente; denunciado, por outro lado, o contraste existente entre alguns modelos dogmáticos de configuração de tipos de perigo abstrato – nomeadamente aqueles que se fundamentam na "mera desobediência" a preceitos administrativos ou na "mera presunção" do perigo como *ratio legis* – com um direito penal limitado à punição de bens jurídicos, permanece ainda viva a tarefa de se lograr uma compreensão dos crimes de perigo abstrato que se mantenha dentro dos limites que delimitam a intervenção penal. Uma compreensão, de resto, que valha para os crimes previstos na Lei 9.605/98.

Nesse esforço, temos para nós que o primeiro passo para uma mais pertinente fundamentação e compreensão dogmáticas dos crimes de perigo tem lugar com a determinação do bem jurídico protegido, já que esse constitui, na formulação de Silva Sánchez, a única noção adequada "para fixar o mínimo, em termos materiais, da magnitude de afetação do meio ambiente capaz de levar ao juízo de tipicidade".[649]

Foi já frisado que a teoria do bem jurídico vem sendo objeto de variadas abordagens críticas a atestar a sua incapacidade de continuar mantendo-se como um padrão político-criminal para os mais recentes processos de criminalização voltados para a proteção de interesses supraindividuais. Dessa constatação, também já o dissemos, é que partem as propostas teóricas para um redimensionamento do conceito, e que se podem dividir em duas posturas fundamentais e contrastantes:

---

[649] Cf. SILVA SÁNCHEZ. *Reforma de los delitos contra el medio ambiente,* p. 158.

a primeira, que advoga ou o explícito abandono da noção de bens jurídicos[650] ou uma relativização do seu conteúdo material;[651] e a segunda, que defende uma significativa diminuição da intervenção penal neste campo, restrita que estaria à proteção de bens jurídicos referidos ao indivíduo (teoria monista-individualista ou personalista).[652]

Retomando a linha de abordagem anterior, não será arriscado avançar que a atitude daqueles primeiros merecerá, quanto a nós, ser desconsiderada enquanto proposta convincente. Tais propostas pouco oferecem concretamente, ao mesmo passo em que são manipuláveis, mantendo-se à mercê de vontades políticas que prezam pela eficiência do sistema punitivo, em desatenção a certos limites materiais intransponíveis. Não vemos, portanto, consistência nas teorizações que pregam uma renúncia mais ou menos explícita à noção de bens jurídicos em âmbitos como o meio ambiente.[653]

Consequentemente, o problema que mais insistentemente acompanha o conceito material de crime, nestes tempos de riscos crescentes e insegurança aguda, é o de lograr identificar "um parâmetro ontológico de legitimação apriorístico",[654] que sirva efetivamente como suporte axiológico para futuras reformas legislativas e para a interpretação teleológica das incriminações que compõem o sistema. Nesse passo, há que se ter presente que "não existe uma definição do 'conceito po-

---

[650] Na esteira das teses funcionalistas mais radicais, ver MÜSSIG. *Desmaterialización del bien jurídico y de la política criminal*, p. 157 e ss. ; para quem "a falta de vigor da teoria dominante do bem jurídico para poder contrapor objeções práticas e teóricas à atual evolução político-criminal, e também os argumentos da 'teoria pessoal do bem jurídico' evidenciam (...) que a dimensão prático-social da concepção do direito penal como proteção de bens jurídicos se quebrou..." (*Desmaterialización del bien jurídico y de la política criminal*, p. 159).

[651] Cf. TIEDMANN. *El concepto*, p. 68

[652] Cf., por todos, HASSEMER. *Teoria personal del bien jurídico*, p.104.

[653] A mesma objeção devendo valer para quem defenda a configuração dos crimes de perigo abstrato como crimes de lesão específica a "condições de segurança para a tranquila disposição de bens" – nesse sentido, ver KINDHAUSER. *Delitos de peligro abstracto*, p. 445 e ss. –, com o que se abandona, da mesma forma, a noção de bem jurídico como padrão de legitimação. Sobre a posição de Kindhauser, desenvolvidamente, FARIA COSTA. *O perigo*, p. 369 e ss.; MENDOZA BUERGO. *Delitos de peligro abstracto*, p. 112. e ss. Concordamos, assim, com Faria Costa, que "sempre se poderá encontrar um bem jurídico que sustente formalmente o mais extremo dos tipos legais de crime de perigo abstracto. Nesta optica, os jurídico-penais da paz jurídica ou da segurança desempenham um papel agregador de referências vinculantes, mas desempenham um papel tão agregador que, quanto a nós, deságuam, se assim se entenderem, em meros significantes de vaguíssima referência axiológica, desprovidos de conteúdo. Se os virmos e os percebermos nessa veste, aqueles importantes valores nunca serão *significados* axiologicamente relevantes, porquanto também nunca ascenderão à digniodade de nódulos normativos susceptíveis de congregarem um sentido de desvalor (objectivo) que o ilícito típico tem de comportar. O que nos leva a confirmar a fragilidade e a incosistência de uma tal via argumentativa para justificar os chamados crimes de perigo abstracto" (cf. FARIA COSTA. *O perigo*, p. 624/625).

[654] Cf. FERRAJOLI. *Derecho y razón*, p. 471.

lítico-criminal de bem-jurídico' prévia a critérios de caráter axiológico, de maneira que hoje não há um cânone absolutamente firme de bem jurídico ao qual se possa ancorar o programa de intervenção penal".[655] É o que já tentamos demonstrar, a partir da incapacidade da doutrina de suporte constitucional para oferecer respostas prontas e, ao mesmo tempo, ricas em consequências práticas.

No entanto, se à Constituição não se pode pedir tudo, é dela que arrancam as diretrizes fundamentais, a conduzir a uma mais convincente determinação do bem jurídico. Voltando-nos para o centro de nossas preocupações, será partindo de uma interpretação profunda dos mandamentos constitucionais que atingiremos uma compreensão frutuosa dos valores protegidos pelo direito penal ambiental. Se, conforme foi delineado na parte anterior do trabalho, dedicada ao bem jurídico "meio ambiente", a mais pertinente definição desse é aquela que o faz equivaler ao "equilíbrio dos sistemas naturais" – sem desdenhar que tais "ecossistemas" só são valiosos para o direito penal enquanto valores instrumentais à satisfação de necessidades humanas –, fato é que uma tal definição não só é perfeitamente compatível com o texto constitucional, como nele se fundamenta e enraíza: da proclamação constitucional por um "meio ambiente ecologicamente equilibrado, bem de uso comum do povo e essencial à sadia qualidade de vida..." (art. 225 da CF), assim como, de uma leitura dos enunciados constitucionais de uma perspectiva jurídico-penalmente interessada, será possível identificar a opção por um *antropocentrismo moderado*.

E não se pense que uma noção assim concebida apresenta poucas condições de continuar cumprindo com a sua função de padrão de legitimidade, nomeadamente em casos, como o que aqui se apresenta, de antecipação da intervenção penal. Na verdade, a opção por um antropocentrismo moderado, além de ser conforme ao étimo jurídico-político, de raiz antropocêntrica, que se cristaliza na concepção de Estado de Direito Material (democrático e social), corresponde rigorosamente às exigências de um paradigma "moralizante", como defesa do indivíduo face ao rigor punitivo do Estado. Por outro lado, essa opção incorpora em si mesma uma densidade conceitual capaz de propiciar ao intérprete um "suporte ontológico" para a interpretação teleológica do ilícito--típico.

Mesmo assim, em razão da falta de entidade suficiente e de contornos claros do conceito de "sistema natural", ou seja, em razão das ambiguidades a que ele está sujeito por tratar-se de um bem jurídico de "amplo espectro", poder-se-ia questionar a infalibilidade desse como

---
[655] Cf. MENDOZA BUERGO. *Delitos de peligro abstracto*, p. 363/364.

suporte material adequado. Mas uma tal objeção só faria sentido se olvidássemos um dado verdadeiramente essencial à noção de "ecossistemas naturais", já descortinado anteriormente: que o seu conteúdo ganha em precisão e força heurística quando se leva em conta a plêiade de interesses coenvolvidos. E esse é exatamente o traço que distingue uma concepção que se mantém, de fato, na linha do antropocentrismo – mesmo que *moderadamente* – daquelas outras em que a referência a interesses humanos constitui apenas *ratio legis*. Dessa perspectiva, quando ao intérprete não for possível determinar com rigor se uma certa conduta culminou num pôr-em-perigo, mesmo que abstrato, do bem jurídico "equilíbrio dos sistemas naturais", certo é que, para um materialmente fundado juízo sobre a (a)tipicidade, se poderá apoiar nos interesses humanos potencialmente prejudicados com um eventual "desequilíbrio". Quer isso significar que só será típica a conduta quando expuser a perigo, por meio da afetação de elementos naturais, algum daqueles interesses humanos coenvolvidos: vida, integridade física, patrimônio, economia, segurança, bem-estar, conservação das formas físicas, geológicas, geomorfológicas e biológicas etc. Torna-se claro, a essa luz, que a afetação do equilíbrio dos sistemas naturais e a afetação daqueles interesses humanos não são coisas distintas, na justa medida em que o interesse por um meio ambiente equilibrado só possui dignidade penal enquanto interesse poli-instrumental à satisfação de necessidades do homem (considerado aqui na sua dimensão de ser *social*). Vale por dizer: são *interesses entrecruzados numa mesma linha de ataque*.[656] Por outro lado, também parece claro que uma tal concepção não se confunde com o antropocentrismo radical de Frankfurt, porque não restringe a punição somente a casos em que a conduta afeta diretamente a vida ou a saúde das pessoas.[657]

2. (ponto de chegada) A indispensabilidade da realização de uma ação idônea, mediante um juízo *ex ante*, para ofender o equilíbrio dos sistemas naturais

Dogmaticamente, a pertinaz determinação do bem jurídico protegido afetará a interpretação dos tipos legais de crime previstos na Lei 9.605/98, permitindo a sua compatibilização, enquanto antecipação *ne-*

---

[656] Cf. SILVA SÁNCHEZ. *Medio ambiente*, p. 72

[657] Parece ser partidária das posturas da escola de Frankfurt a técnica empregada pelo legislador português para o art. 280, ao fazer a punição depender de um pôr-em-perigo concreto para vida, a integridade física, ou bens patrimoniais alheios de valor elevado. Sobre o ilícito-típico do art. 280 e sua configuração como um crime de *perigo concreto*, ver ANABELA RODRIGUES. *Comentário conimbricense*, p. 979 e ss.

cessária da intervenção penal, com o "paradigma da ofensividade". Isso porque a noção de "ecossistema equilibrado", com os contornos aqui propostos, perde em, grande medida, o seu "amplo espectro", servindo mais firmemente como padrão político-criminal para a interpretação e aplicação dos crimes de perigo abstrato.

Nesse ponto, poderão os mais descrentes questionar a viabilidade de uma rearrumação dogmática dos crimes de perigo abstrato capaz de permitir que esses sejam interpretados teleologicamente. Com efeito, se o que singulariza a figura do perigo abstrato em relação a outras técnicas de configuração dogmática é precisamente o fato daquela primeira basear-se numa *presunção* de perigo, como *ratio legis*, como seria possível uma interpretação teleológica desse? E mais: se assim se procedesse, não se estaria, pura e simplesmente, a converter o que antes era perigo abstrato em perigo concreto?

Ora, haverá casos, não podemos negar, em que a dificuldade de se constatar a existência de um desvalor de perigosidade na conduta se mostrará intransponível. Em tais casos, sendo de indiscutível importância o valor que se quer proteger, nada obstará a criminalização de um pôr-em-perigo abstrato ou presumido. Contudo, é preciso ter presente, alicerçados em Faria Costa, que estaremos diante de incriminações cuja ofensividade só ganha uma dimensão material se fundamentada no relevo ético-social que se confere à relação onto-antropológica de cuidado-de-perigo, uma vez que o bem jurídico não é concretamente afetado.[658] Por isso, escreve Faria Costa, "a afirmação de uma específica relação de cuidado imposta pelo Estado e sem um bem jurídico a conformá-la não é necessariamente uma aberração conceitual, nem, muito menos, ilegítima extrapolação dos pressupostos que nos têm servido de base. Nesse sentido, a relação de cuidado-de-perigo que sustenta os crimes de perigo abstrato funda-se, ainda e sempre, naquela primitiva relação de cuidado que legitima o próprio Estado".[659]

Porém, para além destes casos específicos em que é o próprio cuidado-de-perigo a tornar o comportamento criminalizado num comportamento *merecedor* de pena – casos, convém sublinhar, em que a linha divisória entre crimes e ilícitos de mera ordenação social se esfumaça,[660]

---

[658] Porque, segundo o mesmo Autor, só se poderá cunhar de falaciosa a ideia "de que é precisamente em nome da protecção de bens jurídicos que se devem ou têm de punir condutas elas mesmas não violadoras de bens jurídicos" (cf. FARIA COSTA. *O perigo*, p. 621, nt. 130).

[659] Cf. FARIA COSTA. *O perigo*, p. 632.

[660] À medida que, como assume o mesmo Faria Costa, "não se exigindo a presença imediata de um bem jurídico tutelado, o poder incriminador do Estado encontra-se, assim, mais 'solto', sem limites materiais, a não ser, obviamente, os limites inerentes aos princípios da legalidade (estrita) e da irretroatividade da lei penal" (cf. Faria Costa, *O perigo*, p. 632).

merecendo uma atenção especial por parte do legislador –, quando o bem jurídico protegido apresenta contornos suficientemente densos e precisos, vem-se entendendo que, mesmo tendo o legislador optado pela técnica do perigo abstrato, será possível – e, mais que isso, defensável – que o ilícito típico se dimensione em termos materiais. Assim, também em relação ao pôr-em-perigo abstrato deverá o bem jurídico fazer parte do "conteúdo" do juízo de tipicidade, e não restar como mero *motivo* do legislador, "de modo que, frente ao entendimento puramente formal e literal das descrições típicas, seja possível afirmar que somente hão de se considerar verdadeiramente típicas aquelas ações que, além de coincidir com a descrição típica, constituam *ações antinormativas que atentam contra o bem jurídico, por serem lesivas ou perigosas para o mesmo*; assim o *desvalor objetivo material* da ação que é perigosa para o bem jurídico se revela como o *elemento central* do ilícito-típico".[661]

Uma primeira possibilidade de se interceder no sentido de uma reconfiguração dogmática, que faça dos crimes de perigo abstrato crimes realmente compatíveis com uma interpretação que releve o *desvalor material da conduta* no caso concreto, estará em requerer que já no plano legislativo haja, a preocupação em clarificar, na descrição típica da conduta proibida, a indispensável perigosidade ou lesividade da conduta punível. Esse entendimento, que vem progressivamente ganhando força, é semelhante ao modelo de criminalização propugnado em terreno germânico, denominado pela terminologia adotada por Schröder de crimes de perigo *abstrato-concreto* e posteriormente de crimes de *atitude* ou *idoneidade (Eingnungsdelikte)*.[662] Segundo esta compreensão, "através da *inclusão de elementos de perigosidade efetiva da conduta na descrição do tipo*, evitar-se-ia o defeito principal dos crimes de perigo abstrato: o formalismo ou automatismo da constatação de sua relevância típica e seu conteúdo de ilícito".[663] Assim, nos crimes de idoneidade lesiva, "o juiz deverá constatar com caráter geral a idoneidade da ação, ou seja, se a conduta abstratamente observada era 'idônea', 'adequada' ou 'apta' para a criação do perigo proibido".[664] Esta conformação dos crimes de perigo abstrato pressupõe, contudo, um certo modelo de tipificação, de forma que a necessidade de se constatar a perigosidade da ação adviria da inserção de algum elemento típico, ou seja, a necessária perigosida-

---

[661] Cf. Morales Prats, *La estructura del delito de contaminación ambiental*, p. 476. Analogamente, FRISCH. *Imputación objetiva*, p. 59 e ss; Torio López, *Los delitos de peligro hipotético*, p. 825 e ss.

[662] Cf. SCHRÖDER. *Les delits de mise en danger*, p.7 e ss.; Sobre os chamados crimes de idoneidade, sinteticamente, ver ROXIN. *Derecho Penal PG*, § 11, nm. 120 e ss.; num sentido próximo, veja-se TORIO LÓPEZ. *Los delitos de peligro hipotético*, passim.

[663] Cf. MENDOZA BUERGO. *Delitos de peligro abstracto*, p. 413/414 – itálico nosso.

[664] Cf. CUESTA AGUADO. *Causalidad de los delitos contra el medio ambiente*, p. 231.

de geral da conduta *concreta*, ou dos meios comissivos utilizados, pertence à própria descrição típica.

Também de acordo com a mais recente doutrina italiana, já menos rigorosa quanto à inadmissibilidade das técnicas de antecipação da tutela, a necessária lesividade ou ofensividade dos crimes de perigo abstrato estaria condicionada a uma correta e bem delimitada redação do tipo que, não requerendo a realização de um resultado (de dano ou de perigo), ao menos delimite, com clareza, a "carga ofensiva" da conduta em si mesma considerada.[665] Tais propostas vão desde a exigência de uma "carga semântica" a comprovar a aptidão ofensiva da conduta,[666] afastando assim a possibilidade de punição de ilícitos de "mera desobediência", até a defesa de que, nos crimes de perigo abstrato, o legislador faça uso de uma descrição típica que imponha ao juiz uma valoração acerca da perigosidade da conduta, no caso concreto.[667]

Entretanto, mesmo sendo certo que um tal recurso levado a cabo em termos de técnica legislativa, já teria condições de afastar muitos problemas de legitimidade circunscritos aos crimes de perigo abstrato "puro", o fato é que a tipificação de crimes de atitude ou de idoneidade não é uma panaceia absoluta para a criminalização de condutas perigosas.[668] Além do mais, considerando que esta técnica não foi

---

[665] Cf. ANGIONI. *Contenuto i funzioni*, p. 108 e ss. Para este caminho também se move Faria Costa, quando sustenta a necessidade de, nos crimes de perigo abstracto, o legislador buscar uma "rígida definição das condutas proibidas". Se assim fosse – continua –, "dir-se-ia que o 'aparente' défice de legitimidade é contrabalançado pela extraordinária minúcia que o legislador põe, deve pôr, na descrição das condutas proibidas" (cf. FARIA COSTA. *O perigo*, p. 645). Analogamente, veja-se FIANDACA. *La tipizzazione del pericolo*, p. 464.

[666] Cf. ANGIONI. *Contenuto i funzioni*, p. 109.

[667] Defensor desta técnica, que pontualiza com exemplos concretos tirados do CP italiano, ver FIORE. *Offensività*, p. 281 e ss.

[668] Um bom exemplo de que as dificuldades persistem, mesmo ante a vigência de uma cláusula de idoneidade, é o actual art. 325 do CP espanhol. Segundo o texto legal, "para ocorrer a tipicidade do facto é exigível, em suma, que às emissões, imissões, aterramentos, etc., realizados pelo agente, e infractoras de normas protectoras do meio ambiente, possa se atribuir a *capacidade de prejudicar gravemente o equilíbrio dos sistemas naturais*". Ora, se o intuito do legislador foi explicitar que a tipicidade objectiva não se resume à infracção das normas administrativas, o que não se poderá negar é que este dispositivo deu margem às mais variadas imprecisões (cf. MORALES PRATS. *La estructura del delito de contaminación ambiental*, p. 486 e ss.). Assim, "um sector se inclina por manter a caracterização do crime como crime de perigo concreto. Outro, por sua vez, opta pela construção do mesmo como um crime de perigo abstracto. Mais ainda isso é pouco expressivo, pois com tal terminologia uns pretendem limitar a exigência do perigo a um *perigo estatístico, geral* à espécie de acção ou inclusive derivado da constatação da infracção administrativa e, em última instância, presumido. Por outro lado, outros requerem uma autêntica perigosidade da conduta no caso concreto..." (cf. SILVA SÁNCHEZ. *Medio ambiente*, p. 72 e ss). No mesmo sentido, assevera Mendoza Buergo: "Boa prova de que a tipificação de crimes de atitude ou de perigo potencial não resolve, por si mesma, todos os problemas é a actual redação do art. 325 CP, tão aberta e indeterminada nos conceitos aos quais remete a inidoneidade que, realmente, ou busca deliberadamente um alcance unicompreensivo de condutas, ou resulta inútil como intento de circunscrever a punição

a empregada pelo legislador brasileiro, estaria, quanto à nossa realidade, inviabilizada a possibilidade de uma interpretação alternativa e congruente com o princípio de exclusiva proteção de bens jurídico-penais.

A solução para uma aplicação dos arts. 29 e seguintes da Lei 9.605, coerente com o mandamento de proteção exclusiva de bens jurídicos, só será viável a partir de uma interpretação teleológica do tipo.[669] Assim, quando a descrição típica não for suficientemente rica ou precisa no sentido de viabilizar uma aplicação que releve a necessidade de um qualquer desvalor material inerente à ação, será necessário recorrermos à adoção de uma perspectiva teleológica na interpretação do tipo, que nos permita tornar efetivos os critérios que conformam o sistema também na construção e interpretação dogmática dos elementos do crime.

Graças à adoção de critérios de interpretação teleológica, será possível afastar a tipicidade de comportamentos inofensivos mesmo naqueles casos – de que é exemplo paradigmático o crime de poluição (art. 54) – em que o legislador optou por não exigir a comprovação de um resultado (de dano ou de perigo) *para o meio ambiente*, pois, também aí, nos crimes de perigo abstrato (crimes em que não se prevê a ocorrência de nenhum resultado típico como condição para a tipicidade),[670] deverá a perigosidade da conduta converter-se em "elemento objetivo necessário do ilícito", que se deve avaliar mediante um juízo *ex ante*.[671] Daqui arranca uma nova rearrumação teórica, que vem ganhando adeptos de forma crescente[672] e já desponta entre os autores de origem espanhola e

---

a condutas realmente capazes de supor uma séria afetação do bem jurídico protegido" (cf. MENDOZA BUERGO. *Delitos de peligro abstracto*, p. 421).

[669] Cf. *supra*, Parte I, Cap. I, 3.5.

[670] Lembrando mais uma vez que ambos os tipos referidos configuram-se como crimes materiais em relação ao objeto material do tipo – só se consumam com a realização de um resultado naturalístico, seja de dano (art. 29 e art. 54, segunda parte), seja de perigo (art. 54, primeira parte) –, mas que são, levando em conta o bem jurídico "equilíbrio dos sistemas naturais", crimes de perigo abstrato. Analogamente, defendendo a configuração do crime de poluição, art. 279 do CP português como "um crime que é, simultaneamente, de resultado e de perigo abstracto (potencial)", veja-se SOUSA MENDES. *Vale a pena o direito penal do meio ambiente?*, p. 124 e ss.

[671] Nessa linha, na doutrina espanhola, cf. Torio López, *Los delitos de peligro hipotético*, p. 825 e ss.; Silva Sánchez, *Reforma de los delitos contra el medio ambiente*, p. 161 e ss.; Mendoza Buergo, *Delitos de peligro abstracto*, p. 402 e ss.; MORALES PRATS. *La estructura del delito de contaminação ambiental*, p. 486 e ss.

[672] Sobre esta nova compreensão, que afeta significativamente a interpretação dos crimes de perigo abstracto, e o seu desenvolvimento em autores como Gallas, Martin, Tório Lopes, Meyer, Frish e Hirsch, veja-se Mendoza Buergo, *Delitos de peligro abstracto*, p. 89 e ss. e 402 e ss. Segundo a mesma Autora, a questão de se saber se a tipicidade objectiva estará condicionada à presença de um *desvalor potencial de resultado* ou antes a *perigosidade objetiva ex ante da conduta típica*, ou seja, adstrita ao desvalor da acção ou ao desvalor do resultado, "é secundária já que a discussão, em

germânica, que faz dos crimes de perigo abstrato crimes em que o juízo material de tipicidade fica dependente, não da produção de um perigo efetivo, mas da existência "de uma ação apta para produzir um perigo para o bem jurídico".[673]

Reportando-nos, *v.g.*, ao tipo legal de crime do art. 54 ou o art. 29 da Lei 9.605, condição para a tipicidade das condutas "causar poluição de qualquer natureza em níveis tais que resultem ou possam resultar em danos à saúde humana, ou que provoquem a mortandade de animais ou a destruição significativa da flora" (art. 54) e "Matar, perseguir, caçar, apanhar, utilizar espécimes da fauna silvestre, nativos ou em rota migratória..." (art. 29), será que elas, para além de contrariarem as disposições administrativas existentes, redundem numa ação comprovadamente idônea para prejudicar o "equilíbrio dos sistemas naturais". Tal capacidade ofensiva, que, em muitos casos, não dispensará a comprovação de um "resultado" ou "evento" desvinculado da ação,[674]

---

boa medida, tem um significado de caráter puramente nominal" (*Delitos de peligro abstracto*, p. 403, nt. 156),. Com efeito, o *desvalor de perigosidade objetiva* faz parte, na maioria das vezes, "do próprio desvalor da conduta, já que estes crimes não pressupõem a efetiva exposição a perigo de um bem jurídico, nem seu ilícito-típico inclui, na maioria dos casos, a produção de um resultado, embora não haja maior inconveniente em considerá-lo como um desvalor *potencial* de resultado, para afiançar algo mais que a mera realização da acção típica. Isto pode ser adequado sobretudo naqueles casos em que a configuração do tipo exige que a realização da conduta dê lugar à produção de uma situação perigosa" (*Delitos de peligro abstracto*, p.404). Um exemplo claro deste tipo de conformação típica são os crimes de contaminação ambiental, onde muitas vezes não será possível prescindir, para o juízo de tipicidade objetiva, a constatação de um "resultado" distinto da ação. Ou seja, para que se comprove a capacidade ou idoneidade ofensiva da conduta será necessária a realização de um resultado, de perigo ou de lesão, em relação a um certo objeto (que pode ser um determinado ecossistema menor ou mesmo certos interesses das pessoas) (cf. SILVA SÁNCHEZ. *Medio ambiente*, p. 78).

[673] TORIO LÓPEZ. *Los delitos de peligro hipotético*, p. 828.

[674] O meio ambiente, como bem jurídico complexo que é, traz ao intérprete inúmeras dificuldades de aplicação, mesmo quando o juízo de tipicidade estiver somente condicionado à presença de *uma ação objetivamente perigosa*. Com efeito, em grande parte dos casos concretos, para se poder comprovar a perigosidade objetiva *ex ante* da conduta, será preciso a constatação de certos resultados separados desta mesma conduta. Resultados que podem ser de *lesão* ou de *perigo*, tanto para certos "objetos" que façam parte do ecossistema protegido, quanto para determinados bens jurídicos pessoais que estão na mesma linha de ataque. Como adverte Silva Sánchez, "a atribuição a uma conduta da capacidade de prejudicar o equilíbrio dos sistemas naturais requer um detalhado conhecimento das leis de experiência aplicáveis (algo muito difícil em relação ao meio ambiente) e das concretas circunstâncias do caso em que se baseará o juízo de perigo *ex ante*. Desse modo, em boa parte dos casos requerer-se-á a constatação de alguns resultados físico-naturais temporal e espacialmente separados da conduta. Com isso se quer indicar que também a comprovação da perigosidade abstrata efectiva provavelmente não poderá evitar a abordagem de questões causais. Tratar-se-á da constatação da produção de certos efeitos derivados das condutas descritas e sobre os quais se assentará o juízo acerca da capacidade da mesma de prejudicar o equilíbrio dos ecossistemas naturais. Expressando de outro modo: o perigo é abstracto em relação ao equilíbrio dos sistemas naturais. Mas a formulação de um juízo de perigo abstracto para um bem jurídico assim configurado pode requerer a constatação de resultados de perigo concreto, ou mesmo de lesão, de determinados objectos (elementos do ecossistema correspondente); o que impedirá, na prática, evitar a consideração de questões relativas à causalidade na hora de se decidir sobre a realização

deverá ser atestada pelo juiz em cada caso, de modo que a *própria conduta* se mostre objetiva e materialmente antinormativa e não só formalmente coincidente com a descrição típica.[675]

Consequentemente, também em relação aos vigentes crimes ambientais, será possível afirmar que a "infração de disposições extrapenais constitui uma condição necessária à realização do tipo, mas não suficiente",[676] porque o que diferencia o crime da infração administrativa é precisamente a *capacidade da ação de causar um prejuízo ao equilíbrio ambiental* Para que haja uma poluição, ofensa à flora ou à fauna "em medida inadmissível", será indispensável que a conduta, depois de contrariar as disposições administrativas, ofereça, a partir de um juízo de perigo *ex ante*, condições materiais para ofender o bem jurídico. Deve existir, em outras palavras, uma relação normativa de imputação entre a infração administrativa e o perigo material. Relação essa que não equivale à constatação de um resultado de perigo concreto porque o juízo material de perigosidade se concentra na capacidade *ex ante* da ação e não na atribuição a essa de um qualquer resultado de perigo.[677]

---

do tipo" (cf. SILVA SÁNCHEZ. *Medio ambiente*, p. 78). No mesmo sentido, CUESTA AGUADO. *Causalidad de los delitos contra el medio ambiente*, p. 120.

[675] A necessidade de se comprovar *a perigosidade objetiva da ação* é uma exigência renovada para os critérios de imputação objetiva. Se, para os critérios tradicionais, concebidos para os crimes de resultado, é comum a exigência de criação pela conduta de um perigo penalmente relevante e de que este perigo se realize no resultado (dentro do âmbito de proteção do tipo) – assim, por exemplo, ROXIN. *Derecho Penal PG*, § 11 nm. 36 e ss.; FRISCH. *Imputación objetiva*, p. 21 e ss., o que agora se afirma é que tais critérios devem valer também para os crimes de perigo abstrato. Ou seja, os efeitos restritivos da teoria da imputação objetiva não têm aplicação somente para os crimes de resultado quando se tem presente que "o requisito central da *criação de um perigo objetivo desaprovado* como primeira exigência para a imputação objetiva do resultado é, na realidade, uma característica da própria conduta típica em sentido estrito e não, propriamente, um problema de imputação de resultados". Deve haver, portanto, na esteira de Frisch, uma distinção entre dois estágios independentes para o juízo de tipicidade objetiva: "conduta típica" e "imputação do resultado". No primeiro estágio deve-se comprovar se o autor, com a sua conduta, de fato criou um risco relevante de acordo com o alcance do tipo; no segundo, se este perigo foi causa e se realizou num resultado típico. Portanto, " o requisito da criação do perigo desaprovado unido à ação não é pressuposto da imputação. Se não há criação de um perigo desaprovado unido à ação, então o que na realidade falta é uma conduta proibida (em relação à sua perigosidade para bens). A vinculação da conduta com um perigo desaprovado é o que converte determinadas formas de condutas em condutas típicas" (cf. FRISCH. *Imputación objetiva*, p. 59). Contudo, convém sublinhar que este último Autor não transporta suas conclusões diretamente para os crimes de perigo abstrato, tratando apenas das vantagens no regime da tentativa (*Imputación objetiva*, p. 62).

[676] Cf. SILVA SÁNCHEZ. *Medio ambiente*, p. 73

[677] Criticamente, defendendo com acuidade uma outra configuração dos crimes de perigo abstrato como crimes em que também se deve buscar um desvalor de resultado, autônomo e independente da conduta, ver o recente trabalho de D`ÁVILA, Fabio Roberto. *Ofensividade e crimes omissivos próprios*. Coimbra: Coimbra, p. 159 e ss. Defende esse autor que seria possível perceber um resultado nos crimes de perigo abstrato, consistente "na criação *de uma situação de instabilidade na esfera de manifestação do bem jurídico*, ou seja, um resultado acentuadamente normativo, mas, nem por isso, menos representativo de uma concreta *situação de desvalor* (...) Situação esta que não se confunde com a própria conduta ou o desvalor nela inerente, mas tratase de uma efetiva e concreta situa-

Sem olvidar, no entanto, que sempre que da ação implicar um resultado (de dano ou de perigo) para algum dos bens jurídicos pessoais coenvolvidos, ou para interesses ambientais intermediários (como a fauna e a flora), estará comprovada a idoneidade ofensiva da conduta. Não seria, pois, um absurdo afirmar que, em determinadas situações, os crimes de poluição (arts. 54 e ss.) contra a fauna (arts. 29 e ss.) e os crimes contra a flora (arts. 38 e ss.) poderão ser interpretados, ao mesmo tempo, como um crime de *perigo abstrato* (para o *equilíbrio ambiental*) e de *perigo concreto* ou de *lesão* (para um certo bem jurídico pessoal ou ambiental intermediário), sendo que será a comprovação desse resultado (de dano ou de perigo para bens pessoais ou ambientais intermediários) que demonstrará a perigosidade *ex ante* da conduta para o equilíbrio ambiental.

Desde logo, esse rearranjo inviabilizará a concepção, *de lege lata*, dos ilícitos ambientais como "mera desobediência" ao ente administrativo, assim como a possibilidade de se punirem ações insuficientes, por si mesmas, para proporcionar um risco de fato relevante. Ademais, essa concepção se afasta em boa medida das críticas de administrativização do direito penal e de abandono do conceito material de bem jurídico, já que o juízo de tipicidade objetiva não prescinde a existência de um vínculo material, a ser averiguado em cada caso, entre o comportamento e o bem jurídico fulcro da incriminação. De outro lado, se uma tal arrumação dogmática se mostraria impraticável partindo de uma compreensão do bem jurídico protegido, "difusa" ou de "amplo espectro",[678] o mesmo não deverá valer para uma noção como a por nós desenvolvida, que oferece ao intérprete condições de encontrar um suficiente grau de determinação, podendo-se renunciar à imposição de uma pena nos casos de "mera desobediência" ou de mera coincidência formal com a descrição legislativa, com o que a punição passa a depender de um desvalor especificamente jurídico-penal.

Haverá, ademais, com o que se afirmou, a inaplicabilidade ou paralisação de determinados tipos, construídos sem a mínima preocupação com os critérios de legitimação da intervenção penal. Crimes, como os previstos nos artigos 30, 34 e 51 da Lei 9.605/98, que demonstram uma técnica de tutela casuísta e imprecisa.

ção que, embora dispense um efetivo acertamento *ex post*, possui autonomia em relação à própria conduta" (p. 164). Ainda mais recentemente, do mesmo autor: *O ilícito penal nos crimes ambientais. Algumas reflexões sobre a ofensa a bens jurídicos e os crimes de perigo abstrato no âmbito do direito penal ambienta.*, RBCC, v. 67, p. 29 e ss.

[678] Porque também para o juízo de perigosidade objetiva *ex ante* é indispensável que o bem jurídico esteja suficientemente determinado. Nesse sentido, SCHRÖDER. *Abstrakt-konkrete Gefährdungsdelikte?*, p. 552, *apud* FIGUEIREDO DIAS. *Direito penal secundário*, p. 49..

É certo que a delimitação do que deve ser considerado um "ecossistema equilibrado" para fins de apreciação dos pressupostos de punibilidade, por mais bem definido que esteja o conceito, pode dar lugar a duas consequências negativas: a primeira delas é o julgador, diante do amplo espectro do bem jurídico protegido, contentar-se, no caso concreto, com o mero desrespeito às disposições administrativas para a tipicidade do comportamento; a segunda é a chance de o juízo de tipicidade ficar excessivamente dependente de informações periciais, não tendo o julgador condições de avaliar, em cada caso, a capacidade ofensiva da conduta sem o parecer conclusivo de um *expert*. Coerentemente – e é precisamente aqui que a opção por um *atropocentrismo moderado* se distingue verdadeiramente das teses ecocêntricas –, com o intuito de obviar problemas desta ordem, deve-se ter em conta que o equilíbrio ambiental é protegido pelo direito penal como valor *instrumental* à plena realização de uma pluralidade de interesses humanos. Isso torna manifesto que o meio ambiente e aqueles bens jurídicos pessoais não são interesses distintos que podem ser afetados pela mesma conduta; são, pelo contrário, interesses que se encontram numa mesma "linha de afetação".[679] Portanto, a idoneidade ofensiva da conduta para resultar em uma "grave alteração do equilíbrio ecológico" poderá ser medida, em cada situação de fato, a partir da afetação de interesses pessoais, nomeadamente a segurança, a saúde, a economia, o patrimônio, as formações físicas e biológicas submetidas a especiais regimes de tutela etc.[680] Assim, para além de se minimizarem as dificuldades concernentes ao "amplo espectro" do bem jurídico, fica evidenciado que, para a proteção jurídico-penal do meio ambiente, a afetação de interesses pessoais não constitui mera *ratio legis*, já que não se renuncia, para a apreciação da tipicidade objetiva, à necessidade de ter havido uma qualquer "ofensa" a interesses pessoais.[681]

Resta, por fim, dizer o óbvio. Que todo o esforço empreendido neste trabalho fora o de buscar, *de lege lata*, uma via interpretativa para os vigentes crimes ambientais, que os torne minimamente coerentes com postulados irrenunciáveis de limitação da intervenção punitiva, nomeadamente com os que condicionam a imposição de uma pena criminal a comportamentos *merecedores de pena*. Entretanto, todo este empenho contraria, como facilmente se percebe, a técnica de proteção adotada pelo legislador de 1998. Daí a conclusão, mais que explícita

---

[679] Cf. SILVA SÁNCHEZ. *Medio ambiente*, p. 84.

[680] Cf. *supra*, Parte I, Cap. II, 4.6 e 4.7.

[681] Portanto, a exposição a perigo grave do equilíbrio dos sistemas naturais "deve ter alguma repercussão, no mínimo indireta ou mediata, sobre as pessoas" (cf. SILVA SÁNCHEZ. *Medio ambiente*, p. 85).

no corpo do trabalho, de que o legislador brasileiro caminhou em sentido oposto: tornou o direito penal ambiental num conglomerado de incriminações que são exclusivamente reforço sancionatório do direito administrativo. Se este esforço em redimencionar o nosso casuísmo legislativo fora em vão, não o sabemos. Sabemos sim que, ao menos para uma análise com perspectivas de reforma legislativa (*de lege ferenda*), o apelo que daqui se arrebata é pela *descriminalização* da maior parte das incriminações vigentes, seja pela "ausência de um bem jurídico", seja imprecisão em termos de técnicas de tutela, seja por questões – que não foram por nós abordadas se não perfunctoriamente – de ineficácia preventiva (*necessidade de pena* ou *carência de tutela penal*). O direito administrativo sancionador, em domínios como o meio ambiente, é, sem sobra de dúvida, o instrumento mais eficiente e flexível.

Se o direito penal como *ultima ratio* foi um postulado fundamental desenvolvido no contexto do chamado direito penal clássico, nada mais coerente que o seja, em conta todos os problemas suscitados, em relação ao direito penal secundário.

Bibliografia

ANDRADE, Manuel da Costa. Contributo *para o conceito de contra-ordenação (A experiência alemã)*. Coimbra: RDE, Anos VI/VII (1980/1981).

——. A nova lei dos crimes contra a economia (Dec.-Lei n° 26/84 de 20 de janeiro) à luz do conceito de bem jurídico, in: *VV. AA., Direito Penal Econômico*, Ciclo de Estudos, CEJ, Coimbra, 1985.

——. *Consentimento e acordo em direito penal (contributo para a fundamentação de um paradigma dualista)*. Coimbra: Coimbra Editora, 1990.

——. A "dignidade penal" e a "carência de tutela penal" como referências de uma doutrina teleológico-racional do crime, *RPCC* 2, 1992.

——. Consenso e oportunidade (reflexões a propósito da suspensão provisória do processo e do processo sumaríssimo), in *Jornadas de Direito Processual Penal*. O novo Código de Processo Penal. CEJ, Coimbra: Almedina, 1993.

ANGIONI, Francesco. *Contenuto i funzioni del concetto di bene giuridico*. Milano: Giuffrè, 1983.

BACIGALUPO, Enrique. *La instrumentalización técnico-legislativa de la protección penal de medio ambiente in* Estudios sobre la Parte Especial del Derecho Penal, 2. ed. Madrid, 1994.

BAJNO, Ricardo. *La tutela dell'ambiente nel diritto penale in* Riv. trim. Dir. Pen. Econ. 1990.

BARATTA, Alessandro. *Integración-prevención*: una "nueva" fundamentación de la pena dentro de la teoría sistémica, Doctrina Penal, n° 29, 1985.

——. *Funções instrumentais e simbólicas do direito penal:* Lineamentos de uma teoria do bem jurídico. *RBCC*, n° 5, 1994.

BARGA DE QUIROGA. Jacobo López. *El moderno derecho penal para una sociedad de riesgos*. Revista del Poder Judicial, n° 48, 1997.

BITENCOURT, Cezar Roberto. *Tratado de Direito Penal*, Vol 1, p. 19, Saraiva, 8ª edição.

BECK, Ulrich. *Risk Society – towards a new modernity*. London/ Thousand Oaks/ New Delhi: Sage Publications, 1992.

——. *La Democracia y sus Enemigos. Textos escogidos*. trad. Española. Barcelona/Buenos Aires/México: Paidós, 2000.

BOBBIO, Norberto. *Presente y porvenir de los derechos humano in* Anuario de Derechos Humanos, 1981.

BOTTKE, Wilfried. *Sobre la legitimidad del derecho penal económico en sentido estricto y de sus descripciones típicas especifica in* Hacia un derecho penal económico europeo: jornadas en honor del prof. K. Tiedemann. Madrid, 1995.

BRITO, Teresa Quintela de. *O crime de poluição*: alguns aspectos da tutela criminal do ambiente no Código Penal de 1995, Anuário de direito do ambiente. Lisboa: Ambiforum, 1995.

BUSTOS RAMIREZ, Juan. *Política criminal e injusto in* Bases críticas de un nuevo derecho penal. Bogotá: Temis, 1982.

——. Los bienes jurídicos colectivos, in Estudios de Derecho Penal en homenaje al profesor Luis Jiménez de Asúa, *Revista de la Facultad de Derecho de la Universidad Complutense*. Madrid, 1986.

CATENACCI, Mauro. *La tutela penale dell'ambiente*: Contributo all'analisi delle norme penali a struttura "sanzionatória"*. Milano: Cedam, 1996.

——; HEINE, Günther. *La tensione tra diritto penale e diritto amministrativo nel sistema tedesco di tutela dell'ambiente, in Riv. trim. Dir. Pen. Econ.,* 1990, p. 921 e ss.

CONSTANTINO, Carlos Ernani. *Delitos Ecológicos.* 3. ed. Franca: Lemos e Cruz, 2005

COSTA, José de Faria. *A importância da recorrência no pensamento jurídico. Um exemplo:* a distinção entre o ilícito penal e o ilícito de mera ordenação social. IDPEE, v. 1, Coimbra: Coimbra, 1999.

——. *O perigo em direito penal:* contributo para a sua fundamentação e compreensão dogmáticas. Coimbra: Coimbra, 2000.

CORREIA, Maria Edite Soares. *O crime de poluição no código penal revisto in* Sub Judice: justiça e sociedade. Coimbra, 1996, p. 157 ss.

CUESTA AGUADO, Paz M. de la. *Causalidad de los delitos contra el medio ambiente.* Valencia: Tirant lo Blanch, 1999.

CUESTA ARZAMENDI, José Luis de la. *Cuestiones dogmáticas relativas al delito de contaminación ambiental in* Revista Penal. Barcelona, 1999, p. 30 ss.

CUNHA, Maria da Conceição Ferreira. *Constituição e Crime:*uma perspectiva da criminalização e descriminalização. Porto: UCP, 1995.

DANTAS, A. Leones. *Crimes contra o ambiente no Código Penal,* (a publicar), p. 1 ss.

D'AVILA, Fabio Roberto, *Ofensividade e Crimes Omissivos Próprios,* Studia Juridica, Coimbra Editora, 2005.

——. Direito penal e direito sancionador: Sobre a identidade do direito penal em tempos de indiferença. RBCCRIM, n. 60

DIAS, Augusto Silva. *A estrutura dos direitos ao ambiente e à qualidade dos bens de consumo e sua repercussão na teoria do bem jurídico e na das causas de justificação:* Separata de Jornadas de Homenagem ao Professor Doutor Cavaleiro de Ferreira. Lisboa: Universidade de Lisboa, 1995, p. 181 ss.

——. *Entre comes e bebes:* debate de algumas questões polémicas no âmbito da protecção jurídico--penal do consumidor: a propósito do acórdão da Relação de Coimbra de 10 de julho de 1996. RPCC 4, 1998, p. 515 e ss.

——. *Protecção jurídico-penal dos interesses dos consumidores.* 2. ed. Policopiada das "Lições" aos Cursos de Pós-graduação em Direito do Consumo e em Direito Penal Econômico e Europeu, FDUC, 2000.

DIAS, Jorge de Figueiredo. *O problema da consciência da ilicitude em direito penal.* Coimbra: Almedina, 1969.

——. Sobre o papel do direito penal na protecção do ambiental, *RDE,* ano IV, n.º 1, 1978.

——. *Direito penal e Estado de Direito Material:* sobre o método, a construção e o sentido da doutrina geral do crime. RDP, fasc. 31. Rio de Janeiro, 1981.

——. *Os novos rumos da política criminal e o direito penal português do futuro.* Lisboa: ROA (1983).

——. *Para uma dogmática do direito penal secundário.* RLJ, 116-7 (1983-4/1984/5).

——. *O novo Código de Processo Penal.* Lisboa: MJ, Centro para o acesso ao Direito, 1987.

——. *Direito Penal Português:* as consequências jurídicas do crime, Lisboa: Aequitas, 1993.

——. *Questões fundamentais de Direito Penal revisitadas.* São Paulo: Revista dos Tribunais, 1999.

——. O movimento de descriminalização e o ilícito de mera ordenação social *in Direito penal econômico e europeu* (textos doutrinários), IDPEE, v. 1, Coimbra: Coimbra, 1999

——. O direito penal entre a "sociedade industrial" e a "sociedade do risco" in *Estudos em Homenagem ao Doutor Rogério Soares* (a publicar).

——; ANDRADE, Manuel da Costa. *Criminologia:* O homem delinquente e a sociedade criminógena. Coimbra: Coimbra, 1992.

FERNANDES, Fernando Andrade. *O processo penal como instrumento de política criminal.* Coimbra: Almedida, 2001.

FERNANDES, Paulo Silva. *Globalização, "sociedade de risco" e o Futuro do Direito Penal*. Coimbra: Almedina, 2001.

FIANDACA, Giovanni. Il bene giuridico come problema teorico e come criterio di politica criminale *in RIDPP.*, 1982.

——. *La tipizzazione del pericolo*, Dei delitti e delle pene, 1982

——; TESSITORE, Giovanni. *Diritto penale e tutela dell`ambiente in* AA. VV., Materiali per una riforma del sistema penale, Roma, 1984, p. 30 ss.

——; MUSCO, Enzo. *Corso di diritto – Parte generale*. 3. ed. Bologna: Zanichelli, 1995.

FIORE, Carlo, *Il princípio di offensività in* Ind. Pen, 1994, p. 278 ss.

FERRAJOLI, Luigi. *Derecho y razón*: Teoría del galantismo penal (trad. P. Andrés Ibáñez, A. Ruiz Miguel). Madrid: Trotta, 1995.

FRISCH, Wolfgang. *La imputación objetiva: estado de la cuestión in* AA. VV. Sobre el estado de la teoría del delito. Madrid: Civitas, 2000.

GIUNTA, Fausto. *Il Diritto penale dell'ambiente in Italia:* tutela di beni o tutela di funcioni?. RIDPP, fasc. 4, 1997, p. 1097 ss.

GONZALEZ GUITIAN, L. *Sobre la accesoriedad en la protección del medio ambiente, in* Estudios Penales y Criminológicos XIV (1989-90), p. 109 ss.

GRASSO, Giovanni. *L'antecipazione della tutela penale*: i reati di pericolo e i reati di attentato *in* RIDPP, 1986, p. 689 ss.

GRECO, Luis. A relação entre o Direito Penal e o Direito Administrativo no Direito Penal Ambiental: uma introdução aos problemas da acessoriedade administrativa. *RBCC*, vol. 58.

GUISINO, Manfredi Parodi. *I reati di pericolo tra dogmatica e politica criminale*, Milano: Giuffrè, 1990.

HASSEMER, Winfried. *Il bene giuridico nel rapporto di tensione tra constituzione e diritto naturale*, Dei Delitti e Delle Pene, n°1, 1984, p. 104 ss.

——. *Lineamentos de una teoría personal del bien jurídico*, Doctrina Penal, año 12, n° 45 a 48, Buenos Aires, 1989, p. 275 ss.

——. *Derecho Penal Simbólico y Protección de Bienes Jurídicos, Pena y Estado*. n° 1, Barcelona, 1991, p. 23 ss.

——. A preservação do ambiente através do direito penal *in* RBCC, ano 6, n° 22, 1998. p. 27 ss.

HASSEMER, Winfried/MUÑOZ CONDE, Francisco. *Introducción a la criminología y al derecho penal*. Valencia: Tirant lo Blanch, 1989.

——. *La responsabilidad por el producto en derecho penal*. Valencia: Tirant lo Blanch, 1995.

HEINE, Günther. Accesoriedad administrativa en el derecho penal del medio ambiente. *in ADPCP*, Madrid, 1996, p. 289 ss.

HERZOG, Felix. *Límites al control penal de los riesgos sociales:* una perspectiva crítica ante el derecho penal en peligro, ADPCP, Madrid, 1993, p. 317 ss.

——. *Algunos riesgos del Derecho penal del riesgo in* Revista Penal, Barcelona, 1999, p. 54 ss.

JAKOBS, Günther. *Derecho Penal:* parte general – fundamentos y teoría de la imputación [Trad. Joaquin Cuello Contreras, Jose Luis Serrano González de Murillo]. Madrid: Marcial Pons, 1995.

——. *Sociedad, norma, persona en una teoría de un derecho penal funcional* (traducción de M. Cancio y B. Feijoo). Madrid: Civitas, 1996.

JESUS, Damásio E. de. *Direito Penal*, Saraiva, vol 1 2002

KINDHÄUSER, Urs Konrad. *Acerca de la legitimidad de los delitos de peligro abstracto en el ámbito del derecho penal económico in*: Hacia un derecho penal económico europeo, Jornadas en honor del prof. K. Tiedemann, Madrid: 1995, p. 441 ss.

MANTOVANI, Ferrando. *Diritto Penale – Parte Generale*. 3. ed. Padova: Cedam, 1992.

MARINUCCI, Giorgio/DOLCINI, Emilio. *Constituição e escolha dos bens jurídicos*. (trad. José de Faria Costa), RPCC (v.2), 1994.

——. *Corso di diritto penale 1*. 3. ed. Milano: Giuffrè, 2001.

MARTINEZ-BUJAN PEREZ, Carlos. *Derecho penal econômico*. Valencia: Tirant lo Blanch, 2002.

MATA Y MARTIN, Ricardo M. Bienes jurídicos intermedios y delitos de peligro. Granada: 1997.

MENDES, Paulo de Sousa. *Vale a pena o direito penal do meio ambiente?*. Associação Acadêmica da Faculdade de Direito de Lisboa. Lisboa: 2000.

MENDOZA BUERGO, Blanca. *El derecho penal en la sociedad del riesgo*. Madrid: Civitas, 2001.

——. Límites dogmáticos y político-criminales a los delitos de peligro abstracto, Estudios de derecho penal. Granada: Comares, 2001.

MIR PUIG, Santiago. *Bien jurídico y bien jurídico-penal como límites del Ius puniendi*, in Estudios Penales y Criminológicos, t. XIV, Santiago de Compostela, p. 205 ss.

MOCCIA, Sergio. *De la tutela de bienes a la tutela de funciones:* entre ilusiones postmodernas y reflujos iliberales *in* Silva Sánchez, *Política criminal y nuevo derecho pena:* Libro homenaje a Claus Roxin, Barcelona, 1997, p. 113 ss.

MORALES PRATS, Fermín. *Técnicas de tutela penal de los intereses difuso* in Cuadernos de Derecho Judicial, t. XXXVI, 1994, p. 74 ss.

——. *La estructura tipica de peligro en el delito ambiental in* Derecho medioambiental de da Unión Europea Madrid: McGraw-Hill, 1996, p. 349 ss.

——. *La estructura del delito de contaminación ambiental:* Dos cuestiones básicas: ley penal en blanco y concepto de peligro *in* Estudios Jurídicos en memoria del prof. Casabó, v. I, Valencia, 1997, p. 475 ss.

MOURA, José Souto de. O crime de poluição – A propósito do art. 279° do Projecto de Reforma do Código Penal. *RMP*, ano 13, n° 50, 1992, p. 15 ss.

MÜLLER-TUCKFELD, J-C. *Abolición del derecho penal del medio ambiente in* La insostenible situación del Derecho penal. Área de Derecho Penal de la Universidad Pompeu Fabra, Granada: 2000, p. 507 ss.

MUSCO, Enzo. *Bene giuridico e tutela dell'onore*. Milano: Giuffrè, 1974.

MÜSSIG, Bernd. *Desmaterializacion del bien jurídico y de la política criminal:* Sobre las perspectivas y los fundamentos de una teoria del bien jurídico crítica hacia el sistem., Revista Ibero-Americana de Ciências Penais, vol. 2, fasc. 4, Porto Alegre: 2001, p. 157 ss.

PADOVANI, Tullio. La problematica del bene giuridico e la scelta delle sanzioni *in Dei Delitti e delle Pene*. 1984, p. 116 ss.

PAGLIARO, Antonio. *Principi di diritto penale. Parte generale*, Milano: Giuffrè, 1993.

PALAZZO, Francesco Carlo. *Valores constitucionais e direito penal:* Um estudo Comparado. Porto Alegre: Sergio Antonio Fabris, 1989.

——. *Principi constituzionali, beni giuridici e ascelte di criminalizzazione in* Studi in memoria di Pietro Nuvolone. v. 1. Milano: Giuffrè, 1991.

——. Principios fundamentales y opciones político-criminales en la tutela penal del ambiente en Italia *in Revista Penal*, Barcelona, 1999, p. 68 ss.

PALMA, Maria Fernanda. *Direito penal do ambiente* – uma primeira abordagem. Oeiras: Instituto Nacional de Administração, 1994, p.431 e ss.

PATRONO, Paolo. Inquinamento industriale e tutela penale dell`ambiente, Padova: CEDAM, 1980.

——. *I reati in materia di ambiente in* Riv. trim. Dir. Pen. Econ., 2000, p. 669 ss.

PEDRAZZI, Cesare. Profili penalistici di tutela dell'ambiente in Ind. Pen., 1991, p. 617 ss.

PÉREZ DEL VALLE, Carlos. *Sociedad de riesgos y reforma penal in* Poder Judicial, n° 43-44, 1996.

PORTILLA CONTRERAS, Guillermo. *Principio de intervención mínima y bienes jurídicos colectivos in* Cuadernos de Política Criminal, n°39, 1989.

POVEDA PERDOMO, Alberto. *Fundamentación material del injusto:* Entre el derecho penal protector de bienes jurídicos y el derecho penal defensor de la vigencia de la norma. Actualidad Penal, n° 21, 1998.

PRADO, Luis Regis. *Bem Jurídico-penal e Constituição*, RT, 1996.

——. *Crimes contra o meio ambiente*. São Paulo: RT, 2001.

RODRÍGUES-ÁRIAS, Antonio Mateos. *Los delitos relativos a la protección del medio ambiente*. Madrid: Colex, 1998.

RODRIGUES, Anabela Miranda. *A determinação da medida da pena privativa de liberdade*. Coimbra: Coimbra, 1995.

——. *Direito penal do ambiente:* uma aproximação ao novo direito português *in* Revista de Direito Ambiental. São Paulo: 1996. p 14 ss.

——. *A propósito do crime de poluição* (artigo 279° do Código Penal), Direito e Justiça – RFDUCP, vol XII, tomo I (1998).

——. *Poluição*, AA. VV., *Comentário conimbricense ao Código Penal, Parte Especial* (dir. por Jorge de Figueiredo Dias) – comentário aos artigos 279° e 280° do CP, Tomo II. Coimbra: Coimbra, 1999, p. 944 ss.

RODRIGUES RAMOS, Luis. *Protección penal del ambiente*, Comentarios a la legislación penal. Tomo I, VV. AA. Madrid: Edersa, 1982.

ROXIN, Claus. *Política criminal y sistema de derecho penal*. Elementos del delito en base a la política criminal (trad. J. Bustos y H. Hormazábal), Barcelona, 1992.

——. *Derecho Penal – Parte General* (trad. Diego-Manuel Luzón Peña, Miguel Diaz. Problemas fundamentais de direito penal. 3. ed. Lisboa: Vega, 1998.

——. *La evolución de la Política criminal, el Derecho Penal y el proceso penal*. Valencia: Tirant lo Blanch, 2000.

RUDOLPHI, Hans Joachim. *Los diferentes aspectos del concepto de bien jurídico*. Nuevo Pensamiento Penal, año 4, n° 5 a 8, 1975, p. 329 ss.

SANTANA VEGA, Dulce Maria. *La Protección Penal de los Bienes Jurídicos Colectivos*. Madrid: Dikinson, 2000.

SCHRÖDER, Hans. *Les délits de mise en danger* – Rapport del'Allemagne Federal. *RintDP*, 1969, p. 7 ss.

SCHÜNEMANN, Bernd. Consideraciones críticas sobre la situación espiritual de la ciencia jurídico penal alemana. *ADPCP*, tomo XLIX, fasc. 1, 1996.

——. Sobre la dogmática y la política criminal del derecho penal del medio ambiente *in* Cuadernos de Doctrina y Jurisprudencia Penal. Buenos Aires: 1999, p. 627 ss.

SILVA SÁNCHEZ, Jesús Maria. *Aproximación al derecho penal contemporâneo*. Barcelona: Bosch, 1992.

——. Política criminal y técnica legislativa en materia de delitos contra el medio ambiente *in* Cuadernos de Doctrina y Jurisprudencia Penal. Buenos Aires, 1997, p. 121 ss. [=Consideraciones teóricas sobre la reforma de los delitos contra el medio ambiente, in: ADPCP, 1997, p. 151 ss.].

——. *Delitos contra el medio ambiente*. Valencia: Tirant lo Blanch, 1999.

——. *La expansión del Derecho penal*. Aspectos de la política criminal de las sociedades postindustriales. Madrid: Civitas, 1999.

——. Política criminal en la dogmática: algunas cuestiones sobre su contenido y llmites in Roxin. La *evolución de la Política criminal, el Derecho Penal y el proceso penal*. Valencia: Tirant lo Blanch, 2000.

SOUZA, Paulo Vinicius Sporleder. O meio ambiente (natural) como sujeito passivo dos crimes ambientas, RBCC, vol. 50

——. *Bem Jurídico-Penal e Engenharia Genética Humana*, RT, 2004

TIEDEMANN, Klaus. *El concepto de delito económico y de derecho penal económico*, Nuevo Pensamiento Penal. Buenos Aires: 1975, p. 461 ss.

———. *Poder económico y delito.* Barcelona: Ariel Derecho, 1985.

———. *Théorie et réforme du droit pénal de l`environnement: étude de droit compare.* in Revue de Science Criminelle et de Droit Pénal Compare. Paris: 1986, p. 263 ss.

———. El concepto de derecho económico, de derecho penal económico y de delito económico. *Cuadernos de Política Criminal*, n° 28, Madrid: 1986, p. 65 ss.

———. El derecho penal alemán del medio ambiente: cuestiones dogmáticas novedosa *in Lecciones Derecho Penal Económico* (comunitario, español, alemán), Trad. De J. L. de la Cuesta, Barcelona, 1993.

TORIO LOPES, Angel. Los delitos del peligro hipotético (contribución al estudio diferencial de los delitos de peligro abstracto). *ADPCP*, tomo 34, 1981, p. 825 ss.

IMPRESSÃO:

Santa Maria - RS - Fone/Fax: (55) 3220.4500
www.pallotti.com.br